天空也有我们飞过的痕迹

——广东省毛经文名教师工作室学员优秀论文选

毛经文 ◎ 主 编

赵晓东 杨山波 ◎ 副主编

中国文联出版社

图书在版编目（CIP）数据

天空也有我们飞过的痕迹：广东省毛经文名教师工作室学员优秀论文选 / 毛经文主编. — 北京：中国文联出版社，2021.11

ISBN 978-7-5190-4707-8

Ⅰ.①天… Ⅱ.①毛… Ⅲ.①中学历史课—教学研究文集 Ⅳ.①G633.512-53

中国版本图书馆CIP数据核字（2021）第229363号

编　　者　毛经文
责任编辑　刘　旭
责任校对　张　苗
装帧设计　刘贝贝　李　娜

出版发行　中国文联出版社有限公司
社　　址　北京市朝阳区农展馆南里10号　　邮编　100125
电　　话　010-85923025（发行部）　010-85923091（总编室）
经　　销　全国新华书店等
印　　刷　北京米乐印刷有限公司
开　　本　710毫米×1000毫米　　1/16
印　　张　14.75
字　　数　266千字
版　　次　2021年11月第1版第1次印刷
定　　价　45.00元

序言　种麻扶蓬草　勃勃向阳长

历史教育只有在帮助师生成为高素养的人时才是最重要的。广东省毛经文名教师工作室学员在持续不断地寻道中，匠心从教，仁心育人。在118位优秀学员中，他们既用"微博"直播有激情的教育现场，也用"日志"积累有意义的教育生活；既用"叙事"讲述有原理的教育故事，也用"案例"展示有启发的教育事实，或用"课例"再现有深度的教育思考；既用"论文"呈现有思想的教育价值，也用"课题"总结有成效的教育结果。这正是本书的主要内容，在基于中学历史教育的工作室这个平台中，我们在尽心尽力修筑一条推动学员健康成长的高速公路，潜心以史育人，成就莞派名师。古语云："蓬生麻中，不扶自直。"近三年来，广东省毛经文名教师工作室遍种"黄麻"，不断营造"蓬草"生长的良好环境。目前，工作室这块茂盛的麻地已成为学员实现名师理想的"井冈山"。

一、精心栽植有形"麻"

2017年下半年，广东省特支计划教学名师、东莞高级中学历史特级教师、正高级教师毛经文被评定为新一轮（2018—2020年）广东省名教师工作室主持人。2018年4月，工作室主持人毛经文依据广东省教育厅相关文件精神，完成了工作室学员的组建工作。经个人申请、学校推荐、省市严格筛选，赵晓东、曹军辉、杨山坡、付昭权、李小萍、胡波、王子健、丁家文、陈娓斯、张芳芳、袁毓敏这11位东莞市高中历史教学的青年才俊，成为工作室的跟岗学员。东莞教育帮扶地区广东韶关市选送了黄国林、曹宗保两位学员。赵晓东、杨山坡为广东省毛经文名教师工作室助手。此外，还有来自全国17个省、市、自治区的网络学员118位。广东省毛经文名教师工作室这块有形的"麻地"应时而生。

2018年度是"麻地"的开局与起步之年，在省、市多位领导和学校领导的直接指导下，工作室共花费6万多元，完成了50多平方米的办公场地建设与装修，如数招齐工作室学员，配齐工作室所需要的办公用品、教学设备及图书资料，制定了相应的管理制度和工作方案，如《广东省毛经文名教师工作室工作方案》《广东省毛经文名教师工作室管理制度》，设计了广东省毛经文名教师工作室徽标。工作室硬件建设达到了"精致"标准，既突出了整体性与丰富内涵，又彰显了厚重的历史学科气息，既整洁和谐，又突出了滋养价值和教育意义，初步具备了浓郁的书院韵味，凸显了工作室的文化气息。基本做到了工作室的每一面墙壁的张贴、每一处设施设备、每一件小摆设，甚至是每一丝流动的空气，都能散发着积极向上和浓郁的历史教育教研氛围。

如工作室的徽标是这样设计的：

图1 工作室徽标

徽标意蕴：

（1）整个设计图形采用圆形方孔，以甲骨文"人"字为中心点，有三大寓意：一是象征历史的车轮滚滚向前。二是圆形方孔是中国古老的哲学命题，于修身外圆内方，于事业外儒内法，在遵纪守法的底线标准上追求师德的最高标准。三是中心点"人"字说明本工作室始终是以人为中心，以学员为中心；"人"字采用甲骨文写法说明历史学科特点，以史为鉴，以史育人，"述往以为来者师"。

（2）菱形内的甲骨文"人"字形，既是历史的"史"字的第一个拼音字母"S"的变形，也说明本工作室以学员为中心，彰显安顿心灵、抚育精神、提升情怀、守护灵魂的坚守与追求。潜心以史育人，成就莞派名师，并从莞派名师走向粤派名师。

（3）"敬畏"是指敬畏历史，是本工作室对历史的虔诚态度。"养育"是指养育生命，是为学员成长成人提供"有机肥"。

（4）小圆形内的各种颜色围绕甲骨文"人"字或"S"字母进行，一是指多重史观下的多元视角看待和评价历史，爱其所同，敬其所异。二是指多重史观和对历史的多元视角都是围绕人来进行的，是为学员服务的。

（5）圆形半径为5厘米，借寓古代"五子登科"，希望每个学员都能成才。成才重要，成长更重要，让灵魂跟上追求名师的脚步。

二、遍地播种无形"麻"

名师工作室不但要精种有形"麻"，更要遍种无形"麻"，修一条让学员健康快速成长的高速公路，为他们成长成才提供良好的氛围与环境，不断引领和助扶"蓬草"勃勃向阳生长，让无形之"麻"，成为他们实现名师理想的梦工厂和星工厂。

（一）大小相宜树目标

一山飞峙，多峰并出。工作室与学员个人都制定了自己的长远目标、中期目标、近期目标，这些目标大小结合、远近相宜。既有目标结构的多元化，也有目标实施途径的差异化。

工作室为学员确定的、追求的长远目标是：在习近平新时代中国特色社会主义思想的指导下，以工作室为载体，通过高雅健康的内容、生动愉悦的方式、春风化雨般的方法、潜移默化的影响，不断提高学员的师德水平和专业水平。以"潜心以史育人，成就莞派名师（最终走向粤派名师）"为长远目标，建立了实现长远目标的三项条件与要求：一是师德高尚、学养深厚、教艺精湛、科研优良；二是具有中学历史学科的学术领袖气质和大气卓越的精神品质；三是具有优秀的专业素养和高超的教育教学技能，为将来成为高中历史学科的领军人才和粤派名师做好各种准备。

工作室为学员确定的近、中期目标是：

（1）人品追求：敦厚宽容、崇实笃行、尚力穷理、见识节高。

具有敢为人先的创新勇气、敬业乐教的责任意识、与时俱进的学习态度、海纳百川的宽宏气量、勇往直前的竞争意识、诚实守信的合作精神。

（2）精神追求：在无私奉献、团结合作、勇于创新的基础上坚守与追求史学之安顿心灵、抚育精神、提升情怀、守护灵魂之核心素养。

营造宽松、和谐、积极、向上的研究氛围，构建积极的思维模式、健康的行为模式、高效的工作方式、友善的交往模式。

（3）专业追求：有扎实的专业知识、有宽广的学科视域、有丰厚的文化底蕴、有宗教式的教育情怀。

在内容上要求学员完成"三个一"：积极参与一个微信公众号的运营、争取发表一篇有分量的论文、成为一项课题研究的核心成员，成为学生的精神密友、灵魂导师、生命知己，在优秀的基础上追求卓越。

（4）事业追求：为同伴的专业成长领航，为学生幸福人生奠基。

知新致远，敬畏历史，养育生命，尽快成为"三师"，即立足经师（教知识点是为经师），成为明师（拓思维度是为明师），追求人师（启价值观是为人师）。初步形成自己的教学特色或教学风格，在学科素养的以史育人中起示范作用，力争成为全市乃至全省、全国有一定影响力的学科带头人或粤派名师。

（二）履行四制督运行

学员培养是广东省毛经文名教师工作室运行的立足点与起点，也是工作室的核心任务与终点。工作室以三年为一个培养周期，用由浅入深、由表及里、逐步推进的步骤与方法，在刚性规范、柔性服务、活性激励的基础上采取了四制并行的做法。即从表层的环境建设与浅层的行为规范，走向中层的规章制度构建，最后达到深层的价值观认同。

1. 导师领衔制

工作室主持人毛经文老师具有先进的教育思想理念、精湛的教学工作能力、专家型的教育研究眼光，对团队有较强的引领作用。其示范作用主要体现在四个方面：一是工作室学科素养理念的解读者，在培训与服务学员上下功夫；二是工作室历史学科教学的研究者，在责任与创新上持续攻关；三是工作室学科素养课堂的推动者，在热情与参与上始终如一；四是学科素养课堂的引领者，不断在合作与指导上下功夫。

2. 课题推进制

以工作室群体智慧为依托，善于在历史课堂中，敏锐捕捉历史教学中的关键事项，形成工作室的教研机制，概括表述为：立足三个基于、形成三级研究、用好三副"镜"、主研一个课题。

立足三个基于：一是基于工作室的研究视角，要求学员杜绝"闭门造车"现象，把自己研究的重心下移到班级，推进到课堂和学生个人；二是基于研修内容视角，要求学员努力实现从单一性研究向多向性研究转变；三是基于研究方式视角，要求学员尽快实现从相对零乱的事物性工作中走向目标明确的课题系统研究，超越自得其乐或自怨自艾的个人情绪，追求心怀天下的人生境界。

形成三级研究：一是积极参与以市级教研室和工作室为主的"网络教研"和"活动教研"——重在专家引领课题研究和学习，提高工作室学员的水平，改变观念。二是以课题组为主的"课题研讨"——重在互助和提高，保证课题研究过程实实在在，件件事落地生根。三是以学员个人研究为主的"课题中的小问题研究"——重在自我反思和解决课题研究中的一个个小问题，即小问题研究。既放大了名师的示范引领作用，为学员搭建成长的平台；也让名师本人在已经成名的基础上实现不断的自我超越，取得更多的历史教育教学研究成果，不断从优秀走向卓越。在遵循从简单到复杂、从低级到高级阶梯式发展规律的基础上，构建"目标有梯度，成长有追求"的自下而上的"金字塔式"模式。

用好三副"镜"：天文望远镜（仰望历史教育的星空）、高倍显微镜（关注历史教学的细节）、360°广角镜（全方位、多层次认识历史）。

主研一个课题：当前，工作室正在主研的课题是"基于项目构建'双题'教学模式的实践研究"。即从整合历史知识体系的内在规律和逻辑关系出发，作用于学生成长的内在联系、互相协调和整体发展。以主题进行统领，以学生为主体，把问题的发现、探究及解决作为教学的引擎，突出教师"启导"和学生"探究"关键环节。把整个教与学的过程设计为不同的项目，分段实施、分步完成。以"主题立项"为基础，以"问题推进"为核心，以动态合作交流为基本形式，在立足主题项目的基础上，不断从学生实际出发，针对各类学生的接受能力，设计不同层次的问题，使各类学生都能有所得，不断享受成功喜悦和学习幸福。目前，这种教学模式阶段性成果丰硕，为项目式学习背景下的历史教学改革做了一些实践性的探索。

3. 成果辐射制

以工作室为辐射平台，构筑了点面结合、相得益彰的辐射体系，不断培养和提高学员的教育素质、能力和水平，把他们培养成一个一个的成果辐射点。再从优秀学员中遴选出一批卓越学员，通过"名师带骨干"的培养模式，把他们自身在名师工作室所获得的成长成果转化为对本校教师的引领，形成较大的辐射面，带动本校、本地区教师的专业成长。同时，鼓励和推荐卓越学员做好面上（国家级和省市级层面）的辐射引领，最大限度发挥名师工作室的引领与辐射作用。在三年工作周期内，工作室的相关成果不断以论文、专著、研讨会、报告会、名师论坛、公开教学、专题视频、现场指导、观摩考察等形式在全市、全省甚至全国范围内介绍、交流、推广100多次，在示范引领广东省教育的均衡发展、教学质量的提高和教师的专业成长上做出了自己的贡献。

4. 岗位淘汰制

在三年工作周期内，如果学员未能较好地履行职责，工作效果较差，经考核不合格的，会自动淘汰。由于学员来自历史教育教学一线，是一个自愿申请与严格选拔相结合的团队，教育教学能力与研究能力较强，基本形成自己的教学风格和教育艺术，教育教学质量高，自我完善、自我突破、自我发展的愿望较强烈。更重要的是，全部学员都是经过省、市严格挑选和推荐的，素质普遍较高，专业水准比较优秀，参加工作室的各项活动非常积极，且效果显著。因此，近三年来，没有一人被淘汰。

（三）顶层设计强导航

名师工作室的终极目的，是借工作室这个平台，让一批志同道合的历史教育精英结伴走在集约化成长的道路上，把他们培养成为名师。在这个结伴而行的共同体中，广东省毛经文名教师工作室紧紧围绕"引领"做文章，以"教师专业发展"为核心概念，以"学习""研究""发展"为关键词。根据工作室学员均有着较高发展起点的实际情况，工作室培养学员的着力点放在"拓宽、挖深、拔高"上，引领学员向更高层次发展，走精英化发展的道路。工作室培养名师的顶层设计是这样的：先成"明师"，后求"名师"。

1. 先成"明师"

"明师"是学员成为"名师"的基础。工作室要求他们先要追求"明师"，即明德、明业、明术。明德即高尚情操，德高为范，有师德之光明；明业即学识渊博，学问高深，有学识之精明；明术即教学艺术胜人一等，有点石成金之高明。学员一定要先成为明志之师、明白之师、明理之师、明智之师、明慧之师。

2. 后求"名师"

"名师"的产生是多种因素共生共融的结果，学员们只有在先完成"明师"的历练后，才有厚实的基础去追求"名师"。名师工作室通过"敬业""反思""学习""研究""实践""引领""和谐""创新"等系列活动，推动学员从"明师"走向"名师"，提倡学员守住追求"名师"的人生理想与卓越的教育信念，历练非凡的教学能力，修炼理性的和缓性格，争取"六士"（有德之士、有权之士、有谋之士、有识之士、有能之士、有才之士）的外部支持，心无旁骛，一心向着"名师"目标前进，争取早日实现自己的理想。

三、蓬生麻中向阳长

种麻扶蓬草，勃勃向阳长。近三年来，广东省毛经文名教师工作室建成了覆盖东莞市乃至全国的网上工作室，已进行了关于高中历史教学的专题研修7个，解惑32次。

2018年9月，工作室助手赵晓东、学员胡波也随同东莞市教育局教研室送教云南昭通市，其中胡波开设讲座，赵晓东上示范课。2018年12月，毛经文、曹军辉送教广西壮族自治区贺州市高三的二轮复习，其中毛经文开设讲座，曹军辉上示范课。2019年4月，工作室还开展了送教广西壮族自治区柳州市的活动，其中毛经文开设讲座，赵晓东、曹军辉两位老师上示范课。

2018年11月，来自佛山、云浮等地的广东省佛山市李志伟名教师工作室、陈维坚名教师工作室成员共16位老师，参加广东省毛经文名教师工作室跟岗学习活动。学员们通过聆听专家讲座、观摩名师课堂、交流教研教学等形式，实现了"合作交流、互助共赢"的双重目标。跟岗学习活动以"三跨"（跨地区、跨学科、跨工作室）为活动形式，以"优秀教师专业发展"为中心内容。推动了跟岗名师如何从优秀中追求卓越，为学员们成长为具有先进教育教学理念、较高理论水平和实践能力、能够发挥示范引领作用、在省内外具有较高知名度和影响力的名教师打下了更加坚实的基础。

2019年4月，工作室应邀参加 "2019年高中历史新教材名师课堂展示研讨活动"，并作为全国四大名师工作室展示工作室对历史新教材的研究与探索成果，其中主持人毛经文开设讲座《不忘来时路 方知向何生——以新教材"中古时期的欧洲"一课为例》，助手赵晓东上示范课《黑中有光、暗中有亮的中古欧洲——以庄园制为例》，核心学员曹军辉上示范课《中世纪之问——黑暗还是曙光？》，效果显著，引起了与会老师的热议与深度思考。

工作室主持人毛经文不但是多年的教研会副会长，同时，还连续几年担任东莞市高中历史新课程改革指导小组高三或高二组组长，为全市、全省高中新课程实验工作、高考及指导青年教师成长做出了较大贡献。先后11次在市内外教师专业成长论坛上以《经营好自己的八个五年计划——特级教师的成长之路》为题介绍自身成长历程，受到与会教师的好评。先后培养和影响了胡波、曹军辉、赵晓东、付昭权、李小萍等30多位优秀青年教师。也经常通过网络平台和历史学科知名专业网站，无偿把自己的一些教学经验辐射到全市乃至全省、全国。2018年度教师节，工作室主持人被选为东莞市教育局"幸福的事业"庆典活动的五位展播嘉宾之一，是高中教师的唯一代表。2019年度教师节，工作室主持人被公选为东莞市第二届十位"最美教师"之一。2019年5月，东莞市创建品牌学校展示活动（东莞高级中学站），工作室主持人为大家呈现了一堂精彩的历史一轮复习课《量地制邑 度地居民——中国古代地方最高行政机构的流变》，工作室不断受到上级领导和教育主管部门的鼓励与表扬，社会影响力也在与日俱增，广播里有声、电视里有像、杂志上有文、报纸上有名、会议上有座。主持人多次应邀列席参加东莞市党代会、人大会、政协会，各级各类与教育发展相关的省、市级座谈会，或教师节庆典大会。同时也是东莞市认定的高层次人才，获得了广东省优粤人才卡，其事迹还入选了东莞市委组织编写出版的《才聚莞邑》一书。

以上对广东省毛经文名教师工作室工作的"王婆式"简略梳理，权作本书之序。

目录

上 篇

核心素养的教师话题：做一个完整的人

　　——"京津冀中学历史教学教研协同发展"活动的启示 / 夏辉辉 ……… 3

追寻智慧　探求素养

　　——中学生历史学科核心素养培养策略探索 / 陈家运 ………… 11

西学思潮的萌动　大国气度的涵养

　　——刍议《顺乎世界之潮流》教学 / 吕准能 ………… 18

如何使时空观念体现历史学科的思维方式与学科本质 / 刘赋斌 ………… 24

技术支持下的历史学科探究学习任务设计 / 李四华 ………… 37

下 篇

借多重史料拨开"重农抑商"之迷雾

　　——以"税收变动解释中国古代抑商"为例 / 李双娉　胡 波 ……… 47

问渠那得清如许，为有源头活水来

　　——"问题驱动式"历史教学的实践 / 曹军辉 ………… 54

冷眼向洋观世界，云开雾散终有时

　　——以《中世纪欧洲庄园制》为例 / 赵晓东 ………… 61

创设思维冲突　培育历史素养

　　——以"叩问宇宙"一课教学为例 / 杨山坡 ………… 68

从政体转型看中国近代化的艰难探索

　　——以《辛亥革命》一课为例 / 李小萍 ………… 79

三维解析在历史解释中的运用

　　——以《宋明理学》一课为例 / 丁家文 …………………… 86

历史探"原"另辟蹊径

　　——用历史细节探究鸦片战争中国失败原因 / 付昭权 ……… 95

巧用史料，涵育学生历史解释素养 / 李红霞　王子健………… 99

历史阅读的落实与历史解释素养的落地 / 莫宏雨 ……………… 105

核心素养下的史料教学初探

　　——以高三复习课《近代中国外交》为例 / 黄国林 ………… 112

中世纪的断层弥合 / 谢德真 ……………………………………… 118

基于核心素养的高中历史项目化学习主题设计策略研究 / 黄杏婵 …… 124

新课标高考历史全国Ⅰ卷试题特点与教学启示 / 李玉梅 …… 134

时序长河奔腾流　空间面貌万古新

　　——基于时空观念下明朝商业政策的教学分析 / 黎　耕 …… 144

基于学业质量标准，养育历史解释素养刍议

　　——以"中日甲午战争"为例 / 龙璟瑶 ………………………… 151

浅谈历史影视作品辨伪与历史思辨能力的培养

　　——以影视剧《锦衣之下》为例 / 邱秀钿 …………………… 158

智慧课堂环境下使用历史高考试题，构建高效课堂 / 谭伟弘 …… 165

素养立意下历史解释在复习课堂中的教学设计初探

　　——以《封建政治制度的成熟——隋唐三省六部制与科举制》为例 / 苏冬萍… 170

"图示"复习，轻松复"史"

　　——高三总复习教学有感 / 龙剑霞 ……………………… 178

上好历史课，传递真善美 / 刘丽琼 ……………………………… 186

深入历史探光启　立足时代识群英

　　——《晚明科技群英》教学设计 / 和　静 …………………… 194

试题讲评课中探历史核心素养的培养

　　——从模拟题的起疑、答疑中探历史核心素养的"落地" / 卢天志… 204

后　记　"匠心"从教　"仁心"育人…………………………… 213

篇

💬 **作者简介**

　　夏辉辉，研究员，广西教育学院教研部历史教研员，广东省毛经文名教师工作室特邀指导专家，首届自治区普通高中课程改革教学指导专业委员会学生发展指导专委会主任委员，广西教育厅高中课改办成员，广西历史教学专业委员会常务副理事长，广西生涯教育研究会副会长兼秘书长，华南师范大学兼职教授，南宁师范大学、广西民族大学硕士研究生导师，《中学历史教学参考》《中学历史教学》杂志编委，教育部国培专家。广东省中学历史优秀教研工作者，广东省中小学新一轮"百千万人才培养工程"名教师，人教社"金牌培训专家"，曾任东莞市教育局教研室教研员。致力于历史课程与教材研究、教师专业成长与学校课程建设研究、学生发展指导与生涯教育研究，多篇论文发表于历史教学核心刊物并被人大复印刊转载，多本著作由北师大出版社、华东师大出版社、复旦大学出版社出版，关于核心素养的相关论文被收录入华东师大出版社出版的《学生发展核心素养三十人谈》一书。

核心素养的教师话题：做一个完整的人

——"京津冀中学历史教学教研协同发展"活动的启示

夏辉辉

　　2017年5月，笔者有幸参加了"京津冀中学历史教学教研协同发展"活动北京专场的现场会，活动通过网络和现场两个角度展示了京津冀三地的师生两个月来围绕"洋务运动"这一主题，教师协同教研、学生开展研究性学习的成果，让活动现场的与会教师以及在线观看活动的上万名历史教师体会到了运用互联网教学教研协同发展的现实成果与美好前景。

在学生发展核心素养大背景下来审视这次活动，活动的成果是相当丰富的。学生充分利用班级社区、文化社区、网络社区的多维空间，在"洋务运动"这一主题下，从铁路、煤矿、教育等方面寻找京津冀三地近代化进程中的共同基因，无论是学习空间的拓展，还是学习主题的深化，都与培养学生核心素养这一主题扣得很紧，具有很强的时代感。活动引发了笔者的思考，在这样的教学教研协同发展活动中，教师到底起了什么作用？在促进学生能力提升的同时，历史教师获得了怎样的体验？在培养学生发展核心素养的大背景下，历史教师的素养应该有怎样的发展？

随着核心素养研究的不断深入，积极探索中国学生发展核心素养的培养路径成为进一步研究的重点话题。正如姜宇等人所指出的："如何将核心素养从一套理论框架或者育人目标体系，落实与推行到具体的教育和社会活动中去，进而真正实现其育人功能与价值，是教育领域面临的重大问题。"有学者认为，教师的素养将很大程度上决定学生发展核心素养能否在教育实践中真正落实，构建与学生核心素养指标体系相配套的，教师本身的核心素养体系迫在眉睫。面对学生发展核心素养的培养，教师应重新思考自己的专业职责和角色定位，这是教师专业发展与能力提升的难得机遇。笔者认为，当前教师专业发展要解决的问题是：在信息技术迅速发展的背景下，面对中国学生发展核心素养，如何以教师核心素养的建设与发展来催化学生核心素养的生成，从而为教育的发展、学生的成长、社会的进步寻找有效的途径。借助"京津冀中学历史教学教研协同发展"活动的启示，笔者初步梳理教师素养的相关研究，尝试就"历史教师核心素养"提出拙见，以之抛砖引玉。

一、教师的基础素养与专业素养

有学者认为，素养是建筑在先天遗传基础上，由后天的养育、个体所受的各级各类教育、人生经历、个人已有生命实践积淀而成。所以教师素养可以理解为教师在教育、教学活动中表现出来的，决定其教育、教学效果，对学生身心发展有直接而显著影响的心理品质的总和。

关于教师应该拥有哪些素养，学者多有论述。张仁贤认为教师应该拥有人文素养、艺术素养、礼仪素养、心理素养、法律素养、技术素养、专业素养、道德素养、理论素养等十大素养。赵希斌认为，教师的教学效果取决于正确的教育价值观、良好的个人素质、深厚的专业素养、高效的教学能力四个方面。

面对培养"学生发展核心素养"的新挑战，教师应该具备什么样的素养？叶澜提出，教师素养包含着教师的基础性素养、教育专业素养和复合型专业素养三大类。王丽波认为，未来教师素养的合理结构中基础层面是教师职业道德和现代教育理念，依次向上的层面是具备学科专业知识、教育学和心理学知识、创新意识和能力、教育研究意识和能力以及反思能力等多方面的知识和能力，尤其应强调知识和素养（能力）的相互支撑、渗透和融合。

所谓教师专业素养，是建立在把教师职业作为一种"专业"的基础上，每个行业有其各自的专业素养，教师专业素养是教师从事教育、教学工作的素质和修养，是指经过系统的师范教育，并在长期的教育实践中逐渐发展而成的具有专门性、指向性和不可替代性的素养，强调的是教师职业的特殊性、标志性。有学者提出，教师素养包含着教师的基础性素养、教育专业素养和复合型专业素养三大类（见图1），并认为教师的专业素养应该包括专业知识、专业技能与专业情意三个方面。

图1 教师素养分析

综上所述，笔者认为，教师首先应该拥有一个公民的基础素养，其次要拥有专业素养，即从事教育工作所需的专业知识和技能，它是一个教师从事教育教学工作的前提条件。

二、教师的核心素养

（一）学生发展核心素养为教师核心素养建设提出了要求与可能

经过以林崇德先生为首席专家的研究小组研究，使我们逐渐明确了"核心素养"的内涵及基本特点。在诸多关于核心素养的定义中，我们留意到核心素养两个方面的特点，一方面是追求人的完整性。学者们认为，核心素养具有六大基本特点：核心素养是最关键、最必要的共同素养；核心素养是知识、技能和态度等的综合表现；核心素养可以通过教育形成并获得发展；核心素养具有发展的连续性和阶段性；核心素养兼具个人价值和社会价值；核心素养的作用发挥具有整合性。这六大特点可以说比较完整地描述了核心素养定义下人才的内涵。

另一方面，核心素养是"从学习结果界定未来人才形象"的类概念。崔允漷以"成功的生活和健全社会"作为逻辑起点，提出"核心素养"的概念，确定满足这一概念必需的"三个必要条件"，即对社会和个体产生有价值的结果、帮助个体在多样化情境中能够满足重要的需要、不仅对学科专家而且对所有都重要；进而确定并选择"三大类核心素养"，即互动地运用工具、异质群体互动、自主行动；在此基础上构成三级框架，提出三个特征，即超越所教知识和技能、体现核心素养的"反思性"本质、在变化的情境中联结在一起发挥作用。

也许，"核心素养"这个概念的魅力就在这里了：培养适应未来的、完整的人。当"核心素养"成为当前教育的热门词汇时，整日琢磨"核心素养"的教师们是否也在以这个标准来衡量自己？或者说，核心素养不仅仅是对"未来人才形象"的描述，即对学生学习结果的描述，也可以理解为整个21世纪信息时代对人才的一种标准，生活在同一天空下、同一时代里的教师亦可以此为标准，在终身学习的理念下，构建自身的内在素养结构。那么我们在思考21世纪需要怎样的教师这一问题时，"教师核心素养"将不仅仅是作为应对学生发展核心素养而存在的一种必需，更是教师个人发展的一种需求。因此，中国学生发展核心素养对教师核心素养发展不但提出了要求，而且提供了可能，即教师同样可以用"核心素养"来要求自己，使自己适应21世纪信息时代的挑战，构建"成功的生活和健全的社会"。

（二）历史学科核心素养的研究为历史教师核心素养提供了学科依据

有学者呼吁，教师的核心素养不是学生核心素养的翻版和复制，更不是简单化地仅仅让教师在学科专业发展中关注核心素养，而是以核心素养的研究撬动教师素养的全面提升，形成新时期的教师核心素养体系和专业研修方式。这一观点对于历史教师也是适用的，我们可以从历史学科核心素养中得到历史教师核心素养的启发。

包括唯物史观、时空观念、史料实证、历史解释和家国情怀在内的历史学科素养的内涵，吴伟、朱汉国、徐蓝、李惠军等学者都有过较为详细的论述，此处不再一一赘述。实如任鹏杰所说，学科是没有素养的，我们所追求的素养，是借助这个学科试图培养学生的一种适应社会、适应未来、适应现代变化的能力，我们要追求学生通过历史学习而生成、而涵养、而内化的历史学科特有的素养。束鹏芳认为，素养的主体是学生，而学生的素养相当程度上取决于教师的学科素养，教师的学科素养需要从人之为人的基本素养、自然人与社会人的素养、实然与应然的素养等方面进行统整。

黄牧航指出，要提升学生的核心素养，其前提是教师必须首先拥有这些素养。他认为，历史学科核心素养和历史教师胜任特征有高度一致的对应关系。

表1　历史学科核心素养与历史教师胜任特征关系表

历史学科核心素养	历史教师胜任特征
价值观	历史教育智慧
思维方式	历史思辨能力
	学科拓展能力
品格品性	人格影响力
	成就动机

学者们的研究表明，中国学生发展核心素养的提出为教育提出了具有时代性的育人目标，历史学科核心素养为培养学生核心素养提供了具体可操作的教学目标，同时，二者也为历史教师自身的发展提供了新的内涵。

三、教师核心素养的价值追求：做一个完整的人

综合学者们的研究，历史教师的素养包括公民基础素养、教师专业素养以

及历史教师核心素养。公民基础素养是指拥有一个公民的基本品质；教师专业素养是指拥有从事教育工作所需的专业知识和技能；历史教师核心素养则是指历史教师能够依托历史学科完成价值引领、思维启迪、品格塑造等教育教学任务的独特的素养，同时，这一核心素养也是历史教师面对21世纪信息时代公民生活、职业世界和个人自我实现的自身需求。而历史教师核心素养，则应该包括历史的视野与洞见、史料与史学素养、阐释与反思素养等，方能完成价值引领、思维启迪、品格塑造等历史教育教学任务，也有利于站在独特的学科背景下完善自我、适应21世纪的挑战。

（一）历史的视野与洞见

实如李惠军所说，历史教师要有俯瞰历史的高度，纵览历史的宽度，要有跨越时间、空间、领域、视角的眼光。教师要注重从历史动态中触摸、体验历史的演变，善于从整个教材的高度，将散见于各个部分的历史素材加以整合，提炼出历史的"核心主旨"，让"碎片化"的情节在"整体化"的历史图谱上熠熠生辉。

（二）史料与史学素养

何成刚强调史学阅读之于教师素养的核心地位，他认为，从整体上看，当前历史教师的史学素养是非常薄弱的，这制约着历史教学质量的提升。他认为历史教师要提倡深层次阅读、专业性阅读、综合性阅读，尽量杜绝浅层次阅读、通俗性阅读、单一性阅读，在史学阅读中，注重群文阅读、比较阅读和批判性阅读，当出现阅读困惑时，应及时向专业研究人员请教。

（三）阐释与反思素养

李惠军认为，历史教师还要善于驰骋思辨、疏通知远，从千百年的历史观察中"迹其途辙"，梳理出历史内在的关节及其一以贯之的脉络。同时，历史教师还要在细节探微中察变观风、磨勘贯通，在故事讲解中博约有度、沉潜多思，方能让微观的史实在宏观的视野下兼容并蓄，娓娓道来。

以"京津冀中学历史教学教研协同发展"活动为例，活动中反映出历史教师在基础素养与专业素养的基础上，体现了独特的核心素养。

第一，研究主题的时代性。三地历史教师在国家京津冀一体化发展战略、雄安新区设立的背景下，以"洋务运动"为主题，引导学生寻找三地近代化进程中的共同基因，依托身边的历史，关注现实、关心未来，体现了教师的历史洞见。例如北京市景山中学的同学们围绕京师同文馆展开对近代教育发展的研究，既蕴含了景山中学与京师同文馆的历史地缘优势，又饱含着景山中学作为中国当代教育改革实验中心的现实情怀。

第二，研究性学习时空的拓展。从上一轮新课程改革以来，研究性学习成为改变学生学习方式、拓展课程资源的重要手段，但是囿于应试教育的压力，研究性学习始终是"星星之火"，无法常态化。此次活动充分利用班级社区、文化社区、网络社区的多维空间开展协同研习活动，探索研究性学习的常态化路径，体现了历史教师课程与学科的双重视野。同时，在活动中，三地历史教师的史学素养得到很好的体现与发展。

第三，跨区域教研的教学反思。跨区域教研由于能够实现"异质互动"而深受一线教师欢迎，但是工学矛盾始终是制约跨区域教研的重要因素。而此次京津冀三地教学教研协同发展活动，通过网络克服跨区域教研的掣肘，是很好的实践。在互联网视域下审视历史教师的核心素养，希望引发老师关注互联网技术发展带来的时代变动，即21世纪信息时代的特点，包括人们生活方式的变革、思维方式的变化以及学生学习方式的变化等等，从而引发观念转变，以实现信息时代"成功的生活和健全的社会"为目的，主动进行核心素养的构建。

总之，"京津冀中学历史教学教研协同发展"活动给当下的历史教育教学及历史教师专业发展以很多启发。笔者认为，在核心素养的时代背景下，应该重新理解教师专业发展的新要求，在学生发展核心素养和学科核心素养的框架下，把教师核心素养的发展作为促进学生核心素养的重要因素来研究，教师核心素养的构建也是教师自身应对21世纪信息时代、实现个人成功和促进社会健全发展的需要。同时，希望历史教师核心素养的提出，为一线教师重新理解课程目标、重新构建教学过程、重新理解自身职业生涯提供新的理论框架与实践路径。

参考文献

［1］姜宇，辛涛，刘霞等.基于核心素养的教育改革实践途径与策略［J］.中国教育学刊，2016（6）.

［2］叶澜."新基础教育"论：关于当代中国学校变革的探究与认识［M］.北京：教育科学出版社，2006.

［3］林崇德，申继亮，辛涛.教师素质的构成及其培养途径［J］.中小学教师培训，1998（C1）.

［4］张仁贤.教师十大素养［M］.天津：天津教育出版社，2008.

［5］赵希斌.优秀教师的四项核心素质［M］.上海：华东师范大学出版社.2011.

［6］教育部师范教育司.教师专业化的理论与实践［M］.北京：人民教育出版社，2003.

［7］王丽波.教师素养：影响学生转变学习方式的重要因素［J］.内蒙古师范大学学报（教育科学版），2013（4）.

［8］吴友华，熊林江.中学体育教师专业素质文献综述［J］.企业家天地（理论版），2010（4）.

作者简介

陈家运，中山大学教育硕士，历史高级教师，广东省毛经文名教师工作室指导专家，广东省教育研究院教学教材研究室中学历史教研员，广东省百千万名教师培养对象，陕西师大特约研究员，华南师范大学兼职教育硕士生导师。主编著作多部，如《历史解释的教学设计与学业评价》《中国国家历史》《东莞地方历史读本》；参编教育部组织编写著作多部，如《初中历史关键问题研究》等；多篇论文发表在《中学历史教学》《中小学数字化教学》等刊物，主持和参与国家省市级课题多项，如教育部课程中心初中历史教研基地、教育部课程中心"历史学科传承中华优秀传统文化研究"、教育部考试中心重大项目"高考评价体系研究"。

追寻智慧　探求素养

——中学生历史学科核心素养培养策略探索

陈家运

"隋老师，你是隋朝的多少代传人？"诸如此类的案例，反映了学生历史学习的生态，道出了教师历史教学的无奈，诠释了历史教育的缺失。学科核心素养是学科本质和育人价值的集中体现，是核心素养在学科的具体化。历史学科核心素养的提出，不仅彰显了学科价值，树立了学科自信，而且直指问题，提供了解决问题的理论框架与实践路径。

但是如何让老师在每一堂课中落实好历史学科核心素养呢？其核心和关键策略何在？两年来，东莞市开展了中学历史智慧课堂的系列研讨活动。本文拟通过对中学历史智慧课堂的探索，就"中学生历史学科核心素养培养策略探索"这一话题谈谈自己的看法。

一、中学历史智慧课堂概念的提出

智慧课堂的定义主要衍生于智慧教育的概念，尚未形成统一标准，大部分定义强调智慧课堂的信息技术属性。笔者认为，智慧课堂应是一种在智慧学习环境下，教师开展智慧教学，促进学生智慧学习，进而养育其历史学科核心素养的更全面、多元和综合的课堂形式（见图1）。

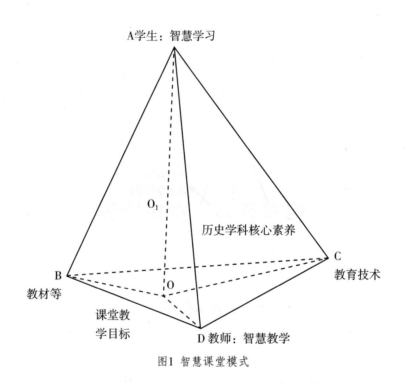

图1 智慧课堂模式

运用信息技术、教材等创建智慧学习环境，是智慧课堂的基础。信息时代的智慧课堂应具有教学决策数据化、评价反馈即时化、交流互动立体化和资源推送智能化的核心特征。

其价值取向不是技术，而是"培养学生历史学科核心素养"。从图1模型可知，智慧课堂是借助教育技术平台、综合教材等因素，教师智慧教学、学生智慧学习的协调统一、综合的过程。

二、中学历史智慧课堂的构建策略

（一）核心素养——智慧课堂教学的灵魂

1. 抓住课堂的灵魂

"核心素养"是高于一般能力或一般素养的最重要的必备品格、关键能力与价值观。学科核心素养是核心素养的学科具体化，历史学科核心素养的五个方面"旨在通过诸素养的培育，达致立德树人的要求"。历史学科核心素养的提出为重新理解课程目标、构建教学目标提供了新的理论框架与实践路径。

智慧课堂的综合性与培养目标的学科素养价值关怀，将其放置在教育目标体系中，构建出教育任务、核心素养、学科核心素养、智慧课堂研究模型（见图2）。

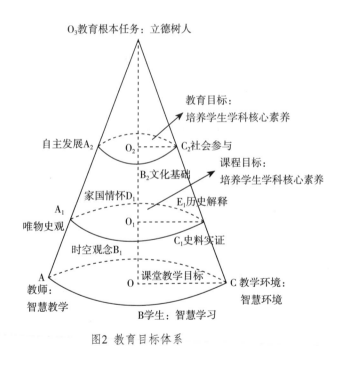

图2 教育目标体系

2. 寻找灵魂的落脚点

构建课堂教学目标，探寻课堂教学的支点，一直是教师课堂探索的不懈追求，智慧课堂亦然。中学历史智慧课堂教学以核心素养为灵魂，那灵魂的落脚点——课堂教学目标在哪里呢？

首先，五大素养的综合性、交融性决定了五位一体的综合性目标，是学生历史学科能力发展的综合体现，不能将五大核心素养人为割裂。

如教师在讲授《甲午中日战争与瓜分中国》一课时，可将教学目标确立为："能够运用历史地图简述战争的过程以及战后列强对中国的瓜分，讲述战争中的典型英雄事迹；能够运用有关史料，从当时的情境和历史的角度，探究甲午战争给中国带来的灾难及其引发的民族危机和大觉醒。"该目标前半部分侧重于时空观念和家国情怀的培养，后半部分则侧重于史料实证、历史解释和唯物史观的培养。

在培养历史学科核心素养的同时，也可涉及跨学科的核心素养的培养，这是符合教育目标的要求。

如在讲授《宋元时期的都市与文化》一课时，东莞望牛墩中学温婷婷、石惟灵老师将教学目标确立为："通过史料阅读，以开封为例呈现宋元时期名城的都市生活，概括都市生活的繁荣、市民生活的丰富和文化世俗化特征；以宋词元曲为例，浸润它们所蕴含的家国情怀，进而理解宋元文化的地位，弘扬文化自信；探究宋元都市和文化背后的时代特征。"东莞外国语学校的张悦老师，则将该课的教学目标确立为："通过情景活动《设计一位普通宋朝城市居民一个月的日常开支》，让学生通过阅读史料，探究宋元时期的都市生活和文化生活。"该设计在培养学生历史学科核心素养的同时，也培养了他们的财经素养。

其次，要蕴含"智慧"特色。智慧课堂要充分体现教师智慧教学、学生智慧学习的有机结合，教学目标的确立至关重要。

如在讲授《洋务运动》一课时，东莞常平振兴中学郑继明、松山湖实验中学钟小敏、横沥中学罗永学、厚街湖景中学李志先老师将教学目标确立为："以江南制造总局和轮船招商局为例，通过呈现它们在近代和新中国成立后的历史贡献，进而突出洋务运动近代化'开端'的特征；通过史料阅读，探究洋务运动失败的历史原因，认识洋务运动是近代化的开端，但其失败是历史的必然，时代之憾。"该教学目标充分体现了教师教学智慧，是智慧教学的重要体现。通过史料的多角度论证，深化了学生对洋务运动历史地位的理解。论证"开端"二字，通过历史定位，让学生意识到洋务运动是近代化的萌芽，但这个芽是不可能长大的，"春色虽微已堪惜"，这是时代之憾！

教学目标除了要体现教师的智慧教学，也会根据教学环境，创设体现学生智慧学习的教学目标。

如在讲授《宋元时期的都市与文化》一课时，东莞松山湖实验中学王楚颖老师将教学目标确立为："通过观看微课、阅读教材及其他史料，让学生知道宋元时期商业贸易的繁荣，了解宋元时期的文化成就。学生通过完成教师在后台推送的在线闯关任务，利用史料组建相应题型，即时评价和反馈学习效果。学生通过完成'制作宋元风明信片'的活动，深入理解宋元文化的地位，弘扬文化自信。"该教学目标中融入游戏化学习策略，学生借助信息化手段，在探究活动中对史料进行分层讨论、体会、动手实践，游戏中竞争、加分、创造的形式，有利于激发学生的学习动机，促进学生智慧学习。

（二）深度学习——智慧课堂有效实施路径

笔者认为，在智慧课堂模式下，学生的智慧学习应具有个性、共享、交互、深度的特点。其中深度学习应是智慧学习的核心和成败的关键。"所谓深度学习是指学习者在理解学习的基础上能够批判地学习新的理论和思想，在将新的理论和思想融入已有的认知结构基础上，可以在繁多的思想间建立联系并且可以将已经拥有的知识迁移到全新的情境之中，以此作为问题决策和解决的一种学习方式。"可见，激发学习的主动性和问题解决导向，是深度学习的显著特征。因此，在深度学习过程中，教师要以创新的方式，向学生传递丰富的核心学习内容，并让他们学会应用所学的内容。而营造智慧的教学环境和基于项目的学习、基于问题的学习、基于探究的学习、基于挑战的学习等类似的方法，能让学生在校内外具有更多主动学习的经历。

1. 创新教学情境

教学情境可以为学生的学习提供认知停靠点，激发学习的内动力，也是智慧学习的先决条件。在教学过程中，教师要设法引领学生在真实而有意义的历史情境中展开学习活动，进而对历史进行探究。创设情境的手段多种多样，如图片、影视、文字、语言描述等。

东莞南城阳光实验中学杜建珊老师在讲授《经济与社会生活巨变》一课时，通过课前作业，要求学生采访家中长辈，了解到改革开放前自己家中的居住环境、伙食情况等，获得口述史料。同时，尽可能将已经退出历史舞台的旧物带到课堂上，向全班展示那个年代的社会生活情景。

智慧课堂则侧重于运用信息技术手段，创设更鲜活、更接近真实的历史情境。如东莞松山湖实验中学王楚颖老师在讲授《宋元时期的都市与文化》一课时，设置了"梦回宋元，与子同歌——当元曲遇上rap"的游戏导入，利用台湾某诗词类音乐手游App，用Rap的方式，改编和演绎元曲大家关汉卿的作品《一枝花·不伏老》。在游戏过程中，学生一边说唱《一枝花·不伏老》，一边根据歌曲的旋律，在平板上准确地打击、滑动歌词，难度升级时还需要滑动手指"写书法"，依循"笔迹"完成背景的题字。游戏活动打破了传统的诵读、聆听的方式，解决了由于曲调丧失而无法感受宋元时期高唱词曲情景的遗憾。直观感受元曲是一种综合性表演艺术，仿佛回到宋元时期，使学生浸润在浓厚的历史情境中。

2. 优化学习方法

基于问题的学习是深度学习的重要途径。在教学过程中，教师要以问题引领作为展开教学的切入点，以问题来激活、调动学生的思维，以问题的解决来实现学生的深度学习。

在讲授《明朝的对外关系》一课时，东莞松山湖实验中学的龚琳老师采用了问题链的学习方式。教师和学生构建了如下的问题链：

（1）西洋在哪里？

（2）郑和的船队到达过哪些地区？最远的又是哪里？

（3）生：郑和下西洋成功的原因是什么？（即郑和下西洋的条件）

（4）生：郑和下西洋造成了什么影响？

（5）生：造成倭患的原因是什么？

（6）生：明朝国力雄厚，为什么戚继光还要招募矿工和农民？

（7）生：戚继光在抗倭中是怎样取得胜利的？

（8）我们要如何评价戚继光抗倭？

（9）生：为什么葡萄牙要攫取澳门的居住权？

教师首先要求学生通过阅读史料和小组合作探究方式，解决问题。同时，教师利用信息化手段获取到学生自学的反馈，精确地把握学生实际情况，重构以生为本、私人订制化的问题。在问题的提出和解决的过程中，学生自主学习的动机被激活，思维能力被提升，渴望并努力解决自己的疑问，实现了学生的深度学习。

综上所述，中学历史智慧课堂的构建，要以历史学科核心素养为教学的灵魂，搭建好灵魂的落脚点，创新教学情境，优化学习方法，最终实现学生在智慧学习的过程中，养育核心素养。这些是东莞市中学生历史学科核心素养培养的策略探索，我们深知路漫漫，探究永无止境，希望专家和同人们批评指正。

参考文献

［1］刘邦奇."互联网+"时代智慧课堂教学设计与实施策略研究［J］.中国电化教育，2016（10）.

［2］中华人民共和国教育部制定.普通高中历史课程标准（2017年版）［M］.北京：人民教育出版社，2018.

［3］温婷婷，石惟灵.在文化课中浸润家国情怀——以《宋元时期的都市和文化》为例［J］.中学历史教学，2018（9）.

［4］王楚颖.游戏化视野下的史料教学——以《宋元时期的都市和文化》为例[J].中学历史教学，2018（9）.

［5］何玲，黎加厚.促进学生深度学习［J］.现代教学，2005（5）.

［6］黄旭东.民国课堂：大先生的背影［M］.南宁：广西人民出版社，2014.

💬 **作者简介**

　　吕准能，1965年生，浙江永康人，现为浙江师大附中资深高级教师。已有12篇论文被人大复印《中学历史、地理教与学》转载，还编写了《智慧学历史》《新高考百题百问》《大国兴衰启示录》等。在浙师大历史系讲授《历史课标与教材研究》及担任卓越班的指导教师，并连续11年特约点评浙江高考历史卷。另为浙师大和金华教育学院的教师培训多年。近来关注乡土历史文化，藏书八千余册。

西学思潮的萌动　大国气度的涵养

——刍议《顺乎世界之潮流》教学

吕准能

　　人民版必修Ⅲ的"顺乎世界之潮流"一课展现了近代中国在内忧外患中，我国近代先进知识分子在欧风美雨的激荡下，西学东渐思潮经历了峰回路转的往复，逐步梦醒后艰难融入世界，从中体现了从"天下"到"世界"观念的新陈代谢，并催生了与世界意识相应的大国气度的缓慢进化。

一、《顺乎世界之潮流》教学的构思

　　近代中国在屈辱和抗争中上下求索，"中国走向何处去"的时代难题拷问和困扰着无数国人。人民版必修Ⅲ专题三第1课"顺乎世界之潮流"简述了鸦片战争至辛亥革命期间，先进的中国人在阵痛中新生，从龚自珍处于"万马齐喑"下重抖擞的疾呼、梁启超关于"少年中国"的强音再到孙中山为"振兴中华"下的猛药，这些正能量激励了无数仁人志士，基于时局骤变的中外看法也随之解构。

诚如斯言，"近百年来，中国受外影响，政治、社会、经济、思想之剧变，开从古未有之局势，非有信史，将不能明了其造成之原因，国内之问题，及国际上所处之地位"。地理大发现后原先世界相对隔绝的状态已逐步被打破，开始日益连成一体，我国此后不得不重估自身的国际地位，并试图应对日益严峻的中外关系，直至再次审视和考量这个"天朝上国"，促使从"天下"的华夷观念到"世界"的国家认同的转型，"此为国民应有之常识，近百年史当足以应此需要"。

鉴于"文明因交流而多彩，文明因互鉴而丰富""历史和现实都表明，傲慢和偏见是文明交流互鉴的最大障碍"，习近平主席于2014年3月27日在联合国教科文组织总部发表演讲时如是说。2017年版《普通高中历史课程标准（实验）》强调"增强学生的世界意识，拓宽国际视野"。最新的部编高中历史选择性必修模块3《文化交流与传播》明确"……这有助于尊重世界文明多样性……以文明交流超越文明隔阂、文明互鉴超越文明冲突、文明共存超越文明优越"。就本课而言，"'世界意识'的建立是中华民族走向近代化的一切工作的起点，是一项极为艰难的思想启蒙"。此处基于理性的世界意识下的大国气度是指让学生能跨越时空，了解主要大国或区域的发展脉络，及中外相互碰撞、交流与融合的历程，从而知己知彼，养成既有民族自信又兼有开阔的国际视野和博大的人文情怀，进而达成人类命运共同体为核心的对外开放、和平发展及合作共赢等当代价值取向。

笔者基于上述考虑，确定本课的教学立意为通过对我国近代前期思想史的梳理，期望使学生学会在中外交流中接纳，进而在文化沟通中理解，直至世事洞明以养成基于世界视野下的大国气度，最终有助于家国情怀的落地。

二、明清两代大国气度迷误的隐患

众所周知，我国古代长期以"文明古国"和"礼仪之邦"而自豪，中外交流曾有过汉唐的恢宏与宋元的巅峰。但"我国的文化传统中缺乏国家平等的观念，历史上实行的那种华夷之辨、厚待番邦的政策毕竟也是居高临下式的……"，以此看来，天下的中央住着我们叫"中国"，又因自认为天子的王朝最伟大故称"天朝"，其臣民自然也最为优秀而叫"华夏"，进而周边民族或国家被贬低为尚且处于蒙昧状态的"蛮夷"。就此，中国、华夏、中华等无不彰显了特定的地域、文化、民族的中心意识。

尽管明末科学家徐光启曾有"欲求超胜，必先汇通"的名言，可是明清两代面对16—18世纪的全球大变局缺乏积极的应对，令人匪夷所思的是"'天朝上国'的虚骄架子、'用夷变夏'的文化恐惧和'物产丰盛，无所不有'的资源凭借相结合，促使清政府1757年下令闭关、禁教"。其实在"康乾盛世"余晖下的清王朝在西方列强面前已黯淡无光，汉唐以来开放而主动的中西文化往来趋于被动甚至陷于顿挫。

在被动和颓废中走向近代社会的晚清，尽管依然自诩为"天朝"却远无近代意义上的"外交"，"晚清历史的本质就是西方把中国拖入它们的世界体系的过程。西方有个世界体系，我们有一个天下体系，或者叫作朝贡体系"，可谓一语中的。此后，基于列强的侵凌、西学的强势和传统文化的衰微，无不迫使近代国人从"天朝上国"到"万国之一"；从"天下视野"到"万国视野"递进，整体上对自我和西方的认知也缓慢扭转、清晰和进步起来。

三、我国近代大国气度重塑的波折

1840年以来东西方博弈的经历，不断警示多灾多难的国人"历史的脚步，告诉近代中国的爱国主义者……必须有了解世界、学习西方的眼光和心思，把外国的好东西作为改造中国的借鉴"。鉴于此，志士仁人在救亡与启蒙的双重变奏中，前赴后继追寻着近代中国的出路。

（一）导入

1938年蒋廷黻这样归结"近百年的中华民族根本只有一个问题，那就是中国人能近代化吗？能赶上西洋人么？……能废除我们家族和家乡观念而组织一个近代的民族国家么？"鉴于列强侵略创痛的逼迫，促使部分先进的知识分子继承和发展了明清之际"经世致用"的遗风，因时而变，也即"1840年鸦片战争的爆发，揭开了侵略与反抗、中西社会冲突的帷幕，中国自此被轰出了中世纪、进入近代，开始有了世界的概念，萌发了'师夷'即学习西方资本主义的要求，产生了前所未有的一系列变化"。从而，开启了顺应世界潮流的近代中国思想解放的曲折历程。

（二）睁眼看世界——千年未有之变局

19世纪上半期的中英交往被称为自恃世界中心的两个傲慢者的顶撞，双方都固执己见并视对方为"野蛮"人，毕竟"中西的关系是特别的。在鸦片战争以前，我们不可给外国平等待遇；在以后，他们不可给我们平等待遇"。基于此，清王朝只能以中世纪的武器、政府和社会来对付事实上已遥遥领先的大英帝国，而且对方已预先掌握了大量情报并目标明确，道光帝在开战后竟然不知英国位于何处而临时询问，这足以说明了当局的颟顸透顶。马克思曾斥责了（清王朝）"不顾时势，安于现状，人为地隔绝于世并因此竭力以天朝尽善尽美的幻想自欺。这样一个帝国注定最后要在一场殊死的决斗中被打垮"。可想而知，战争以冷酷的事实逼迫一批爱国者为抵御外侮而率先探究西方，试图摆脱妄自菲薄的窘境。"鸦片战争……一部分中国人透过弥漫的硝烟终于发觉自己面临的对手是完全陌生的。两千年来传统的夷狄观念在他们的头脑里开始动摇了。"林则徐率先注重收集外国信息，还组织幕僚翻译了英国人慕瑞的《世界地理大全》而定名为《四洲志》。诚然"尽管林则徐的新知中仍然掺杂着种种旧见，但他是从传统的华夷观念中探出头来认识西方的第一人"。此后魏源在《四洲志》的基础上，编成了第一部由中国人编撰的最详备的世界史的著作《海国图志》，成了探寻西方富国强兵路径的启蒙书，其中"师夷长技以制夷"的胆识尤其可贵。

（三）维新思想——帝国从睡梦中觉醒

早期维新派已觉察到了洋务派"中体西用"论的缺陷，而转向倡导西方社会政治学说。然而，郭嵩焘曾出使英国并在《使西纪程》中提及了西方文明，不但没让腐朽的士大夫们开窍反而激起了声讨与谩骂的轩然大波。此后驻日参赞黄遵宪的《日本国志》对明治时期的日本多有描述，1887年成稿后却未引起关注，直至甲午败绩后方才刊行。19世纪80年代，当康有为游历了香港及上海租界后指出"乃始知西人治国有法度，不得以古旧之夷狄视之"。

尽管19世纪末朝野上下的战前舆论普遍乐观，但轻敌和自大的清王朝却以惨败告终，可谓难逃厄运。"三次灾难性的战争使他们受到了巨大的刺激……迫使中国人打开大门，结束他们对西方的屈尊状态，重新评价自己的传统文明。"基于国内沉疴的诊断，苦难深重的中华民族渴望革故鼎新，期望"周邦虽旧，其命维新"的转机。19世纪末一些新式知识分子如康有为、梁启超等为了救亡图存，大胆冲破了传统的羁绊，维新思想应运而生，主张兴民权、倡新学，这是一次思想解放潮流，更是一场爱国运动。

（四）走向共和——世界潮流不可阻挡

孙中山警示世人"世界潮流浩浩荡荡，顺之者昌逆之者亡"，在晚清的多事之秋，孙中山、章太炎等宣扬民主共和思想，从维新派仿效英日后倾向于借鉴美法政体，从温和的改良到激烈的革命，最终推翻了清王朝并建立了"中华民国"。

（五）小结

近代中国无数先驱者筚路蓝缕，以启山林，与之相应的中外之间的称呼"从最早的夷到洋夷，再到洋人，进而变成洋鬼子，之后又称为外国人、老外……变化的是我们自己"。总之，与时俱进，顺势而为才是正途。

四、当下大国气度培育的愿景

综上所述，当长期沉醉于文化优势惯性的古老中华遭遇到西方文化的猛烈冲击时，妄自尊大的国人压根儿难以客观正视外国，致使中西方的屡次相遇无不受到了困扰而步履维艰，最终沦为不断遭受挨打的国度。诸多的历史教训总是昭示人们，世界早已不是之前的世界，"狭隘的'家国天下情怀'与偏执的'华夷之辨'观念带来的往往是致命的自负与盲目的自恋"。如何走出历史的魔咒，引以为戒，这个老话题远远不会过时。

因而，我们研习历史理当在沉思中警醒，不妨立足当时中西方逆转的横向时空大背景下来参照，有助于厘清近代以来中外近代史的大势。无论是乾隆帝与英国使臣的礼仪之争，还是近代外交的诸多失措，分析其症结，"不幸，那个时代的士大夫阶级，除极少数外，完全不了解当时的世界大势"。因而，只有审时度势，以史为鉴，才能取得主动并可持续发展，正如李惠军所告诫的"从中外历史的沉痛教训中获得理智和理性，任何麻木的自恋和盲目的自信，终将从陶醉与傲慢中走向失落与阵痛"，"只有文化自信与文化包容相伴而生，家国情怀与人类情怀相得益彰，社会才能进步，世界才能和平"。对此，值得我们警醒。

当前国际风云变幻，丛林法则依然盛行，冷战思维仍有一定市场，目前如何适应全球化下的国际协作和竞争并存的形势，历史教育需应对前所未有的挑战。而新课标下的历史课堂教学旨在立德树人，亟待在"培养学生拥有大国气度或与中国的国际地位、对外政策相匹配的大国意识非常重要……"上力求达成共识。在当今"中国梦"的践行中，培育青年人应有的大国气度，学会从过去借鉴现实，从世界参照中国，这攸关人类命运共同体的福祉。

参考文献

［1］陈恭禄.中国近百年史（插图本）［M］.北京：中国工人出版社，2018.

［2］徐蓝，朱汉国.普通高中历史课程标准（2017年版）解读［M］.北京：高等教育出版社，2018.

［3］邹振环.影响中国近代社会的一百种译作［M］.北京：中国对外翻译出版公司，1996.

［4］王加丰.历史意识与大国气度［J］.中学历史教学参考，2018（1）.

［5］何晓明，曹流.中国文化概论（修订第二版）［M］.北京：首都经济贸易大学出版社，2011.

［6］张鸣.重说中国近代史［M］.北京：中国致公出版社，2012.

［7］陈旭麓.中国近代史十五讲［M］.北京：中华书局，2008.

［8］［美］斯塔夫里阿诺斯.全球通史：从史前史到21世纪（第7版修订版）（下）［M］.吴象婴，梁赤民等审译.北京：北京大学出版社，2005.

［9］唐文立.风雨晚清：一个民族的百年涅槃［M］.北京：中国社会出版社，2013.

作者简介

刘赋斌，男，1961年生人。1981年毕业于河北省昌黎师范学校，现任教于北京市顺义牛栏山第一中学。广东省毛经文名教师工作室省外特邀指导专家，正高级教师。2008年以来依次被评为顺义区骨干教师、区学科带头人、区首席教师、北京市骨干教师、北京市学科带头人。从1993年以来从事中学历史原创题的设计研究，并取得显著成绩，于2018年12月顺利结题。相关研究论文13篇，发表在《中学历史教学参考》《中学历史教学》等历史学科核心期刊上。出版专著《中学历史的"知识要点题型化"》《中学历史的原创题设计》。

如何使时空观念体现历史学科的
思维方式与学科本质

刘赋斌

时空观念是历史学科五大核心素养之一，在《普通高中历史课程标准（2017年版）》中，对它的解释说明与要求有下面四条：一是概念界定，"时空观念是在特定的时间联系和空间联系中对事物进行观察、分析的意识和思维方式"[1]；二是学科地位，"时空观念是诸素养中学科本质的体现，是历史学科有别于其他学科的重要特征"[1]；三是学科素养要形成的目标，"知道特定的史事是与特定的时间和空间相联系的，知道划分历史时间与空间的多种方式。"[1]；四是学业素质水平，"能够了解所学内容的历史分期方式（水平1），能够认识事物发生的来龙去脉（水平2）"[1]。为防止在教学实际操作过程中可能出现简单化和表面化的倾向，需要老师予以高度关注以上诸项要求，研究探讨时空观念，在特定的时间联系和空间联系中对事物进行观察、分析的意识和思维方式，如何体现历史学科的本质，和如何成为观察分析历史事物的意识和思维方式，培养学生学习历史的基本思路与方法，最终达到学业水平的要求。

对于学生来讲，学习历史很头疼的是时间概念记不住，这在实质上反映了学生没有把时间概念转化为学习历史的工具，从深层次来看，反映了教学过程中没有把时空观念转化为学习历史的意识与思维方式，只是单纯机械地记忆时间概念，更没有把时空观念上升到学科本质的高度。"从树立历史时空观念的角度来实践。如果缺乏历史时空观念，面对卷帙浩繁的历史，也就无从准确把握史事、考辨史实、提炼史实，更遑论落实基于历史时空观念的'实'。因此，要遵循历史发展（纵向发展与横向发展）的逻辑，了解历史事件、历史现象存在的时间和空间，进而探究历史事件、历史人物和历史现象之间的联系、发展和变化。可见，历史时空是建构历史场域和创设历史情境以'求实'的基本条件。"[2]

一、时间概念体现历史发展的来龙去脉，成为形成历史知识结构与知识系统的前提与基础

如果不把"时"分割成"间"，我们的思维就无法识别，没有进行分割过的"时"，无法被命名，无法进行区分，只有分割成"时间"后，才能被思维所用。这就是时间"对物质运动（历史事物与历史现象）过程的分割、划分"特质。这就是历史教学中运用时间概念进行历史思维的特质，我们平时运用最多的就是"阶段特征"的分析，时间概念的运用，主要有以下几种方式。

（一）依据历史事件或历史现象自身发展趋势划分，把握历史发展线索

历史事件或历史现象纷纭复杂，令人眼花缭乱，如何把握它的来龙去脉？就其学科本质而言，历史事件或历史事物无论它有多短或多长，有多简单或复杂，它的发生与发展趋势往往不外乎具备准备、兴起、高潮、结束的过程。所以历史事件或历史事物时间概念的把握与理解，可采取这种阶段划分与阶段特征分析的思维方式来进行。这一过程，是把时间概念的理解融入到历史事物与历史现象发展过程的理解当中，这个过程，正好符合学生先从整体框架的角度

对历史知识进行基本线索与阶段特征的把握，具有很强的规律性与操作性。是学生学习历史应具备的最基本的素养。

例1：国共十年对峙时期中国共产党的主要活动，按其自身发展变化趋势时间概念可划分为：

（1）星星之火阶段（1927—1928年）。

（2）燎原之势阶段（1929—1933年）。

（3）受挫转移阶段（1934—1936年）。

在此基础之上，再进行具体知识结构与知识系统的分析与归纳，那就可以由学生自己独自来完成。从树立历史时空观念的角度来实践，如果缺乏历史时空观念，面对卷帙浩繁的历史，也就无从准确把握史事、考辨史实、提炼史实，更遑论落实基于历史时空观念的"实"。

从历史事件与历史事物发展趋势的时间概念入手，规律性强，可操作性强，可以解决历史学习最困惑的问题，变时间概念为学习历史的工具，把时间概念转化为学习历史的意识与思维方式，体现了历史学科学习的最基本的学科素养。

（二）依据历史事件或历史现象自身发展特殊情况的划分，把握其来龙去脉

在一般情况下，历史事件或历史事物的来龙去脉，体现为鲜明的阶段特征下的分期特点，但也存在着没有明显标志意义的阶段划分，只是存在过程上的某种趋势，或者只是存在先后的顺序关系，或者是间歇性的先后顺承关系。这些特殊情况也需要特殊对待。

1. 没有明显的历史分期，只是表现为历史发展过程中的阶段特征

历史事物与历史现象的发展过程，没有明显的时间界限与分期，只是存在历史事物与历史现象的先后关系或呈现一定的阶段特征。这种情况也需要引导学生分析出历史事物与历史现象的先后因果或递进的逻辑关系。

例2：第二次工业革命的过程问题，其过程存在着自然科学领域取得重大成就、促进工业生产领域的重大发明，再次是存进新兴工业部门的产生，最后是这些新兴工业部门出现形成垄断组织。但是，这四个关节之间没有明显的时间界限，教师只能是引导学生分析出下面的体现第二次工业革命这个历史事物发展来龙去脉的知识结构与知识系统：

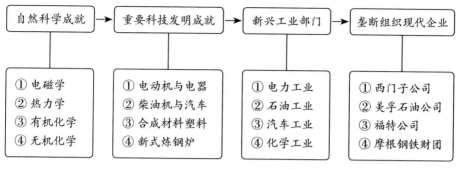

图1 第二次工业革命的历史事物发展

2. 时间概念表现为历史发展过程的前后承接关系

历史事物与历史现象的发展延续，存在明显的时间概念与界限，但却不是鲜明的前后衔接的阶段划分，只是一种时间上的前后的时序关系，没有明显的内在因果或递进逻辑关系（本质上应该有，只是由于教材编写的原因，或者由于教材重点与非重点取舍），出于历史知识结构与知识系统整理的需要，而分析出体现历史发展过程的来龙去脉。

例3：复杂多样的当代世界。

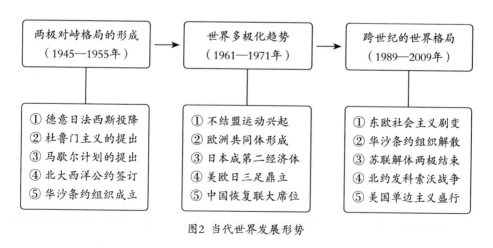

图2 当代世界发展形势

3. 表现为历史发展过程的间歇性先后关系

历史事物与历史现象的发展过程，先后不是紧密衔接的，甚至是都没有前后内在的本质的联系，而是断断续续的，每个阶段也能体现出自身的阶段特征，整体来看，也能够呈现出它的来龙去脉。这种情况也需要引导学生分析出历史事物与历史现象的先后的承接逻辑关系。

例4：明清小说的发展历程。明清小说创作的发展过程可称得上大起大落、一波三折，呈现出间歇的阶段特征，客观上反映了明清社会的大起大落。

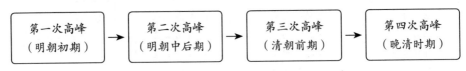

图3 明清小说发展历程

如图所示：

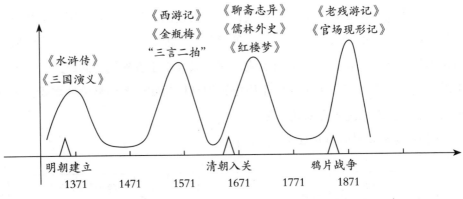

图4 明清小说发展历程简图（注：1371年为施耐庵的去世时间。）

《三国演义》和《水浒传》，被视为明初小说的重大成就。严格地说，它们并非明初社会的产物，而是宋元市民文学发展的结果。在它们问世后长达一个半世纪里没有产生过有影响的小说。而到明中期以后，随着商品货币经济趋于活跃，市民阶层和市民意识抬头，开始出现小说创作的高潮，却涌现出以《西游记》及"三言""二拍"为代表的一大批长篇小说和短篇白话小说集。然而，这样一个小说创作的黄金时代却被又一次的改朝换代所中断，直至18世纪初，蒲松龄的《聊斋志异》、吴敬梓的《儒林外史》、曹雪芹的《红楼梦》，犹如三个巨浪，将明清小说的创作推到高峰。但明清小说的真正繁荣期，却出现在晚清。这一时期翻译和创作的成册小说不下一千种，《官场现形记》《二十年目睹之怪现状》和《老残游记》等谴责小说诞生。明清小说创作的大起大落，客观上反映了明清社会发展的一波三折。

这种情况，在中学历史教学阶段，还具有一定的普遍性，比如中国古代商业发展的三次高峰；中国近代民族资本主义发展的三部曲等等。这也是比较常见的历史发展中的现象。

（三）依据历史事件或历史现象不同的角度或侧面划分，建立不同的知识结构与知识系统

某种历史事件或历史现象，可以从某一个角度出发，划分出其时间概念上的阶段特征，分析出相应的知识结构与知识系统。为了加深对这个历史事件与历史事物的理解，还可以变换多个角度，对其时间概念进行多种角度的划分阶段与分析阶段特质，进而得出不同的知识结构与知识系统。

例5：孙中山一生的民主革命活动追求，可以从以下四个重要角度分析出不同的知识结构与知识系统。

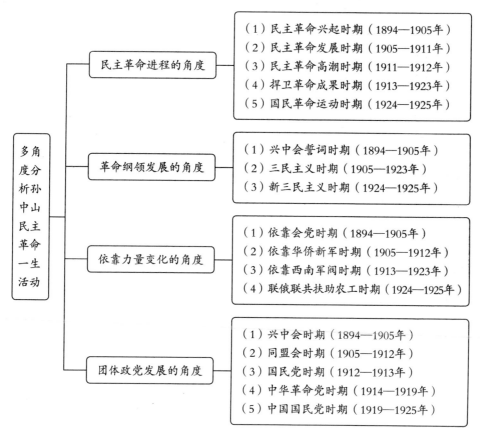

图5 孙中山民主革命一生活动概况

通过以上不同角度的划分阶段与分析阶段特征，得出不同的知识结构与知识系统，这个过程可以提升学生对历史事件与历史现象探究、理解、挖掘的深度与广度，可以培养学生多角度看待历史问题的能力。这又是从时间概念的角度体现历史学科本质的重要体现。

（四）依据历史事件或历史现象不同的空间定位划分，建立起横向对比联系

依据历史事件或历史现象不同的空间定位，划分出不同的阶段特征。

对历史事件或历史现象从不同空间视角定位，可以得出不同的知识结构与知识系统，对于学生来讲，就可以获得更多的认识历史事件或历史现象的途径，进而加深对历史问题认识与理解的力度。这种思路的定位划分，也是比较常见的，通常情况下是中国历史的空间定位角度，与世界历史的空间定位角度，可以使学生注意中外历史之间的内在联系，还可以进行中外历史之间的异同对比。

例6：中国近代前期西方国家对华侵略，依据中国近代史发展的空间定位与世界近代史的空间定位，就能划分出不同的阶段来，并且分析出不同的阶段特征，还能够把中国近代史纳入到世界近代史的范畴，用世界近代史的大背景，认识中国近代史的发展历程。

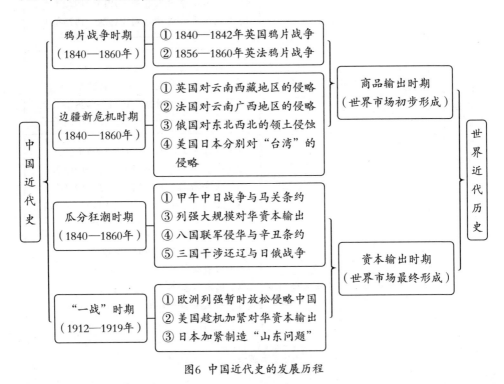

图6　中国近代史的发展历程

注：知识结构左边的阶段划分是按照中国近代历史空间框架定位情况下划分的；右边的阶段划分是按照世界近代历史空间框架定位情况下划分的。空间定位框架不同，得出来的阶段划分结果也就不同。

时间概念，不仅成为建立知识结构与知识系统的重要手段，而且还是多角度看待历史问题的重要思路，它能培养锻炼学生发散性思维、探究历史问题的能力与素养，因此，教师要尽可能地引导学生，从历史学科最基本的时间概念角度入手，多角度地看待历史发展问题。这也有利于变换角度加深对教材的理解。这也是从时间概念的角度体现历史学科的本质。

二、空间概念定位的基本思路与方法，体现了历史学科的重要思维方式与学科本质

历史学科又一本质特性是揭示人类社会历史客观基础及发展规律的科学，任何历史事物，在一定的时间范围内都具有一定的规模，处于一定的空间位置，总是在一定的环境中进行的，这就是历史的空间性。通过具体的空间定位，进而观察历史发展过程中的政治、经济、社会、文化等各个方面，它们之间的相互关系及其总的特点。它包括四个方面的内容：其一，指历史活动的地理位置；其二，指历史活动的地理环境；其三，指历史活动与一定地理条件紧密联系的社会环境；其四，指历史空间概念的载体，即历史地图。具体操作层面，主要分为以下五种情况。

（一）单一空间下的一个历史事件或历史现象的定位

单一空间下的一个历史事件或历史现象的空间定位，就是指相对固定时间范围内，某一历史事件发生和历史现象出现的地点、地域范围，在这个时空范围内，对该历史事件或历史现象加以分析说明。

例7：明末清初的儒家思想批判。

（1）地理位置：江南地区

（2）地理环境：江南商品经济活跃地区

（3）社会环境
- ①宋明理学的发展
- ②社会矛盾的尖锐
- ③改朝换代与抗清斗争

（4）历史地图（略）

引导学生概括总结出：明末清初的思想家能够对传统儒学（宋明理学）提出"异端"思想，和提出"经世致用"思想的共同因素，除去大的社会环境之外，就是都属于共同的地域环境，江南经济相对发达，尤其是商品经济的发展。这种空间定位的方法，在于揭示某种历史事件或历史现象发生与发展的内因本质问题，是历史意识与历史思维方式的具体体现，也是历史学科本质的体现。

（二）单一空间下的一类历史事件或历史现象的定位

单一空间下的一类历史事件或历史现象的空间定位，就是指相对固定时间范围内，某一类历史事件发生和历史现象出现的地点地域范围，在这个时空范围内，对该类历史事件或历史现象加以分析说明。它们的相同之处就在于发生在同一个空间地域范围内，可以在一张地图上反映出不同历史时期的历史事件或历史现象。

例8："黄河流域是中华文明的摇篮"。

- （1）地理位置：黄河中下游地区
- （2）地理环境：农耕经济发达地区
- （3）社会环境
  - ①政治上：夏、商、周的建立
  - ②经济上：农耕经济的发源地
  - ③传统上：华夏文明的发源地
- （4）历史地图（略）

引导学生概括总结出："黄河流域是中华文明的摇篮"。具体表现在夏、商、周的发源地与建都均在中原地区或关中地区，这一地区成为"中华文明的摇篮"。

（1）夏朝的建立，都城在阳城。

（2）商朝的建立，都城在亳。后期迁都到殷。

（3）西周的建立，定都在镐京，陪都洛邑。

（4）东周的开始，迁都洛邑。

夏、商、周的政治中心主要分布在中原地区或关中地区。这两个地区成为中华文明的发源地，成为中华文明的摇篮之一。这种思路在于培养学生注意相同的空间地域范围内，同类历史事件与历史现象的归类与总结。这是一种重要历史意识与历史思维方式的体现，揭示了一种重要的历史发展规律的内在联系。

（三）单一空间下的不同类型历史事件或历史现象的定位

同一空间地域的不同类型历史事件或历史现象的空间定位，即在同一个地域空间内，在相对固定的时间范围内，对不同类型的历史事件或历史现象进行描述定位。也就是分析总结出不同类型历史事件或历史现象发生或出现的空间地域因素。

例9："广东是近代中国思想解放的发端之地"。

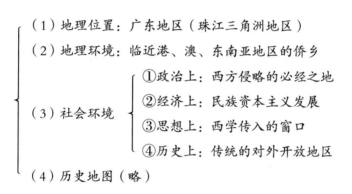

（1）地理位置：广东地区（珠江三角洲地区）
（2）地理环境：临近港、澳、东南亚地区的侨乡
（3）社会环境
①政治上：西方侵略的必经之地
②经济上：民族资本主义发展
③思想上：西学传入的窗口
④历史上：传统的对外开放地区
（4）历史地图（略）

引导学生归类概括总结，"广东是近代中国思想解放的发端之地"。具体表现在：

（1）花县人洪秀全创立拜上帝教，发起太平天国运动。

（2）花县人洪仁玕流落香港后提出《资政新篇》，提出第一个资本主义方案。

（3）香山县人容闳成为近代中国"留学生之父"。

（4）南海县人康有为提出维新变法思想，发起了维新变法运动。

（5）新会县人梁启超著有《变法通议》，与康有为一道发起维新变法运动。

（6）香山县人方举赞创办发昌机器厂，成为近代早期民族资产阶级的代表人物。

（7）香山县人郑观应著有《盛世危言》，提出早期维新思想。

（8）香山县人孙中山提出三民主义，领导了辛亥革命和国民革命运动。

以上同一空间不同类型的历史事件，其共同之处就在于同一空间地域下的广东珠江三角洲地区，相同的地理环境与社会环境下"广东是近代中国思想解放的发端之地"，这种思路在于培养学生注重人文的历史观念。这种空间定位的方法，也是历史意识与历史思维方式的集中体现，揭示了同一空间不同性质事件的内在的本质的联系与规律。

（四）多个空间下的同一类型历史事件或历史现象的定位

不同空间地域在同一时间范围内，发生或出现的历史事件或历史现象的空间定位，是指不同的空间地域，由于相互之间受到影响而发生相同相似的历史事件或历史现象。

例10：十月革命影响下的民族独立与民族解放运动。

> （1）地理位置：欧亚大陆（苏俄+中国+印度+土耳其）
> （2）社会环境
>   ①俄国发生十月社会主义革命
>   ②第一次世界大战对西方国家的冲击
>   ③战后亚非民族独立与民族解放运动的兴起
> （3）历史地图（略）

引导学生概括总结出：不同的空间地域（欧洲、西亚、南亚、东亚），同一时间范围内，发生的历史事件却是相互联系的。即土耳其的凯末尔革命与改革、印度的非暴力不合作运动、中国的中国共产党的建立与新民主主义革命的崛起，都是在俄国十月社会主义革命影响下发生的。这种空间定位思路主要在于培养学生注意更大空间地域范围内，历史事件与历史现象之间的内在联系。同样，它也是一种重要的历史意识与历史思维方式，揭示了历史的内在联系及其规律，是历史学本质的重要体现。

（五）多个空间下的不同类型历史事件或历史现象的定位

不同空间地域，在同一个时间范围，发生了不同的历史事件或历史现象。这些不同性质的历史事件或历史现象，却存在着某种内在的必然的联系。这种现象，是人类历史发展过程中，较为普遍的现象，如，公元前7世纪到3世纪的轴心时代，我国春秋战国时期的列国（政治、经济、思想），在人类历史进入到近代社会，是一种非常普遍的常态现象，是世界连为一体的体现，是全球史观与文明史观的具体体现。

例11：资本主义兴起时代的西欧。

$$\left\{ \begin{array}{l} （1）地理位置：西欧各国 \\ （2）社会环境 \left\{ \begin{array}{l} ①资本主义工商业在西欧的兴起 \\ ②西欧各国在地理位置上紧密相连 \\ ③西欧各国在宗教文化上有着共同的渊源 \end{array} \right. \\ （3）历史地图（略） \end{array} \right.$$

引导学生归纳认识，在资本主义兴起的西欧：

（1）意大利：资本主义萌芽出现；文艺复兴开始；自然科学产生。

（2）西班牙和葡萄牙：展开探寻新航路运动。

（3）德意志和瑞士：展开宗教改革运动。

（4）尼德兰（荷兰）：最早的资产阶级革命。

（5）英格兰（英国）：宗教改革，牛顿为代表的自然科学形成。

这些历史事件或历史现象，发生在不同的空间地域，表面来看似乎是各自独立的历史现象，其实，它们之间是存在内在的联系的，即共同表现为资本主义兴起时代的各个领域不同的表现。这种历史的定位与分析，是学生学习历史必不可少的历史意识与历史思维方式。

空间定位的过程，体现了历史学科、历史解释的学科特性，它是提升历史思维品质的重要途径。它从自然环境、社会状况、时代特征等多种视角，来挖掘历史事物的联系特性；其视角具有提升学生由表及里、由此及彼的看待历史问题的能力。

总之，时空观念既然是历史学科五个核心素养唯一冠以体现学科本质特性的素养，就不是简单的时间与地点因素，而是有其较深层的学科内涵在里面，在教学过程中，不能处理得流于形式与表面化。

参考文献

[1]中华人民共和国教育部制定.普通高中历史课程标准（2017年版）
  [S].北京：人民教育出版社，2018.

［2］周靖，罗明.历史学科核心素养的基本特征［J］.历史教学（上半月刊），2019（1）.

［3］曹大为，赵世瑜.历史必修Ⅰ：政治文明历程［M］.长沙：岳麓书社，2014.

作者简介

　　李四华，广东省东莞市南城阳光实验中学历史高级教师，李四华名师工作室主持人，东莞市高中历史学科带头人，东莞市历史教研会常务理事兼副会长。学校、镇"教书育人优秀教师"、学校"优秀党员"，东莞市南城街道党史宣讲团成员，东莞市"中小学生'一起学东莞党史'"指导专家，广东省首批骨干教师，广东省第三批"智力扶持山区"教育人才，广东省教师远程培训主讲教师。

　　广东省"魏恤民名师工作室"主要成员，"广东省毛经文名教师工作室"信息技术指导专家，东莞市"徐世友名师工作室"指导老师。教育部统编初中历史新教材培训专家。

　　参与2项国家级课题、2项省级课题、4项市级课题研究并获奖，主持1项在研市级课题。多篇论文获得全国、省、市一二三等奖，多篇论文发表在《中学历史教学》《基础教育课程》《初中历史教学关键问题指导》《史学阅读与微课设计世界古代史》，教育部新编教材实施以来在广东省各地市做新教材培训及广东省中考备考讲座40余场次。

技术支持下的历史学科探究学习任务设计

李四华

　　《技术支持的历史学科探究学习任务设计》课程是依据《中小学教师信息技术应用能力培训课程标准（试行）》对中小学教师信息技术应用能力的基本要求和发展性要求而设置的课程，[1]旨在帮助历史教师提升信息技术素养，应用信息技术提高历史学科教学能力、促进专业发展。

一、历史探究学习任务的类型及所需技术资源

（一）历史探究学习任务的类型

根据课程的不同形态，探究学习分为学科课程（历史课标）中的探究学习和综合实践课程中的探究学习（研究性学习）；依据学生探究内容的不同，分为课题研究和项目（活动）设计的探究学习。课题研究以认识和解决某一问题为主要目的，具体包括调查研究、实验研究、文献研究等类型；项目（活动）设计以解决一个比较复杂的操作问题为主要目的，一般包括社会性活动的设计和科技类项目的设计两种类型。[2]

（二）历史探究学习任务所需技术资源

历史课程探究学习和综合实践课程的探究学习所需的技术支持主要包括文字、图片、声音、视频的处理技术，围绕教学需求处理好的史料推送给学生进行在线自主探究、合作探究、学习成果交流和分享的网络平台。网络教学环境和移动学习环境下常用设备与技术资源主要有：多媒体教学环境，包括简易多媒体教学环境与交互多媒体教学环境。网络教学环境，是指由多媒体计算机网络教室、简易或交互多媒体教学环境，以及其他学生终端构成的，从而让师生在课堂教学中能够充分利用数字教育资源、学科软件与网络教学平台开展教与学活动的信息化教学环境。移动学习环境，是指由平板电脑、笔记本电脑、智能手机等移动学习终端设备构成的，能够使师生获得数字教育资源、学科软件与网络教学平台的支持，进行不受时空限制的教与学活动的信息化教学环境。通用软件，是指广泛应用于教育教学活动中的通用性软件，例如办公软件、即时交流软件、音视频编辑软件等。学科软件，是指特别适用于某些学科的软件。数字教育资是教学素材、多媒体课件、主题学习资源包、电子书、专题网站等各类与教育教学内容相关的数字资源统称。

二、技术支持的探究学习任务的设计策略与方法

（一）历史课程中的探究学习设计策略与方法

新课程改革以来，历史学、历史教育学不断发展，新课程理念不断深化，特别是学生学习方式的变革得到越来越多研究者的肯定和支持。华东师范大学聂幼犁教授认为，历史教师应该"在教学过程中组织学生围绕教师或学生提出

的问题进行有一定深度、广度的研讨，让学生在独立思考、互相启发或争辩中，最大限度地发挥学习的主动性，培养创造性学习能力。"[3]

那么，如何科学有效地利用信息技术设计历史课程中的探究学习呢？

（1）历史课程中的探究学习主要包括课前个体自主探究，课堂上的组内合作探究、组间共同探究等多种形式。在组织学生开展课前个体自主探究学习活动前，老师应根据历史学科的课程标准和学生的发展水平，精心设计探究活动的指导计划，准备适当的研究材料，对探究学习中的一些问题应该进行预设，如设计导学案，对学生的个体自主探究进行引导。

（2）在课堂探究活动中教师要对学生的选题、具体的探究活动进行适时指导，引导学生亲历探究过程，为学生展示自主探究成果提供机会和空间。在学生点评、质疑结束后，教师进行小结式的点评，或对有价值的问题进行反问、追问，激发学生认知冲突，引领学生深入思考，层层深究，激励学生的后续探究。

（3）课堂探究活动中的教师点评也需讲究策略，可以从以下几方面进行点评：

从答题规范、做题方法上进行点评，符合规范、方法正确的给予正面激励。教师也可以从如何正确表达，如用书面语和专业术语进行点评。在尊重学生的观点的同时，鼓励学生养成"论从史出"的历史思维习惯。可以补充讲解生僻难懂的历史专业名词，理清知识线索，带领学生串知识的"珍珠"，形成系统性的认识。教师应该多进行赞美式的点评，肯定学生的真知灼见。注意从语言表达、表述是否体现专业术语、小组得分、凝聚力、质疑能力等多角度进行过程性评价。

教师在点评时注意不要复述学生的话。当学生声音小以致同学听不见时，可以要求学生提高发言音量，以让全班同学听清楚；当学生表达含糊不清时，可以要求学生停顿片刻，对语言进行调整重组，尽量做到语言精练，表达准确无误。

教师点评时切忌一"讲"到底，注意放下"讲"功，练练"忍"功。也就是不干涉，善等待。在学生讲的过程中，不要语言干涉、粗暴打断，或是对学生的观点进行思想干涉。

（4）课堂探究活动结束后，教师还要组织学生进行反思和交流，并对学生的表现进行评价，探究式学习的评价体系应该不以传统教学的测试为主。而应该是对学生进行多维度的综合评价，如自学、展示、点评、质疑的表现。一名好的历史教师，总得有某方面的兴趣爱好和专长，并利用自己的研究对学生加以引导，最终把学生学习的过程性作品列入学业评价的成绩中。例如历史题材的漫画、影评、歌曲、话剧、报纸等都可以成为我们历史教学的评价内容，这种过程性评价所取得的效果是传统的纸笔考试无法实现的。[4]笔者建议建立个案档案，进行长期的跟踪观察，从团结能力、语言表达、质疑精神、分析综合的思维能力等，跟踪至高中、大学、社会，研究小组合作下的探究式学习对个人应试、人生的成长是否有帮助。

（二）综合实践课程中的历史探究学习

综合实践课程中的历史探究（研究性学习）也是一门国家课程，在实施中教师可以采取下列策略：确定课题、制订计划、搜集资料、分析资料、交流分享。在成果分享后，教师还要对学生的表现进行综合评价，并组织学生通过研讨、写作等方式反思自己的研究历程。

三、技术支持的历史探究学习任务设计案例

笔者以北师大版历史教材七年级下册第23课《从郑和下西洋到闭关锁国》为例，谈谈历史课程中的探究学习任务的设计。

（一）自主探究学习任务设计

在组织学生开展自主探究学习活动前，老师应根据历史学科的课程标准和学生的发展水平，精心设计探究活动的指导计划，准备适当的研究材料。本案例以导学案的设计为学生自主探究的学习材料。导学案要最大限度地把教转化为学，导学案可分自主学习、合作探究、巩固提升三大块，做到简单、根本、开放。简单就是基础点自主化，知识点由学生梳理；根本就是重难点问题化，要形成问题串，重在激活思维、提高自学能力；开放就是老师不要过多地预设，要给学生以更大的探究空间，让学生在自主的学习中展现生命活力。学生的自学对小组合作学习至关重要，每个学生自学的深浅和效果是不同的，这种差异性正是课堂教学中互学和共学的资本。做到"作业倒置，学在讲之前"，是落实"先做后学，先学后教"的"以学生为中心"的教学原则的具体体现。本节课依据课标和教材内容，利用信息技术的支持设计了以下自主

探究：

探究任务：在下图中用箭头标出郑和下西洋的方向，画出"西洋"的范围，并完成下列空格。（设计意图：让学生"重走郑和下西洋路线"，了解明清对外政策。）

技术资源：郑和下西洋航海路线图，用图片处理类软件Photoshop、Fireworks、CorelDraw、美图秀秀等根据教学需求进行处理。

（1）明_____（皇帝）派郑和先后___次下西洋。

（2）____—____年，郑和船队从①_____出发，到达②_____③_____.

④_____（现国名）最远到达⑤_____沿岸⑥_____海岸。明代，西洋的概念是指_____以西的地方。

（3）郑和下西洋是_____史上空前的壮举，比欧洲的远洋航行早_____。

郑和下西洋加强了中国与_____的友好往来和_____交流。

郑和下西洋推动_____移居南洋，促进了南洋地区_____发展。

（4）清朝在和西方各国的交往中基本采取了_____政策。这一政策并非完全断绝往来，而主要表现在对_____进行_____上。

（5）清朝实行闭关政策有防御_____的一面，但同时给中国社会带来了_____。

学生自主学习时要先把书看懂看透，然后把内容要点画出来，写下自己的看法或弄不懂的问题，留给课堂中小组讨论。自主学习学生要独立完成，力争先解决、多解决问题。

（二）合作探究学习任务设计

小组合作探究学习主要表现为小组讨论（互学），针对自主预习中已批改过的错题，学生先自行订正，不会订正和自学中发现的问题进行小组讨论，要严防假讨论，讲究实效，保证全员积极参与。小组不能解决的问题由小组长做好记录，准备全班交流。本节课设计了三个探究问题，让学生在课堂上合作探究。

探究任务：探析郑和下西洋的原因。

材料1：《明史·郑和传》载"成祖疑惠帝（建文帝）亡海外，欲踪迹之"。

材料2：明成祖即位后，国力日趋强盛，史书记载他"远慕唐宋宾服四夷之盛"，"且欲耀兵异域，示中国富强"。

材料3：据《抄郑氏家谱首叙》及《赛典赤家谱》载，郑和出身于显贵的王侯世家，世代信奉伊斯兰教，因其祖父和父亲曾到麦加朝觐，故被尊为"马哈只"（哈只是给去过麦加朝圣的穆斯林的一种尊称）。闻名遐迩的伊斯兰圣城麦加，是全世界穆斯林每天5次朝拜的方向，他们以一生能有一次前往麦加朝觐为荣。

探究问题设计：阅读以上材料并结合所学知识，分析郑和下西洋的原因。（提示：可以从政治、经济、宗教等方面分析）

技术资源：通过网络下载中国国务院新闻办公室监制的《朝觐之路》，这是一部与国外媒体合作拍摄的真实记录中国穆斯林参加朝觐故事的高清纪录片。整部影片长89分43秒，教师可运用视频处理软件Adobe Premiere或会声会影等进行剪辑、配音、设计问题、增加字幕等，形成一段约5分钟以内的微视频探究材料。

探究任务：探讨郑和下西洋的影响。

材料1：明太祖朱元璋（明朝开国皇帝，1368—1398年在位）下令："禁濒海民不得私自出海。"

材料2：明成祖朱棣（派郑和下西洋的皇帝，1402—1424年在位）时期稍有松动，但依然把"海禁"政策当作不可违背的"祖训"。

材料3：明朝成化年间（1465—1487），身为情报官员的刘大夏说："三保下西洋，费钱粮数十万，军民死且万计。纵得奇宝而回，于国家何益？此特一弊政，……旧案虽存，亦当毁之。"于是无数生命和金钱换来的宝贵航海资料全烧掉了，这一举动，得到后世文人的一致赞美。

探究问题设计：（1）从材料1、材料2中可看出，明朝开国之初便实行什么对外政策？郑和下西洋是否从根本上改变这种政策？（2）结合情景剧视频、材料3和教材P129第1段小号字，你认为郑和下西洋难以为继的原因是什么？你赞同材料3中刘大夏的做法吗？请说明理由。

技术资源：课前组织学生表演情景剧《郑和下西洋》，录制成约3分钟的微视频，作为探究材料。

探究任务：探讨清朝闭关政策的影响。

材料1：清朝建立初期，实行比明朝更为严厉的"海禁"政策。康熙二十二年（1683）统一台湾后，全国允许开放广州、漳州、宁波、南京为对外通商口岸。清乾隆二十二年（1757）下令关闭所有海港，全国只留广州一处海港对外通商。

——樊树志《国史十六讲》

材料2：1793年，英国国王乔治三世派遣以马戛尔尼为首的使团来华，见乾隆皇帝，要求通商。双方互赠礼物。英国赠给中国的礼物有太阳系天体运行仪、航海望远镜、战舰模型等；中国回赠给英国的礼物有丝绸、宣纸、各种工艺品等。

材料3：乾隆驳回了马戛尔尼的请求，并在给英王的信中说："天朝物产丰盈，无所不有，原不藉外夷货物以通有无……"

——北师大版七年级下册历史教材P129

材料4：哥伦布航海后，欧洲兴起了航海探险的热潮，葡萄牙、西班牙、荷兰、英国等纷纷走上了殖民扩张的道路。1840年英国发动鸦片战争，用炮舰打开了中国的大门，清政府被迫签订不平等条约，开放通商口岸。

探究问题设计：（1）从材料1可看出清政府实行什么对外政策？（2）从材料2你能看出当时中英两国的差距吗？造成这种差距的原因是什么？（3）综合上述材料并结合所学知识分析，清朝这种对外政策产生了什么后果？

教贩依于学，老师"少教"是为了保障学生"多学"。老师在小组合作探究任务时要通过巡察指导或小组汇报等形式把握学情和讨论进程，并以此调整预设的教学方案，提高课堂效率。

（三）展示探究成果设计

学生是主角，班级展示由助教主持，对学生自学、小组互学中没有解决的10%的问题进行全班交流（共学）。学生上台展示，引出问题。有想法的学生可以直接上台展示，遇到"疑难杂症"的挑战题，班级中心组成员可以出谋划策。理论上每个学生应该把所有问题都彻底弄懂弄通。（少数C层的学生课后请本组同学帮助，已会的A层或B层学生要鼎力相助，尽量让学生解决学生中的问题。）

老师是配角，可采用变更助教的方法激励学生参与教学互动，助教先是骨干学生，再到学生毛遂自荐，后来到抽签确定助教，最后轮流，使每个人都得到锻炼，从而让课堂焕发出无穷的魅力。

（四）探究成果的评价设计

通过自评、小组互评，使学生及时了解自己的学习情况，主动进行自我反馈、自我调节、自我教育，学会欣赏别人，取长补短，相互促进，共同提高。这样，既可以培养学生的评价意识和能力，又可以培养学生的探索问题、发散思维的能力与语言表达能力。

参考文献

［1］教育部办公厅.关于印发《中小学教师信息技术应用能力培训课程标准（试行）》教师厅函〔2014〕7号的通知［Z］.2014.

［2］崔允漷.有效教学［M］.上海：华东师范大学出版社，2009.

［3］聂幼犁.历史课程与教学论［M］.杭州：浙江教育出版社，2003.

［4］黄牧航.高中历史学业评价体系研究［M］.长春：长春出版社，2011.

篇

作者简介

胡波，华中师大世界史硕士，东莞市石龙中学历史科组长；东莞市中学历史教研会副秘书长，东莞市高考历史备考中心组核心成员，东莞市高中历史学科带头人，市高中历史教学能手，广东省特支计划教学名师和广东省毛经文名师工作室入室学员，华南师范大学本科师范生兼职导师。主持和参与省市课题5项，10余篇论文获省市级一等奖，并发表在《中学历史教学参考》《中学历史教学》《广东教学》等刊物。

借多重史料拨开"重农抑商"之迷雾

——以"税收变动解释中国古代抑商"为例

李双娉　　胡 波

　　根据经济学一般原理，完整的社会经济运动由生产、分配、交换、消费等环节组成。"一定的生产决定一定的消费、分配、交换和这些不同要素相互间的一定关系。当然，生产就其片面形式来说也决定于其他要素。"[1]因此，对于社会生产来说，商业的作用不可或缺。但是，由于中国古代小农经济的特性，商业规模被限定在较低的水平上。中国古代的"抑商"政策"对生产过程中的交换环节影响较小，而对分配环节作用较大，即社会剩余劳动如何在剥削阶级内部进行分配，也就是说，它在本质上是减少私商所获社会剩余劳动，扩大国家所得份额，即国家从私商那里夺取商业利益"。[2]基于此，笔者尝试从国家税收变动的视角来进行教学设计，引导学生探讨和解释中国古代抑商政策的变化。

由于历史解释以历史叙述为表现形式，所有的历史叙述都包含史实和解释两部分，对同一历史事物的叙述会有不同的解释。基于此认识，设计了课堂的导入。

当代历史研究者关于中国古代抑商政策的三种完全不同观点：（1）中国古代长期采用抑商政策[3]；（2）中国并非实行一以贯之的抑商[4]；（3）中国历代的统治者大部分重商[5]。设问："历史的真相到底是什么？"，引导学生带着疑问回到史料和教材，并指导他们画出"抑商之变的时空轴"。

一、探抑商之源

以战国时期商鞅对待农业和商业的态度为切入点，引导学生以史料为依据，历史理解为基础，唯物史观为指导，对"抑商"概念进行历史解释。

农、官、商三者，国之常食官也（合法的谋生职业）。农辟地，商致（流通）物，官法民。

——《商君书·弱民》

教师根据以上材料提问：商鞅眼中的农商关系？学生回答：商业与农业同等重要。教师进一步提问：那么既然商业与农业同等重要，是社会经济发展运行不可或缺的，商鞅为何实行抑商政策？引入下一段材料：

言谈游士事君可尊身也、商贾可富家也、技艺足以口也。民见此三者之便且利也，则必去农，则必不为上守战也……国之所兴者农战也……农者寡而游食者众，则农者殆；农者殆，则土荒。

——《商君书·农战》

学生可从材料得出商鞅抑商原因为"民去农，不守战，土荒，农殆"，老师加以拓展：农业是当时国家的战略产业和经济支柱，农业人口的多少决定国家赋税收入的多少，商业冲击农业可能诱导人们去农从商，从而影响国家的经济基础。但是商鞅也看到"商致（流通）物"的作用，那么如何发挥"商致（流通）物"作用，又确保小农经济的基础地位？老师继续展示史料：

使商无得籴（买进粮食），农无得粜（卖出粮食）……重关市之赋，则农恶商，商有疑惰之心。农恶商，商疑惰，则草必垦矣……国家"专山泽之利，管矿林之饶"，使商无所于食……

——《商君书·垦令》

设问：商鞅如何抑商？通过研读史料，你对抑商概念有哪些新认识？

引导学生分析史料、分组讨论得出结论：

（1）战国秦汉时期抑商是抑制民间商业，将商业利益集中于国家之手，退私商而进官商。重农是目的，抑商是手段，必要时用行政手段干预经济。

围绕抑商原因的话题，老师引导学生再次解读古代抑商的概念。

中国古代抑商概念亦有另一层含义：（展示战国、汉代和唐代有关商人的三则史料）

使工商游食之民位卑而名鄙。

——韩非《五蠹》

令贾人不得衣丝乘车，重租税以困辱之……市井之子孙亦不得仕宦为吏。

——《史记·货殖列传》

工商杂色之流……不可超授官秩，与朝贤君子比肩而立，同坐而食。

——《新唐书》

围绕三则史料，教师设问：

① 材料反映古代社会对商人什么态度？在哪些方面抑商？

② 若我们对抑商概念进一步完善，你觉得该如何补充？

进而引导学生分析史料、分组讨论得出结论：

（2）抑商是对商人政治、社会、法律地位的限制，在全社会形成轻商贱商的思想与观念，以约束人们的行为，防止人们"背本趋末"。

但是中国古代抑商政策是处于变动之中的，具体情况又是怎样？通过连续设问，提升学生的思维层次。

二、析抑商之变

（一）商人地位之变

（桑）弘羊，洛阳贾人子，以心计，年十三侍中。——《史记·平准书》

宋太宗诏"如工商杂类人内有奇才异行、卓然不群者，亦许解送（科举考试）"。

——《宋会要辑稿·选举》

士以修治，农以具养，工以利器，商以通货……四民异业而同道。

——王阳明《节庵方公墓表》

依据三则史料，教师设问：在历史长河中，商人逐渐突破政治、社会、法律等各方面的限制，地位逐渐得到提升，其背后隐藏着怎样的经济背景？

继续展示另两则材料：一是《清明上河图》实物史料，二是"北宋初期商税数额"文献史料。

北宋时各朝商税征收数额从宋初至宋仁宗时期一直呈递年增长的态势：太宗至道中全国商税征收数额为400万贯，仁宗庆历年间暴增至2200万贯，增长指数达到了550，在当时国家岁入总额中占据了56.4%的比重，达到整个北宋时期商税征收数额的顶峰。

——《文献通考·征榷考一·征税》

通过引导学生对史料的分析，分组讨论回答之前的问题，再次回归史料，分析历史上不同时期商人地位的变化原因。进而在老师的梳理和引导下得出有关商人地位变化的特点和趋势：

随着商业的持续发展，一元农业型财政向包括商业在内的多元财政方向转变，将商业收入纳入封建经济轨道，商人的社会地位也由贱民阶层转向庶人阶层。

（二）商业政策之变

汉初，为恢复经济，厉行"开关梁，驰山泽之禁，是以富商大贾周流天下，交易之物莫不通，得其所欲"的政策。

——《史记·货殖列传》

教师设问：汉初为恢复经济，对私商采取什么政策？汉代一直对私商如此宽松、自由放任吗？

（汉武帝时）"愿募民自给费，因官器作煮盐，官与牢盆（煮盐的铁锅）。……敢私铸铁器、煮盐者，釱（铁镣）左趾，没入其器物。……'外事四夷，内兴功利，役费并兴'，'赋税既竭，不足以奉战士'……而富商大贾冶铸煮盐，财或累万金，而不佐公家之急，黎民重困"。

——《汉书·食货志下》

教师设问：据材料，概括汉武帝时期如何抑商？汉武帝时期为何抑商？

设计意图：通过分析抑商政策在汉代初期和中期的不同表现，让学生认识到汉武帝抑商政策是"帝国出于财政的考量，以行政手段介入商业，与商人夺利，这才是历代帝国当权者在'抑商'口号下隐藏的真正利益动机"。[4]

教师继续展示唐代的相关史料拓展学生的认知。

唐朝初期，实行轻徭薄赋，"通盐池、盐井之利与百姓共之"。

——《中国盐业史》

唐高宗时"开永济渠入于新市，以控引商旅，通江、淮之货，以百姓利之"。

——《新唐书》

安史之乱后，平原太守颜真卿"以钱收景城郡盐，沿河置场，令诸郡略定一价，节级相输，而军用赡"。

——《全唐文》

教师设问：以上三则材料，哪些是严格执行抑商政策？哪些是抑商政策有所松动？为什么？由此得到什么认识？

结合学生的回答，教师进一步提升学生的思维层次：唐初与唐中后期抑商政策亦表现不同，与汉代一样，在王朝建立之初抑商松动，中后期加强抑商。抑商政策在朝代与朝代之间又会有怎样的异同？

北宋仁宗时创立了"盐钞法"，"令商人就边郡入钱四贯八百售一钞，至解池请盐二百斤，任其私卖，得钱以实塞下，省数十都被运之劳"。

——《梦溪笔谈》

宋代比唐代抑商政策表现更加宽松，宋代与明代抑商又有何不同？

宋政府在广州、泉州、福州等地设立了市舶司，多次派使臣赴海外招徕外商并管理对外贸易。两宋亦利用民间力量来广招外商，友好往来。

——樊树志《国史十六讲》

明太祖"命礼部严禁绝之，敢有私下诸番互市者，必置之重法……申禁人民无得擅出海与外国互市"。

——《明太祖实录》

教师结合此环节的史料教学，引导学生分析和理解宋明清抑商政策的特点：宋代在促进官方海外贸易的同时，放宽民间海外贸易。明代实行海禁，严格限制民间海外贸易，但明代"郑和下西洋"和清"乾隆二十五年发给中国商人的海外渡航证明书"的史实说明明清时期抑商政策并不是一味地"固化"不变。

结合之前六则史料的阅读分析，引导学生开展课堂讨论，自主得出探究结论：

抑商政策随时代变迁而变动。抑商政策的调整，实为在政府与民间、官商与私商之间，重新分配既有的社会财富，其目的是维护统治秩序。

进而向学生抛出更深层次的问题：中国古代抑商政策的实质是什么？

三、识抑商之本

为了让学生更全面认识抑商政策，给学生提供三则看似矛盾的史料来加深理解。

宋太宗下诏"除商旅货币外，贩夫贩妇，纸扇芒鞋及细碎物，皆勿税"。

——马端临《文献通考》

宋代矾是主要商品，几乎全在国有专营之列，包括茶、盐、酒、醋、矾以及外贸所得的香药、象牙等。……私自酿造酒曲达十五斤者，处死；私自贩盐十斤者，处死……

——吴晓波《历代经济变革得失》

上述两则材料体现的商业政策是否矛盾？材料反映宋代推行惠商措施的同时，抑制私商经营某些行业的看似矛盾的措施，其实质是什么？

宋代王安石说"盖制（抑制）商贾者，恶其盛，盛则人去本者众；又恶其衰，衰则不通，故制法以权之"。

——《王文公文集》

引导学生分析史料，自主得出结论：宽松与禁榷可以并举。在保障政治稳定，财政充足的前提下，放开民间商业发展。"从根本上说，重商、隆商是出于当时国家财政的需要。然而，一旦国家的这种需要不能从与商人分利中得到满足，国家就会对商业直接经营，独占商利。"[4]

最后回扣课堂导入时关于中国古代抑商政策的三种观点：（1）中国古代长期采用抑商政策；（2）中国并非实行一以贯之的抑商；（3）中国历代的统治者大部分重商。让学生自己选择同意哪种观点。让学生认识到历史结论不是固定的单一的，历史现象出现的原因是复杂的、多元的。让学生认识到历史解释对于历史学习的重要性。

四、教学反思

在本节课的史料教学尝试中，最后的设问环节："通过本节课的学习，你认同哪种观点？"笔者并不要求学生得出同一的、固化的认知，而是提示学生：随着时代的发展，新史料的发现，从不同视角、站在不同立场、运用不同分析方法对同一个历史事物进行历史解释是不一样的。体验在历史理解的基础上，依据史料和理性分析构建自己的历史解释，就像"历史学家一样进行历史思考"，对社会现实发展形成一种持久的理解力，这是我们历史学习的意义价值所在。

当然，"历史解释"核心素养的培养是长期的、潜移默化的。笔者在试图培养学生构建历史解释能力的同时，甚感困惑的是，如何能让学生在课外，从丰富的史料中甄别和选择有利于历史理解和历史解释的有价值的史料作为支撑，而不是老师搜集选择史料呈现出来给学生；如何提高学生对史料的敏感度和兴趣度，从而推进他们进一步解释历史的思维能力的提升，这可能需要更深层次的史料教学策略来实现。

参考文献

［1］马克思恩格斯全集：第25卷［M］.北京：人民出版社，1974.

［2］袁林.中国古代"抑商"政策研究的几个问题［J］.陕西师范大学学报（哲学社会科学版），2004（4）.

［3］吴慧.中国商业政策史［M］.北京：社会科学文献出版社，2014.

［4］陈长华.抑商质疑兼论中国古代的赋税制度［J］.史林，1995（2）.

［5］王家范.中国历史通论［M］.上海：华东师范大学出版社，2000：246.

作者简介

曹军辉，中共党员，东北师范大学历史系本科，中山大学教育管理硕士学位，东莞第十高级中学历史高级教师。东莞市第八届中学历史教研会副理事长、东莞市首批中小学名师培养对象、东莞市第四批高中历史学科带头人、东莞市优秀教师、东莞市直属学校优秀共产党员、东莞市高中历史高考中心组成员、广东省中小学骨干教师历史培训班学员、全国中学生历史写作优秀指导教师、"国培计划2017"培训班优秀学员、先进个人。在各类教学、教研活动中获奖20余项，多篇论文在核心期刊上发表，其中一篇被人大复印资料全文转载，参与或主持各类课题多项，在省市历史教研会上做专题讲座多次。

问渠那得清如许，为有源头活水来

——"问题驱动式"历史教学的实践

曹军辉

核心素养是基础教育改革的灵魂，历史教学过程中应该有效提升学生的核心素养，"问题驱动式"教学可以成为有效抓手。"问题驱动式"教学是以学生为主体、以专业问题为学习起点，以问题为核心规划学习内容，让学生围绕问题寻求解决方案的学习过程。教师在此过程中的角色是问题的提出者、课程的设计者以及结果的评估者。老师带领学生共同解决问题，正如陶行知先生所说"我以为好的先生不是教书，不是教学生，乃是教学生学"。以问题作为驱动，学生动起来，学生思维动起来，老师点拨引领动起来，在这个过程当中，以学生自身知识储备为圆心，以史料分析、问题探究为半径，画出理性认知历史的圆。

笔者以《中世纪之问——是黑暗还是曙光？》一课为例开展"问题驱动式"教学。近代欧洲文明有三大来源：一是源自古希腊罗马文明，二是源自日耳曼文明，三是源自基督教文明。侯建新教授认为，古希腊罗马文明主要影响了欧洲文明的政治理念与政治制度；日耳曼文明给欧洲文明注入了新的血液与活力；基督教文明深刻影响了欧洲文明中人的思维方式和社会架构。从这个角度审视中世纪，不应该只看到传统认知上的断层和鸿沟，还应该看到历史发展中的传承性、延续性，更应该看到黑暗中曙光的存在。因此，本课以追问欧洲中世纪是黑暗还是曙光为核心问题，通过中世纪神庙中的雕塑《魔怪在吞食人类》导入，了解学生对中世纪的整体感观与认知。

以问题驱动教学环节。一是通过"传统视野下的中世纪"在了解传统认知的前提下引出核心问题，引导学生追问，首先本课从"中世纪"概念问题入手，从"中世纪"一词的出处进行探究，目前学术界公认的是意大利人文主义历史学家比昂多首次使用了该词，来指西罗马帝国灭亡到比昂多自己生活的时代。再到"黑暗时代"评价问题的由来，引出中世纪到底有多黑，分析中世界黑的根源，战争、瘟疫、混乱带来的真黑；比特拉克首先使用了"黑暗时代"一词称呼中世纪带来的误黑；后来的人文主义者的主观抹黑。在概念问题和评价问题中梳理历史发展关键节点，厘清长期以来的黑暗论调不免有失偏颇的历史原因，从而引出历史上的中世纪是怎样的。二是通过"源头视野下的中世纪"和学生一起阅读史料，掌握"加洛林时期的文艺复兴""12世纪的文艺复兴"与后来文艺复兴之间的承接，特别是通过"黑死病"问题的深入探讨，洞察中世纪对近代欧洲文明的影响；加洛林时期的经典翻译和教育推广成为了古典文化得以传承的前提，12世纪前后的文艺复兴翻译经典、关注人性，意图冲破宗教束缚，为欧洲大学的繁荣昌盛奠定基础。黑死病的肆虐流行成为了压垮宗教垄断的一棵大树，人们开始重新认识生命的意义，开始思考更为现实的人生，为后来的文艺复兴、宗教改革、启蒙运动清除了一些障碍，在整个近代欧洲思想文明发展历程中起到了极大的推动作用。三是通过"理性视域下的中世纪"探讨，总结回顾，客观认知中世纪，中世纪欧洲不仅仅只有"黑暗""蒙昧"，其黑暗迷糊中也有自己的光亮点，可谓是"黑中有亮，暗中有光"。突破单一传统认知，理解中世纪也是欧洲近代文明的源头之一。

一、问题导入提纲挈领——见微知著激发学生探究

欧洲中世纪是整个世界史中有难度的部分，也是学生相对陌生的部分。让学生直接进入对中世纪的理性思辨与判断是相当有难度的，因此在本课设计时以一幅雕塑图片导入，运用阶梯式问题，由教师一步步引导学生观察思考。滴水藏海，一个雕塑既是当时社会的缩影，同时也折射出中世纪的方方面面。

看似一个简单的雕塑，其实信息量非常大。这座雕塑中有几个形象？各自的表情和动作是什么？推测他们之间是什么关系？雕塑反映的主题是什么？雕塑产生的背景是什么？从而引发学生的追问与思考。鬼怪的恐怖，人类的无助，无疑是最引起学生关注的，而这种雕塑在中世纪又是常见的。因此提出让学生结合图片信息用一句话概括自己认知世界里的中世纪。学生在解决问题的过程中，一方面拉近了与中世纪的时代距离感，另一方面学生通过"恶魔在吞食人类"，更为深刻理解中世纪对生死的观念，以及宗教对于中世纪的深远影响。

在本课教授"黑死病肆虐——文艺复兴的催化剂"这一环节时，选择了一幅鸟嘴医生的漫画引入，提出以下问题：一是请学生推测图片上人物的职业；二是探究鸟嘴医生出现的历史原因。鸟嘴医生的出现意味着死亡的临近，而且鸟嘴医生在当时本身也是死亡率超高的职业。从而引出黑死病这一中世纪的灾难性事件，然后展开对黑死病影响的探讨，将历史教学引向深度思考。

两个问题导入选取的切点是细微的，但经过问题追问，它们与中世纪之间的联系又是千丝万缕的，两个导入的选取都极具吸引力，同时又具典型性。

二、问题推进层层深入——还原历史做到抽丝剥笋

绝大部分学生的认知都笼统认为中世纪是黑暗的，在"传统视角下的中世纪"中让学生了解大家普遍认为中世纪黑在哪里，客观呈现中世纪的黑暗之处，同时也提出思考：中世纪留给世界的是否只有无尽的黑暗？把中世纪理解为与现代断裂的黑暗时代的传统观念，显然已经不符合历史的实际了。中世纪的发展同样为欧洲近代文明提供了过渡，特别是忽视中世纪的基督教文化传承，将不利于理解西方近代文化。

问题驱动最主要的目的是培养学生的历史思维能力和解决问题的能力。因此，在"源头视野下的中世纪"中，以文艺复兴为例，展开溯源，发现中世纪时期已出现的文艺复兴雏形和先声，历史发展不是一蹴而就的，历史发展是一个过程，学生在追寻问题中发现问题。

因此，在讲述加洛林王朝时，提出以下问题：判断"假如不是心灵在歌唱，这样的歌声什么也不是。假如心灵不与爱情相伴，他便无法歌唱。"这段文字出现的时间。通过对诗句的解读，不难发现里面带有明显的人文主义色彩，究竟是什么原因？究其根源，这与加洛林时期的翻译经典是分不开的，与此同时古希腊罗马经典才得以重现，应该说这种传承是文艺复兴发展的前提。

材料：

如果加洛林王朝的文人们没有大力搜集并抄写这些文本，西塞罗、维吉尔、奥维德、尤里乌斯·凯撒、塔西陀、塞内加等人的大作可能已经失传。

——《中世纪欧洲史》第239页

我们今天所能读到的罗马诗歌、史诗、散文和其他作品，有90%是通过加洛林时代的整理和抄写才保存下来的。

——《欧洲中世纪史》第122页

阿伯拉尔（将70—100部希腊和阿拉伯著作从阿拉伯语译成拉丁语）认为，道德总是内在的、个人的；如果没有内心的忏悔和觉悟，外在惩罚毫无意义。"只有通过怀疑，才能进行理性探索；只有通过探索，才能得到真理。"

——《中世纪欧洲史》第241—247页

通过对材料的解读，提出问题：中世纪时期有哪些与文艺复兴类似的文化现象？

加洛林时期的文艺复兴和12世纪的文艺复兴拓展了学生的视界，文艺复兴不是一蹴而就的。没有加洛林时期的拯救经典，启蒙教育；没有12世纪文艺复兴的奠基（翻译运动、关注人性、冲破束缚、哥特建筑、大学建立）；没有黑死病对宗教观念的冲击，何来人文主义思想的萌发？问题驱动中，学生更为全面认知中世纪思想文化传承。特别是中世纪晚期（约1300—1500年），灾难中孕育着社会形态的变化，在政治、经济、社会等领域都有加速演变现象。中世纪西欧文明为近代文明的腾飞做了准备，是欧洲古典文明与近代文明之间的桥梁，它们之间有着切不断的联系。

其实在学生头脑中形成的知识结构体系实质上是旧知识和新知识的连接与融合，突破口就是一个启发性的问题。驱动问题因势利导，抓住学生学习的最近发展区。要在打破经验世界中找到新知识的固着点，然后让新知识在学生的脑中生根发芽。

三、问题体验聚焦难点——深入历史点化学生思维

历史和学生之间的距离有时是千山万水，有时又是近若咫尺，打通关键节点认知，疏通因果线索联系，方能接起那断裂尘封的历史。"黑死病"是一场凶猛的瘟疫，在中世纪是如何反作用于人类历史的？它在颠覆当时人们观念的作用是如何发酵的？"黑死病"催化作用带来了哪些影响？

因此结合史料设计问题：假设你生活在中世纪时"黑死病"肆虐的欧洲，眼看身边有人不断离世，而且这种情况越来越严重，你却无能为力，作为幸存者你会想到什么？

这个问题的情境是历史上真实存在过的场景，对学生有较强的冲击力，学生的回答也多种多样，其中部分学生会想到祈求上帝保佑，这是一种正常的思维，当时的确兴起了与宗教相关的祈祷和鞭笞运动，但这些都未能阻止"黑死病"蔓延的脚步。瘟疫传播反而更加凶猛，不仅如此，还伴随着更加让人矛盾和匪夷所思的糟糕情况。让学生的思维先陷入不解的旋涡，然后继续呈现史实材料，聚焦矛盾。

材料：

（人们开始公开讨论瘟疫的根源）曼彻斯特的大主教威廉姆斯·埃丁顿给他的教士们写了一封信："人类的纵欲是多么可怕……如今它更加变本加厉，这理所当然地要激起神的愤怒。这场灾难就是神明对人类这众多罪恶的惩罚。"（注：宣称"黑死病"是上帝在惩罚人类罪恶的大主教埃丁顿，不久也染"黑死病"身亡）

阿尔丰沙十一世是在位的君主中唯一丧命于鼠疫的国君。但是他的邻邦阿拉贡的国王佩德罗却在六个月内失去了妻子、女儿、侄女……

——霍华德·马凯尔《瘟疫的故事》

这时再提出一系列问题：国王和大主教的离去是不是特别的讽刺？"黑死

病"面前体现出来的是不是人人平等？既然在"黑死病"带来的死亡面前大家是平等的，那么在其他方面是否也可以平等？经受"黑死病"折磨的人们不能预知明天的生死，因此他们会产生怎样的思维？这时候可以让学生分成小组进行讨论，相互说说各自的想法。创设情境能够让学生设身处地地去拷问历史，情境的设置可以是真实历史性质的，也可以是根据历史事件虚拟出来的，关键在于要符合历史客观性。"黑死病"对于欧洲中世纪的历史无疑是雪上加霜，"黑死病"的肆虐冲击了政治，影响了经济，加剧了矛盾，挑战了教会，刷新了观念。"黑死病"既是巨大灾难的投石机，同时也不自觉地成为了孕育人文主义的助推器，劫后余生对个人思想的冲击力不可小觑，对教会的冲击力不可估量，而这种人的意识觉醒恰恰为文艺复兴打开了一扇窗。在此过程中问题驱动环环紧扣，注重问题之间的内在逻辑关系，把问题设计得像剥卷心菜一样，层层深入，学生也在追问和探究中拨开迷雾，揭开中世纪神秘的面纱。

四、结语

本课以"聚焦性问题"切入，"连续性问题"推进，"反思性问题"引导，以问题为载体、抓手、路径，带领学生探究思考，以"内驱力""求知欲"为助推，以"问题解决"为归宿，不断深化学生学习历史的能力，提升学生核心素养。基于问题驱动的历史课堂教学，从问题提出的原点出发，沿着"提出问题—还原史实—解决问题"的教学思路，让学生在探寻历史的过程中，更加理性认知中世纪的欧洲。正如李新宽认为的西方"新中世纪"观主要有三重视野，一是乐观的新中世纪观，二是悲观的新中世纪观，三是基于史实的新中世纪观。问题驱动的过程也是学生素养和能力提升的过程，如叶圣陶先生指出，"教任何课，最终目的都在于达到不需要教。使学生进入到这样的境界：能够自己去探究、自己去辨析、自己去历练，从而获得正确的知识和熟练的能力"。

参考文献

［1］熊小琴.问题驱动式课堂教学探索［J］.福建中学数学，2010（9）.

［2］李新宽."新中世纪"观的三重视野［J］.贵州社会科学，2013（4）

［3］苑爽.论八至九世纪的加洛林文艺复兴［J］.潍坊工程职业学院学报，
    2014（3）.

［4］刘建军.查理大帝与"加洛林文艺复兴"［J］.东北师大学报，2003（2）.

［5］［美］朱迪斯·M.本内特，C.沃伦·霍利斯特.欧洲中世纪史［M］.
上海：上海社会科学院出版社，2007.

［6］［美］拉尔斯·布朗沃思.诺曼风云［M］.北京：中信出版社，2016.

［7］［荷兰］维姆·布洛克曼，彼得·霍彭布劳沃.中世纪欧洲史［M］.
广州：花城出版社，2012.

作者简介

　　赵晓东，中学一级教师，任教于东莞高级中学，毕业于陕西师范大学。广东省特支计划教学名师毛经文工作室助手，广东省首批优秀青年历史教师，东莞市中小学第一批高中历史教学能手。主持并参与省、市教育科研立项课题多项，发表论文十余篇；荣获国家及东莞市高中历史优课、微课、优质课评选一等奖多次。在历史人物教学、历史课堂中渗透人文教育等方面进行了积极的探索。有细节渲染，有方法渗透，有灵魂烛照的历史课堂是他努力的方向；让历史课堂启迪学生智慧，润泽学生心灵，养育学生人生是他追求的目标。

冷眼向洋观世界，云开雾散终有时

——以《中世纪欧洲庄园制》为例

赵晓东

一、立足学情，明确课程立意

　　提起欧洲的中世纪，在学生头脑中，首先呈现出来的便是"黑暗的中世纪"这几个字。这一论断就像一副千斤重担压在这段历史之上，以至于学生普遍认为"黑暗"便是中世纪的最大特点。事实上，"黑暗的中世纪"的观点最早是由文艺复兴时期的思想家们提出来的。"他们把希腊罗马时期称为'古典'时代，而将他们生活的时代称为'现代'，处在古代和他们生活年代之间的时期就是所谓的'中间时代'。由于他们以复兴古典文化为己任，因此，他们又将中世纪称为'黑暗时代'。他们认为他们的使命就是对所谓'黑暗时代'的否定和对于古典文明的复兴。"这一观点经由文艺复兴的发酵和人文主义者的传播，影响极其广泛，以至于后来的人们普遍将这一结论奉为圭臬。这种看法不仅长期影响着史学研究，更深刻地影响了人们的认知，成为难以改变的定式思维。至于中世纪缘何黑暗？这一千多年里欧洲究竟发生了什么？欧洲人是如何走过这一千多年，率先迈入资本主义的却少有人关心、鲜有人追问。

随着史学研究的不断发展，把中世纪看作黑暗时代的观点，不断受到史学家们的质疑和纠正。越来越多的史学家认识到，中世纪西欧社会呈现出来的并不只有一种色调，在历史的长河里，它是不断变化的。"欧洲文明的形成，经历了一个缓慢、复杂又有迹可循的过程。中世纪早期（500—1000年），是西欧文明逐渐成形的时期，也是封建制度确立的时期。这段时间欧洲社会动荡不安、变化不断。中世纪中期（1000—1300年），是改革、复兴、扩张时期。这一时期欧洲人口增长，财富汇聚，城市发展，教育振兴，疆域扩张。此时的欧洲充满了机遇与发展，'……达到了它的第一个富有活力的阶段'。中世纪晚期（1300—1500年），既出现了可怕的灾难，又发生着社会形态的变化。这一时期，欧洲社会发展明显加快了步伐，在政治、经济、社会、文化等领域出现了一系列重大的结构性变迁，西方文明已经走到了近代文明的大门口。"中世纪西欧文明的积累为近代文明的腾飞准备了条件，没有中世纪的积累，就不可能有欧洲近代文明的勃发。中世纪西欧文明是欧洲古典文明与近代文明之间的桥梁，其作用不容忽视和低估。然而，这些认识更多的是束之高阁，困于书斋，绝少进入中学历史教材。

所幸的是，新版高中历史教材《中外历史纲要》增加了中世纪的章节和内容。如何运用好教材对一线教师来说是一个巨大的挑战。在素养立意的时代，历史课堂要跟上时代的步伐，为涵养学生素养提供更多养分；为立德树人目标的达成添砖加瓦；为学生提供符合时代要求的好课程。"好的历史教育给予学生一种'看历史的思路'，一种适应未来社会的智慧。"照本宣科，填鸭灌输已无法适应这一要求。面对学生误解很深的中世纪，既要澄清学生头脑中的认知误区，还原中世纪历史的真实面目，更应该引导学生充分认识欧洲文明的悠久历史，厘清中世纪文明对后世的影响，体悟欧洲文明对世界文明的贡献，进而培养学生以平等的心态对待世界上的不同文明，尊重他国文明，形成开放、包容、多元、尊重、理解的优秀品质，达成养育素养、立德树人的目标。

但中世纪跨越千年，内容繁杂，学生学习起来难度很大。在一堂课有限的时间里，纠正学生头脑中的固化认识已属不易，有效落地素养更是难以企及。如何才能突破这一困境呢？寻找一个小的切入口，引导学生见微知著，管中窥豹或许是不错的方法。沿着这样的思路，我梳理了学生头脑中已有的关于中世纪零星而模糊的印象。比如城堡、城市、大学、教会、教皇、农奴、庄园等。在这些微小的史事中，选择哪一个较好呢？通过反复比较，我最终确定以庄园制为切入口。因为庄园这个事物学生相对熟悉，并且在中世纪农耕文明的时代，农业是经济的主体，庄园制是中世纪社会的基础。庄园孕育了欧洲走向近代文明的曙光，发育了"民权""法制""私有财产保护"等理念。基于上述考虑，我将本课的核心目标确定为："通过呈现中世纪欧洲庄园制度下经济、司法、社会关系等方面史实，探究中世纪欧洲庄园制下的黑暗与光明，使学生认识到文明的演进是一代又一代人辛劳和智慧不断累积的结果，不是突变而是渐变，不是断裂而是传承。人类社会的色彩斑斓正是基于文明的多样性。"整堂课以庄园制度为突破口，以点带面，为学生了解中世纪打开一扇窗。

二、营造冲突，突破固化思维

定式思维一旦形成，要想改变非常困难。面对学生陌生的中世纪，我精选史料，呈现历史复杂的面相；精心营造冲突，激活学生思维；进而引导学生突破固有认知，形成对中世纪的新认识、新思考。

（一）在经济剥削中发现权益保障

中世纪农民生活在一种设计得很聪明的制度之下，无论怎样都会以不同方式受到剥削。他们受到剥削的种类异常繁多，我选择17种剥削形式，将其罗列出来，但着重引导学生研读其中典型的一种。

材料1：在许多情况下，农奴每年都必须向领主购买其指定的葡萄酒，倘若他未按时购买，那么领主将在他的屋顶上倾倒4加仑的葡萄酒，如果葡萄酒向下流，佃户就必须为它买单，如果酒往上流，他才不必付款。

——威尔·杜兰特《世界文明史信仰的时代》

通过材料，学生感受到，在中世纪庄园制下，农民、农奴在经济上受到的剥削非常严重。这种感觉强化了学生头脑中固有的认识。在此基础上，我又精选史料，呈现历史不为人熟知的另一面，揭开中世纪欧洲文明的恢宏画卷。

中世纪的欧洲，国王、领主占有绝大部分土地，并且受到诸如《森林法》等法律的严格保护，不允许对林地侵占和分割，违法侵占甚至可能被送上绞刑架。但随着经济发展，社会进步，从11世纪开始，欧洲兴起了大规模的垦荒运动。拓荒者被财产和自由所吸引，走向荒芜的田野，人迹罕至的森林、沼泽，进行垦殖。在英格兰，国王占有的大片林地和荒原受到村民的不断蚕食；在德意志，农民开垦了原属大主教占有的大片荒芜丘陵；在法兰西，国王占有的林地、沼泽不断地被农民垦殖。垦殖者和领主矛盾尖锐，闹上法庭，许多垦殖者受到审判，被处罚金，被判重刑。为此，12世纪，法兰西国王路易七世针对新的垦区"洛里斯"颁布了《洛里斯宪章》。宪章的内容很多，我精选其中两条：

材料2：（5）不论任何时候，洛里斯居民的财产都不允许受到侵害，除非该居民对我们或我们的宾客犯下罪行。

（17）每个洛里斯居民都享有在市场上出售自己产品的权利，都享有收到货款后自由离开市场不受骚扰的权利，除非他触犯了法律。

——侯建新《圈地运动的先声：中世纪西欧大垦荒》

问题：根据材料，概括洛里斯垦区农民享有的权益。

《洛里斯宪章》确立了私有财产神圣不可侵犯、自由等权利。学生在研读材料的过程中获得了新知，冲击了已有认识，但又产生了新的疑惑：洛里斯垦区只是一个个案，农奴在与他们经常打交道的领主那里，权益能得到有效保护吗？为解决这一疑惑，我选取如下材料：

材料3：佃农自带犁具履行两天帮工，在这两天中，一天吃肉，另一天吃鱼，还有足够的啤酒。犁队中凡使用自己耕牛的人，可在领主家中用餐。所有承担割麦的人其午餐有汤、小麦面包、牛肉和奶酪；晚餐包括面包、奶酪和啤酒。次日他们将有汤、小麦面包、奶酪和啤酒。午餐时面包不限量，早、晚餐面包每人限用一条。

——奇切斯特庄园的《租税清册》

问题：根据材料，指出领主与农奴之间形成了怎样的关系？

《租税清册》反映出农奴与领主之间形成了比较清晰的权利与义务关系，

具备了比较明确的契约观念。这种契约观既约束农奴，也约束领主。农民个人依靠庄园法庭、习惯法和惯例进行抗争，使其自身权益得到有效保护，个人财产得以不断积累，为资本主义产生奠定了适宜的土壤。

（二）在政治压迫下探寻法制曙光

中世纪的欧洲，领主是社会的主要管理者，庄园法庭是领主实施管理的主要机构。因为有庄园法庭存在，所以中世纪农奴与领主的斗争更多的时候不只诉诸暴力，更诉诸法律，双方的博弈往往在庄园法庭上进行。《中外历史纲要》对庄园法庭有一段简单的描述："领主或其管家主持的庄园法庭审理庄园内的各种案件，维护庄园的秩序。"若望文生义，不求甚解，不去深究历史的原貌，就会认为庄园法庭是维护庄园主利益，鱼肉农奴的工具。然而，历史的真相要复杂得多。

材料4：1300年，埃尔顿庄园的法庭案卷载有19个茅舍农涉讼的记录。他们被指控没有将牧草装上马车，被领主告上法庭。但这些茅舍农坚称：他们没有装草的义务，除非他们出于自愿，主动这样做。为此法庭查阅了有关佃农劳役的惯例，然后确认：这些茅舍农必须在草地上或领主庭院里将牧草垛起，但没有义务将牧草装上马车。

——侯建新《资本主义起源新论》

问题：根据材料，分析庄园法庭是如何协调领主、农奴各自权益的？

在庄园法庭里，领主与农奴以法律为基础，在尊重惯例的基础上解决两大阶级之间的矛盾。庄园法庭固然维护领主利益，但农奴可运用法律维护自身权益，抵抗过度剥削。"一旦领主违反惯例规定，同样会受到庄园法庭的处罚。一些庄园法庭甚至做出完全不利于领主的裁判。"农民及农奴凭借习惯法在法庭上与领主据理力争，这种行为不是孤立存在的经济问题，而是社会规则的一部分。这种抵抗权以及与此相关的自然权利、主体权利在社会上越来越得到认可，为欧洲向近代法制社会转型奠定了基础。

（三）在阶级对立里追问人性关怀

庄园制下，封建领主不但通过各种地租形态对农民进行剥削，同时也对农民施行"超经济的强制"，有统治、惩罚农民的权力。那是否意味着农民和领主之间始终处于剑拔弩张、尖锐对立的状态呢？

材料5：领主将劳动费用降低为一小笔钱，并将其他陈年旧账一笔勾销，领主不欺掠农奴——他通常会关照后者——在其贫病无依，或年老体弱之时。节日期间，他会向穷人敞开大门，并以食物款待所有的来客……

——《世界文明史·信仰时代》

其实，任何正常的社会都有被社会认可的规则与秩序，这些规则与秩序可能包含着剥削、压迫，但只要受剥削的一方还能忍受，剥削还能维持，这个社会就存在下来，这是社会张力之所在。中世纪的欧洲，农民确实受到领主的残酷剥削，但领主与农民之间也存在着互相体谅、理解、尊重，闪耀着可贵的人性光辉。这种看似矛盾实则合理的社会关系进一步冲击了学生的固化思维，使学生体会到要在特定的环境下以理解同情之心态客观评判历史。从当时的状况看，庄园制也是适合时代、地域和人性需求的制度。

通过上述环节，学生体会到，中世纪欧洲的庄园制下有剥削压迫，也有私有财产神圣不可侵犯的权利保护；有阶级对抗、暴力斗争，也有法律基础上的博弈与抵抗；有残暴与贪婪，也有充满温情的人性关怀。这有限的权利之光、朦胧的法制之光、可贵的人性之光，避免了零和游戏的陷阱，有利于普通民众财富的增长和民权的发育，有利于近代文明物质基础和法治关系的积累，推动了欧洲人征服蛮荒，创造新文明，润泽自身，泽被世界。

三、放眼世界，培养大国公民

改革开放以来，随着综合国力的提升，我国日益走向国际舞台的中央，在国际关系中的影响力越来越大。但近年来，国际关系风云变幻，诡谲莫测，世界正处于大发展、大变革、大调整时期，给国际关系和各国发展带来深刻影响。当前中国与世界的关系进入到历史性变革的新阶段，处理好与外部世界的关系对国家的发展具有重要意义。作为社会主义事业的建设者和接班人，青年学生的知识与素养影响着未来国家的发展。历史教育需要把握时代脉动、回应时代呼唤、跟上时代脚步、润泽学生成长。如何推动各国同舟共济、携手合作，建设"各美其美，美人之美，美美与共，天下大同"的美好世界呢？从国内看，在很大程度上取决于我们的教育能培养怎样的人。全球化的今天，世界离不开中国，中国亦离不开世界。我们需要引导学生形成立足本国、放眼世界、面向未来、包容理解的宽广胸怀，培养适应时代需要的大国公民，这是新时代历史教育应有之义。

正如威尔·杜兰特所言，中世纪的欧洲"先是野蛮的牺牲品，其后变为野蛮的征服者，而后又成为新文明的创造者"。在本课的学习中，学生体会到，中世纪的欧洲固然有其黑暗的一面，但更有其丰富得多的面相。欧洲文明同样悠久灿烂，欧洲人民一样勤劳智慧，蔑视甚至无视这一伟大的文明和这样一个创造文明的时代，是不明智的。课堂上习得的新知会促使学生进一步思考，当今世界，民族主义卷土重来、保守主义甚嚣尘上、外交霸凌时有发生……在这股逆流面前，新时代的中国国民需要以怎样的心态面向世界，以怎样的姿态对待他国，以怎样的行动担负起大国责任？我想，历史已经给出了最好的注解。今天，我们在课堂上要培养青年学子形成开放的心态，积极融入世界；具有谦逊的姿态，尊重理解他国文明，善于从不同的文明中汲取营养、寻求智慧；富有责任担当，积极"推动不同文明相互尊重、和谐共处，让文明交流互鉴成为增进各国人民友谊的桥梁、推动人类社会进步的动力、维护世界和平的纽带"。如此，才能为人类提供精神支撑，才能携手解决人类面临的各种挑战，建设更美好的明天。

参考文献

[1] 沈坚.文明的历程 [M].杭州：浙江大学出版社，2006.

[2] [美] 朱迪斯·M.本内特，C.沃伦·霍利斯特.欧洲中世纪史 [M].上海：上海社会科学院出版社，2007.

[3] 靳晓燕，梁曦文.我们需要怎样的历史教育 [N].光明日报，2017-07-26.

[4] 威尔·杜兰特.世界文明史·信仰的时代 [M].成都：天地出版社，2017.

[5] 侯建新.圈地运动的先声：中世纪西欧大垦荒 [J].史学集刊，2018（5）.

[6] 侯建新.资本主义起源新论 [M].北京：生活·读书·新知三联书店，2014.

[7] 张新军.抗争语境下的中世纪英格兰庄园法庭 [J].固原师专学报，2006（4）.

💬 作者简介

　　杨山坡，武汉大学硕士研究生毕业，广东省毛经文名教师工作室助手，东莞外国语学校高中历史科组长，东莞市高中历史教学能手。工作十余年来，以"立足课堂、着眼未来、汲取智慧"为教育目标，以"暗蕴情怀、彰显理性、滋养人生"为价值追求，孜孜不倦追求教学上的成长与进步。曾获广东省青年教师教学能力大赛一等奖，东莞市青年教师教学能力大赛一等奖（第一名），多次获东莞市历史优课、微课评比一等奖。

创设思维冲突　培育历史素养

——以"叩问宇宙"一课教学为例

杨山坡

　　"近代以来世界科学技术的发展"是高中历史教学的重要内容，科学史教学亦是长久以来高中历史教学的难点。科学史教学为何重要？学习起来又为何艰难？要探讨此问题，首先要从科学史的学科特点说起。

　　美国著名科学史家萨顿曾指出："科学史不仅仅如其名称所暗示的那样，是我们关于世界以及我们自己的知识的增长；它不仅是扩大光明的历史，而且是缩小黑暗的历史。它可以被想象成关于反对有意或无意的差错、反对迷信和精神罪行的那种永无止境的斗争的历史。它也是思想宽容和思想自由不断增长的历史。"身为"科学史之父"，萨顿的贡献不仅在于真正确立了科学史的专业学科地位，更重要的是他使科学史的研究范围超越了科学发展本身，指向人类的终极关怀，科学史从而成为思想史、文明史。这是科学史的学科特点，也是科学史的魅力所在，更是科学史之所以重要和困难的原因。

自萨顿之后，诸多科学史家均提出了类似观点，学术界对科学史研究的功能逐渐得出以下共识："科学史研究是在帮助人们理解科学本身和认识如何应用科学方面的功能……是对于作为其他相关人文学科之基础的功能，也即作为诸如像科学哲学、科学社会学等相关学科的知识背景、研究基础，或者说认识平台。"

联系到历史教学，早有论者在理论探索层面指出，科学史的重点不是"科学"而是"历史"，科学的萌发、科学的环境、科学的影响才是科学史教学的重点。亦有论者将"近代科学技术发展"这一单元的教学立意确定为："人类与自然对话的过程漫长而曲折，科学技术是人类与自然对话的重要桥梁，它与一定的社会环境和人文因素相互作用。近代以来世界的科学技术，是在对未知真理不断探究精神的支持下、在近代特定的社会历史条件与思想文化因素交互作用下发展进步的；科学技术的发展，改变着人对自然、社会乃至科学技术本身的态度。"以上学者的理论探索都体现了萨顿等科学史家对科学史特点和功能的主张，但概括起来，关注重点仍集中于科技成就产生的环境与意义。在实践操作层面，依然有许多教师在科学史教学实践中将重点放在史实层面的近代以来的科技发展成就上，在课堂上花很多精力去讲解经典力学、相对论的内容，从而将历史课变成了物理课，使科学史教学失去了其本来的学科特点和魅力。综上所述，现实中的科学史教学无论在理论探索层面还是在实践操作层面，都未摆脱"背景—成就—意义"的三段式既定叙事体系，强调"科技是第一生产力"，特别注重科学史的功利性、实用性和政治性，却忽视了它的人文性。

科学史教学不仅要关注科技发展的物质价值，更应该关注其精神价值。其重点不是要求学生记住辉煌的科技成就，更重要的是它的价值引领和担当，所以不仅要呈现科技发展的辉煌成果和对人类发展的巨大影响，更应呈现科学发现的质疑过程、求证过程、思维过程，特别是科学家勇于探索、追求真理、勤奋敬业的精神。

哲学家冯友兰曾经把人的境界按由低到高分为"自然境界、功利境界、道德境界、天地境界"。据此论之，科学史教学在理论和实践层次都长期停留在"自然境界"和"功利境界"。而要达到培育学生历史核心素养的目标，科学史的教学立意就必须超越"自然境界"和"功利境界",进入"道德境界"和"天地境界"。

《普通高中历史课程标准(2017年版)》对于培养学生历史学科核心素养提出了针对性的建议,明确指出:"学生历史学科核心素养的发展,绝不是取决于对现成的历史结论的记忆,而是要在解决学习问题的过程中理解历史,在说明自己对学习问题的看法中解释历史。任何一种教学方法的实施,都在一定程度上与问题的提出和解决有十分密切的关系。"笔者结合课标的要求,以岳麓版必修Ⅲ第26课"改变世界的高新科技"一课中"登上太空"部分内容为例,谈一谈如何结合科学史的特点,利用问题导引创设思维冲突,培育历史素养。

笔者将本课标题由"登上太空"重拟为"叩问宇宙"。"叩问"一词更加鲜明地体现了本课以问题为导引的教学特点;"宇宙"一词则拓宽了本课的教学范围,既提升了本课的教学立意,也更有利于教学内容逻辑层次的展开。本课内容为科学史,课堂导入环节既要体现"科学"特色,又要有生活实感,符合学生认知水准,易于被学生感知和接受。对此笔者设计了这样的提问:"大家脑海中的地球是什么样子的?"开门见山、单刀直入,既给学生提供了思考问题的方向,又使学生有话可说。教师总结:"正如'一千个人眼中有一千个哈姆雷特',每位学生眼中都有一个属于自己的地球,但不管你眼中的地球是什么样子,每天你最熟悉的地球应该是这个样子的。"同时给学生展示微信程序的启动图片"蓝色弹珠",并向学生讲解这张图片的背景故事:它是1972年由阿波罗17号在距离地球四万五千公里之外的地方拍摄而成,这也是少数能把整个地球清晰地拍摄下来的照片。然后展示一系列从太空拍摄的地球美景图片,让学生领略或秀美壮阔、或生机盎然、或梦幻神秘、或安静祥和的地球风光。正因太空科技的进步,人类才能够领略到如此千姿百态的地球风景。至此,本课导入达到点题、凝神、起兴的效果,顺其自然、水到渠成。

一、成就与代价

关于人类探索太空的成就,教科书仅讲述了苏联人造地球卫星的发射、"东方一号"载人宇宙飞船与宇航员加加林、美国"阿波罗11号"登月飞船、美国航天飞机的出现。从空间上看,这四项成就主要集中在美苏两国;从时间上看，这些成就主要集中在冷战时期。美苏争霸当然是太空探索进步事业的助推器，但若将视野仅仅局限于此，忽略了飞向太空是人类很久以来的梦想，也不利于使学生认识到太空探索是全人类的事业。为了凸显"叩问宇宙"的主题，需要补充人类探索太空成就的相关史料。于是有以下史料呈现：

19世纪，法国凡尔纳创作一系列科幻小说，以其天才想象掀起人们对宇宙探索的极大热情。

1903年12月，美国莱特兄弟"飞行者1号"成功试飞，人类动力航空史就此拉开帷幕。

1957年10月，苏联成功发射人类第一颗人造地球卫星，标志着人类太空时代的到来。

1961年4月，苏联宇航员加加林驾驶"东方1号"飞船，完成有史以来的首次太空飞行。

1969年7月，美国"阿波罗11号"宇宙飞船首次成功载人登月。

2007年10月，中国发射第一颗绕月探测卫星"嫦娥一号"。

2008年11月，由"嫦娥一号"拍摄制作完成的"全月球影像图"公布，这是世界上已公布的月球影像图中最完整的一幅影像。

上述成就完整地展现了人类探索太空由梦想到现实、活动范围由大气层到外太空、探索步伐由空间站到月球这一时空变迁的过程，有利于学生形成人类探索太空事业的时空框架。在此基础之上，学生沿着时空框架发挥想象力，更有理由相信人类还将在"叩问宇宙"事业上取得更大进步。正当学生惊叹、陶醉于人类取得如此巨大的成就之时，教师话锋一转，提出问题："人类在取得如此巨大的科技成就的同时，又付出了什么样的代价呢？"然后展示人类探索太空事业付出的各种代价：

1960年10月23日，苏联"金星"号火箭发动机喷火爆炸，近百名军人、科学家丧生。

1967年1月27日，美国"阿波罗1号"飞船模拟发射时失败，3位宇航员丧生。

1967年4月24日，苏联"联盟"号飞船返回地球着陆时降落伞遇到故障，宇航员科马罗夫遇难身亡。

1971年6月29日，苏联的"联盟"号飞船返回时密封舱漏气，3名宇航员遇难。

1980年3月18日，苏联"东方"号运载火箭在发射场发生爆炸，50名技术人员遇难。

1986年1月28日，美国"挑战者"号航天飞机在升空73秒后爆炸，7名宇航员全部丧生。

2003年2月1日，美国"哥伦比亚"号航天飞机返回地球时解体，7名宇航员无一生还。

……

时空观念是在特定的时间联系和空间联系中对事物进行观察、分析的意识和思维方式，是历史学科核心素养的核心观念。但是时空观念并不是简单的形式意义上的时间推进和空间转换，而是对时间和空间的变化和延续中的必然性和偶然性进行分析、比较、归纳和综合。通过将人类探索太空取得成就与付出的代价放在一起列出时间线进行对比，构建起成就与代价的时空框架，一个个醒目的数字背后是一条条勇敢而又鲜活的生命，它提醒学生太空探索是一项高投入、高风险的事业，带给学生强烈的视觉冲击和情感反差，引发思维冲突，让学生既为人类取得的成就感到自豪，又反思这些成就是否值得。在培养学生时空观念的同时，更有利于让学生充分感悟人类探索太空历程的艰难。

二、修女与博士

傅斯年曾说："史学便是史料学。"史料是历史认识的基石，对史事的推理和论证必须依据可靠的史料。所谓可靠性史料，应有两层含义：一是史料的去伪存真；二是史料实证的恰如其分。所谓恰如其分，就是史料运用要适度、适量，而且必须服务于教学立意。人类为探索太空不仅付出了巨大的生命代价，还有物质代价，补充以下史料，有助于让学生全方位地感受人类探索太空付出的物质代价：

阿波罗计划：1961年5月至1972年12月，耗资255亿美元。

美国航空航天局的"五星计划"：哈勃望远镜耗资140亿美元，"卡西尼号"耗资33亿美元，"好奇号"耗资26亿美元，"新视野号"耗资7亿美元，"木卫二"任务将耗资25亿美元。

通过以上史料，将学生关注点由生命代价转移到物质代价，为接下来的

"修女之问"做好铺垫。

1970年，赞比亚修女玛丽·尤肯达给美国航空航天局（NASA）太空中心科学副总监恩斯特·史都林格博士写信，问了一个引人深思的问题："目前地球上还有这么多小孩子吃不上饭，你怎么能舍得为远在火星的项目花费数十亿美元？"

修女的问题不仅富含人文关怀，更具现实意义。中国作为最大的发展中国家，这些年在航天科技领域取得的成就也有目共睹，其背后的投入也可想而知，所以类似疑问在微博和各种网络论坛也普遍存在。"修女之问"可以概括为："在现实的民生问题尚未完全解决的情况下，是否有必要发展类似航天科技这种投入巨大、社会效益不明显的科技项目？"此时，站在民生关怀角度思考问题的"修女"和站在科技发展角度思考问题的"博士"便产生了矛盾，将此问题交给学生思考，引发了学生的激烈争论。有的学生支持修女的观点，认为一个国家的国力有限，对高新科技项目的投入要考虑其对国民经济发展的实际效益，不能一味去追逐、发展"远在天边"的科技项目，苏联在冷战后期忽略民生建设，与美国进行太空竞赛，成为最终解体的原因之一，这就是惨痛的教训；也有学生反驳修女的观点，认为探索太空的意义并非仅仅在于国防军事的需要，科技发展的最终目的是探索自然奥秘、推动人类认识的进步，带来的社会经济效益只是客观结果，而且科学探索的结果具有不可预测性，许多影响重大的科学成果本身就是科学探索活动的意外结果。如果将目光局限在科学成果能否产生经济效益上，这种功利性的取向会限制人类的想象力，科学创新更无从谈起。无论学生选择支持或反对修女，都需要运用相关史实和材料进行论证。学生能够想到的史实有苏联解体、太空农业、青霉素的发明、宇宙大爆炸理论、"悟空"号暗物质粒子探测卫星等。学生在运用史料论证自己观点时，必须考虑史料的来源、出处、适切性等问题，培养了学生的史料实证意识和能力。

展示博士给修女的回信：

我完全不介意每年多付出一点点税款来帮助饥饿的儿童，无论他们身在何处……然而，事情并不是仅靠把去往火星航行的计划取消就能轻易实现的。相对的，我甚至认为可以通过太空项目，来为缓解乃至最终解决地球上的贫穷和饥饿问题做出贡献。解决饥饿问题的关键有两部分：食物的生产和食物的发放……通过高科技手段，如灌溉管理、肥料的使用、天气预报、产量评估、程序化种植、农田优选、作物的习性与耕作时间选择、农作物调查及收割计划，可以显著提高土地的生产效率……若希望人类生活得越来越好，除了需要新的技术，我们还需要基础科学不断有新的进展。包括物理学和化学，生物学和生理学，特别是医学，用来照看人类的健康，应对饥饿、疾病、食物和水的污染以及环境污染等问题。

我们需要更多的年轻人投入到科学事业中来，我们需要给予那些投身科研事业的有天分的科学家更多的帮助。随时要有富于挑战的研究项目，同时要保证对项目给予充分的资源支持。在此我要重申，太空项目是科技进步的催化剂，它为学术研究工作提供了绝佳的实践机会，包括对月球和其他行星的研究、物理学和天文学、生物学和医学科学等学科，有它，科学界源源不断出现令人激动不已的研究课题，人类得以窥见宇宙无比瑰丽的景象；为了它，新技术、新方法不断涌现。

给学生看这封信的目的在于回避博士和修女的冲突，给学生留下自主思考的空间。让学生明白，修女之所以提出这个问题，是因为她觉得相比现实中的衣食住行，太空探索距离人类生活太过遥远。但事实并非如此，社会生活领域有很多发明应用与太空技术的进步有密不可分的关系，即使是修女说的"饥饿"问题，太空育种等相关农业技术发展迅速，为粮食短缺问题不断提供新的解决方案。这些丰富的、具有生活实感的史料证明，无论在军事领域还是经济领域，无论在国家层面还是民众层面，无论是现在还是在将来，无论在看得见的地方还是看不见的地方，太空技术依然继续发挥日益重要的作用。由此，教师进一步引导学生得出以下认识：从全人类的角度来讲，即使在资源有限的前提下，"解决饥饿"和"探索太空"也并非"零和博弈"的问题，与在这两者之间做出取舍相比，为解决这两个问题而衍生出的资源分配、国际合作、责任承担等其他相关问题更值得人类关注和思考。

三、成功与失败

通过博士与修女之间的冲突，学生对太空探索作用的思考也随之超越"自然境界"，到达"功利境界"。但如前文所述，人类对太空探索意义的思考显然不能仅停留在"是否有用"的层次上，为了让学生对此问题的认知超越"功利境界"，给学生提供"阿波罗13号"飞船执行登月计划失败的材料。

1970年4月，美国"阿波罗13号"飞船即将抵达月球时，氧气罐爆炸，电源损坏，登月失败，航天员陷入危险之中，此时距离地球已38万公里。航天员首先感到极度恐惧绝望，后经过精密测算和细致分析后，利用地球和月球的引力差，设计出返航方案。在地面中心的指挥下，航天员靠自己的知识、经验和勇气，以顽强的意志和毅力，强烈的求生欲，战胜恐惧、寒冷、黑暗、疲劳，在狭小的登月舱使用有限的动力、水和氧气，操纵着登月舱绕过月球，4天4夜后返回地球轨道。在"阿波罗13号"即将重返地球大气层时，全美国人民都密切关注着3位宇航员的安危。教皇保罗在梵蒂冈为3位宇航员祈祷祝福。就连与美国处在冷战敌对状态的苏联都公开表示："苏联政府已经向他的公民和军队下达命令，要求他们利用一切可能的手段帮助美国宇航员。"共有12个国家提供了救援舰船和飞机，分布在美国军舰未能顾及的海域内等候。最终，"阿波罗13号"成功返回地球，此次航天事故也被称为NASA历史上"最成功的失败任务"。

——李会超《阿波罗13号——一次真实版的太空营救》

"阿波罗13号"的故事有两个地方需要学生做出合理的历史解释：第一，从"功利境界"来看，"阿波罗13号"登月计划失败，还差点使3位宇航员失去生命，这次行动是得不偿失、没有意义的。但这次事故又被称为"最成功的失败任务"，时任美国总统尼克松还为3位宇航员颁发了总统自由勋章，为何一次失败的航天事故会得到"最成功"的评价？"失败"的任务与"成功"的评价在此处产生了冲突。第二，美国发展太空探索科技的重要原因就是与苏联进行太空竞赛，"阿波罗13号"本身就是美国针对苏联进行争霸的成果。为何与美国处于冷战状态的苏联愿意提供"一切可能的手段"帮助"阿波罗13号"的宇航员？

对于上述第一个问题，学生可运用材料做出理性的分析和评价，做出合理的历史解释。而第二个问题，只知道苏联政府当时愿意提供帮助，迄今为止却没有公开资料还原苏联政府做出这个决定的过程，是否意味着这个问题得不到合理的历史解释？

有论者指出，并非所有的"历史解释"都能通过"史料实证"来实现，史料不足的情况下也可以对历史进行合理解释。据此论之，当有些历史问题超出证伪或证实的范畴，无法通过"史料实证"来解决时，可以运用一定的学理来解释。"阿波罗13号"航天事故不仅证明了人类探索太空的科技成就，更证明了人类在遇到严峻困难时有勇气全力以赴、有智慧绝境求生，所以才会被称为"最成功的失败"。不仅如此，在面对危机时，人类可以暂时放下偏见与敌视，放弃社会制度与意识形态的差异，有远见、有胸怀、携手并肩克服遇到的危机。所以，"阿波罗13号"的故事不仅体现了人类勇于探索未知的科学精神，更证明这种科学精神使人类有能力克服自身的弱点，相信自己有能力解决面临的各种严峻考验和挑战，这是太空探索活动给人类带来的另一大收获。通过对上述两个问题的历史解释，学生对太空探索意义的认知也随之超越"功利境界"，达到"道德境界"。

四、壮丽与渺小

家国情怀是学习和探究历史应具有的人文追求，要求在学习和探究历史时具有价值关怀，关注现实问题，以服务于国家强盛、民族自强和人类社会的进步为使命。关于在科学史教学中养育家国情怀的问题，已有论者做出诸多有益探索。但多是从科技发展保障国家独立、科技工作者的人格力量、科技发展的服务取向等角度进行讨论，对家国情怀的思考多集中在"国家强盛""民族自强"方面。为了使科学史教学对家国情怀的养育超越"功利境界"和"道德境界"，笔者进行了以下尝试。

在引导学生对苏联人援助"阿波罗13号"宇航员的原因进行历史解释的同时，给学生展示"暗淡蓝点"的地球照片，这张照片是1990年2月由"旅行者1号"在距离地球约64亿公里之外拍摄，地球在照片中就是一个悬浮在太阳系漆黑背景中暗淡的蓝色小光点。将这张照片与课堂导入时展示的地球照片进行对比，再次询问学生是什么感受，大家不会再用秀美壮阔、生机盎然、梦幻神秘这些"壮丽"的字眼，几乎所有答案都指向一个词——"渺小"。此时，地球的"壮丽"和"渺小"形成了强烈的视觉反差和思维冲突，给学生带来强烈的震撼。正是得益于太空科技的不断进步，人类发现了地球的"壮丽"，更意识到地球和人类的"渺小"。

美国天体物理学家卡尔·萨根在描述"暗淡蓝点"的照片时曾经说："我们的心情，我们虚构的妄自尊大，我们在宇宙中拥有某种特权的错觉，都受到这个苍白光点的挑战……除了这张从远处拍摄我们这个微小世界的照片，大概没有别的更好办法可以揭示人类妄自尊大是何等愚蠢。对我来说，这强调说明我们有责任更友好地交往，并且要保护和珍惜这个淡蓝色的光点——这是我们迄今所知的唯一家园。"

这段表述不仅可以进一步解释苏联人为"阿波罗13号"提供帮助的原因，还揭示了一个更深刻的命题，就是太空探索使人类真正认识到地球和人类的渺小与孤独，从而对浩瀚宇宙产生敬畏。以此视角再来审视地球家园，更能意识到全人类携手合作解决环境污染、饥饿、贫穷、人口爆炸等全球性问题的紧迫性和重要性。正因如此，人类才要避免无谓的争斗，保护自己唯一的"地球"家园，进而构建"人类命运共同体"，这是超越"国家强盛""民族自强"更高层次的"家国情怀"。

"渺小"和"壮丽"又是相对的，与浩瀚宇宙相比，地球是渺小的，人类更加渺小。渺小人类又该以何种姿态面对浩瀚宇宙？是恐惧、悲观、绝望吗？答案是否定的。因为正是在渺小的"暗淡蓝点"上，产生了思考宇宙形态的地心说、日心说、星云假说、大爆炸学说。人类并未因为自身的渺小而停止过对宇宙的追问和探索，并且这种追问和探索还将持续下去，永无止境。比"壮丽的地球风光""浩瀚的宇宙"更壮丽的是"渺小人类"的思想，真正令人惊异的不是宇宙多么宏大、人类多么渺小，而是渺小人类居然可以询问宇宙如何产生、如何演化成今天的样子，而且可以找出令人满意的答案，这才是真正的奇迹。

至此，对探索太空意义的思考也上升到对地球的爱护、对宇宙的敬畏、对人类思想和力量的自信上，三者形成逐级超越的逻辑链，也使太空探索对"家国情怀"的养育超越"功利境界"和"道德境界"，到达"天地境界"。

科技哲学学者徐宗良指出："当代科技的现实状况是工具性倾向越来越增强，而求真性越来越淡化。……以至于人们在强调科技的重要性时，眼中看到的只是生产力和物质财富，心中想到的只是科学知识、方法和技能，而把追求真理这一符合人类本真天性的可贵精神置之脑后。"这是现代科学发展的问题，也是科学史教学面临的问题。历史教学要以养育人的"灵魂"为核心，富含人文精神的科学史的教学也要围绕这个核心。笔者以"叩问宇宙"为主题，运用多种史料，通过问题引领、创设思维冲突的方式驱动教学，落脚点最终在于使学生体会敬畏宇宙自然的科学伦理和勇于探索未知的科学精神。

总而言之，科学史教学要超越"自然境界"和"功利境界"，达到"道德境界"和"天地境界"，方可凸显其人文性的特点。在教学过程中，不仅要使学生意识到求真求实的科学精神的重要，更要使学生认识到对宇宙自然的敬畏和为了求真敢于冒险牺牲的勇气比求真本身更加可贵，这也是人类社会不断发展进步的根本推动力。

参考文献

［1］［美］G.萨顿.科学的历史研究［M］.刘兵等译.北京：科学出版社，1990.

［2］江晓原.科学史十五讲［M］.北京：北京大学出版社，2006.

［3］沈为慧，陈伟壁.更新观念充实内容变换视角——读《科学史十五讲》有感［J］.历史教学（中学版），2009（6）.

［4］李江，赵玉洁.文化史视阈中近代科学史教学立意建构——以《近代以来世界的科学发展历程为例》［J］.历史教学（上半月刊），2015（17）.

［5］冯友兰.冯友兰文集（第五卷）［M］.长春：长春出版社，2008.

［6］傅斯年.史学方法导论［M］.北京：中华书局，2016.

［7］潘承生.史料如何实证？——漫画《舆论》教学实践的反思［J］.历史教学（上半月刊），2017（5）.

［8］何成刚，沈为慧."史料实证"与"历史解释"关系初探［J］.历史教学（上半月刊），2017（9）.

［9］葛培."家国情怀"下的科学史教学——以"建国以来的重大科技成就"为例［J］.中学历史教学参考，2016（22）.

［10］赖立新.以家国情怀教育为抓手，培养高中生的积极情感——以《建国以来的重大科技成就》教学实践为例［J］.中学历史教学，2017（12）.

［11］［美］卡尔·萨根.暗淡蓝点——展望人类的太空家园［M］.叶式辉，黄一勤译.上海：上海科技教育出版社，2000.

［12］徐宗良.科学不能没有终极关怀［J］.上海教育，2006（Z2）.

作者简介

　　李小萍，东莞市东华高级中学历史教师，高中历史高级教师，东莞市中学历史教研会副理事长，东莞市历史学科带头人，东莞市教学能手，广东省毛经文民生工作室入室学员，曾获2014年中国历史教育学会优质课例评选一等奖。在十多年的教学中逐渐形成了自己的教学风格，长于指导学生史学阅读和微课设计。本着立德树人的教育目标，在用历史温润和滋养青年生命的教育教学理念指导下，用历史学养和教师教养耕耘讲坛，培育了上百名清华、北大、人大、复旦、中大等名校学子和一大批双一流大学学子。《基于心灵敬仰的阅读》《基于阅读的历史教学核心目标的确立策略》《让星光点亮夜空》《微课设计也要大视野》《从政治体制转型看中国近代化的艰难探索》等文章发表在《中学历史教学参考》《中学历史教学》等刊物，参与编写了复旦出版社《历史课标解析与史料研习·世界现代史》一书。

从政体转型看中国近代化的艰难探索

——以《辛亥革命》一课为例

李小萍

一、缘起和思路

　　辛亥革命是一次"比较完全意义上"的资产阶级民主革命，它推翻了中国2000多年来的君主专制制度，建立了资产阶级民主共和国。从此，民主共和的观念深入人心。这是教材对辛亥革命的基本定性。按照教科书的叙事，完成这一节课的教学，并不费力。但革命化的历史将原本色彩斑斓的画面涂成红彤彤的一片，让人看不到真相。只有将事实摆放出来，理出逻辑关系，学生才能了解那时的中国。辛亥革命成功之后的第二年，一个西方式的共和国建立了，在四千年的中国历史上，第一次废除了由帝王统治的王朝。尽管中国告别了过时的政治体制，政府改头换面了，但它的精神实质还与过去一样。辛亥革命给了国人一个世界上最先进的制度，但却没法像魔棒一样，给中国带来立竿见影的变化。由于以往的辛亥革命史研究或多或少地偏重于以孙中山为首的民主立宪者的暴力反清活动，把君主立宪者推向辛亥革命的对立面，垂青于武器的批判而不适当地冷落了批判的武器。

辛亥革命在教材体系中隶属于必修Ⅰ第四单元《内忧外患与中华民族的奋起》，吕思勉先生认为中国近代历史是转变，伟大的转变时代。基于此，我确定对这个单元的内容解读：从政治文明的角度解析近代中国从传统社会向近代社会艰难演进的过程，近代中国用109年进行了艰苦卓绝的探索与抗争，终于使苦难的中国看见曙光。外敌入侵只是中国落后的外在原因，过于强调外因，容易激发反帝情结，在文明史观指导下，被侵略是事实，但更应该重视差距，尤其是要看到在近代中国人自己是如何探索救亡，在外来冲击和内在选择的双重推动下，中国社会的渐变。

在大量阅读和探析的基础上，笔者逐步明确了《辛亥革命》这一课的基本方向，不能把革命的过程作为重点，也不能单单讲孙中山等革命派的推动，而是立足于这个时段中国的变化，政治体制的变化。高二文科班的学生，经过高中一年半的学习，在学科思维和学科素养上都有明显的进步，如果提供足够细致且易懂的材料，他们是能够从大时段角度来理解历史进程的。基于这样的学情和教师的自我备课储备，确定了教学目标。

核心目标：从政体演变的角度来探究中国从传统社会向近代社会的渐变，认识政治体制的变革是立足国情、尊重历史传统，顺应世界潮流的渐进历程。

二、过程和实施

辛亥革命是甲午战败后，中国人奋起抗争的典型表现。与此同时清政府也进行了大规模的改革活动，清政府的改革活动和孙中山的革命活动赛跑，在这场比赛中，革命跑过了改革。

（一）改革与革命赛跑

材料1：改革与革命的时间表

改革之举	革命之浪
1901年　外务部	1894年　兴中会成立
1903年　商部	1905年　同盟会成立
1905年　学部（废科举）	1906年　萍浏醴起义
1906年　资政院	1907年　广东惠州起义、广西镇南关起义
1908年《钦定宪法大纲》	1908年　安徽安庆新军起义
1909年　第一届谘议局会议	1910年　广州新军起义
1911年5月　成立皇族内阁	1911年4月　广州黄花岗起义
1911年11月　宪法十九条	1911年10月　武昌新军起义

材料2：谘议局与议会

1909年10月14日，除新疆暂缓之外，全国21个行省的谘议局均如期成立，一律开议。张謇当选为江苏省谘议局议长，汤化龙当选为湖北谘议局议长……

——凤凰网《1910中国立宪派的春天》

1910年11月16日，河南国会开会，3000多人到会，抚署门前喧天震地。10月23日，陕西召开1万余人的大会，会后即整队游行到抚署请愿，5000余人签名。30日，福建5000余人前往抚署请愿。同日，四川6000余人参加大会，要求明年即开国会。

——侯宜杰《二十世纪初中国政治改革风潮：清末立宪运动史》

材料3：君宪共和之争

（1）民报望国民以民权立宪；新民丛报望政府以开明专制。

（2）民报以政府恶劣，故望国民之革命，新民丛报以国民恶劣，故望政府以专制。

（3）民报望国民以民权立宪，故鼓吹教育与革命；新民丛报望政府以开明专制。

（4）民报主张政治革命，同时主张种族革命；新民丛报主张政府开明专制，同时主张政治革命。

——民报，第三号号外（1906年4月18日）

设问：根据改革和革命的时间表，归纳清政府改革举措和革命派革命活动的趋势和特点？从材料2分析清政府改革的影响。从材料3找寻辛亥革命能在1911年成功的理由。

过渡：改革的力度日益加大，范围越来越广泛，从经济到政治体制。这场改革带有政治改革的滞后性和虚伪性等特点。

革命活动日益密集，规模小、分散，依靠清政府的新式军队，主要在南方。

革命党人没有强大的军队，只是依靠小范围、低烈度的革命活动居然成功瓦解了不断改革的清政府。只有更深入地探究改革和革命活动带来的不同效应，才能更清晰地体会这个看似矛盾却又实实在在的历史结果。

从材料2中我们可以看到清政府的改革带来了立宪派的壮大，新式军队的建设成长和社会风气的改变。立宪派是社会的中上层人士，有深厚的传统文化积淀同时又接受一些西方的政治理念和组织原则。新式军队，这是一个很特殊的群体，本来是为维护政府而设，但是最终却成为了政府的挖掘机，历史的吊诡也许谁都无法预测。在大规模的请开国会活动中，请愿已经打破了少数代表请愿、多数群众签名的方式，请愿运动成为名副其实的群众性运动。

清政府的各项改革在有条不紊地进行着，特别是1910年更为突出。此时恐怕全世界都不会想到，清朝这个老大帝国的寿命其实只剩短短1年了。1911年武昌的枪声让这个帝国几乎是瞬间崩坍。难道真的是武昌这一次起义就让清政府如此吗？材料3虽然表现的是两派的争论，但是在争论的背后却反映了两派对祖国前途命运的一种深切关注，对现代化道路的一种选择。可以说立宪派和革命派本就是一体两翼，从而看到革命派和立宪派之间的结合是必然的。也从一个角度说明革命迅速成功的缘由。

（二）君权、君宪、共和

回看材料1思考从清政府的改革时间表上看，清政府想在中国建立何种政治制度？结局如何？

过渡：从改革中看到地方自治、颁布宪法、司法独立，预示着清政府构建君主立宪制的路径。君主立宪的稳步推进深刻影响了革命党的活动进程，但是1911年皇族内阁的出台，让备受期待的政府立宪覆上了虚伪的影子，让不少对清政府寄予厚望的立宪党人失望，在这样的形式下立宪派和革命派的结合是必然，这也加大了革命成功的可能性。

材料4：总统来了

第二条 "中华民国"之主权属于国民全体。

第四条 "中华民国"以参议院、临时大总统、国务院、法院行使其统治权。

第五条 "中华民国"人民一律平等。

第十六条 "中华民国"之立法权以参议院行之。

第二十九条 临时大总统、副总统由参议院选举之。

第四十五条 国务院于临时大总统提出法律案公布法律及发布命令时须副署之。

——1912年3月《中华民国临时约法》

材料5：真假共和

袁世凯身边的唐在礼说："我们同僚中多人知'共和'，但是这个共和怎样共法，怎样建立新局面，新局面究竟如何，谁也不知道。"

——吴长翼编《八十三天皇帝梦》，文史资料出版社，1985年3月版，100页

与农夫田父谈于树林之下，语以代议制度之善，及国会选举之不宜草率投票，则皆瞠目而不解，叩其故，则曰：吾人因土匪军队之不暇，何暇及其他。

——摘自1913年2月23日《独立周报》第七期

设问： 根据材料4探讨《临时约法》的制度构想？再根据材料5体悟革命党人的制度构想与社会现实之间的距离。

过渡： 主权在民否定了主权在君、内阁制和三权分立国家组织原则。这是近代中国第一部具有资产阶级共和国宪法性质的国家临时大法。确立了资产阶级共和国的国家政治制度、政权的组织形式以及人民的民主权利。在中国第一次开创了以法治国的先河。促进了人民的觉醒，鼓舞人民站起来为维护自己的权利而斗争。

选出了总统，颁布了宪法，中国走向了共和。

真的走向共和了？从材料5的两种反映，我们真的可以用费正清先生的话来说：辛亥革命建立的新政体是覆盖在旧中国上的薄薄的一层皮，它距离中国民间社会极其遥远。

（三）臣民、国民、公民

材料6：民之称谓

薄天之下，莫非王土；率土之滨，莫非王臣

——《诗经·小雅》

大清皇帝统治大清帝国，万世一系，永永尊戴。君上神圣尊严，不可侵犯。

——《钦定宪法大纲》

第一条　中华民国由中华人民组织之。

第二条　中华民国之主权属于国民全体。

——《中华民国临时约法》

第四条　凡年满十八周岁之中华人民共和国公民，不分民族和种族、性别、职业、社会出身、宗教信仰、教育程度、财产状况和居住期限，均有选举权和被选举权。

——1953年《中华人民共和国选举法》

设问： 从以上材料中提取民众称谓的变化，并分析这些变化反映了哪些问题。

过渡： 民众称谓的变化折射了中国制度的变化。中国古代长期实行高度发达的君主专制制度，在这一制度下，除了绝对权威的皇帝，其余的都是皇帝的臣下和子民。清政府在1905年颁发的《钦定宪法大纲》中有11处出现"臣民"称谓。辛亥革命帝制被推翻，国家主权的归属有了新的解释。《临时约法》明确规定国家主权属于国民，从皇权至上到主权在民，从臣民到国民、民众的称谓一字之差，内涵却有了质的巨变。把时间再拉后，到中华人民共和国时期，宪法提出了公民的概念。

中国宪法文本上从臣民到公民的个体称谓上的悄然变化是中国社会转型的一个缩影和结果。

三、回顾和自省

历史课堂要呈现给学生什么？梁启超在《新史学》中说道："历史者，以过去之进化，导未来之进化也。吾辈食今日之文明之福，是为对于古人已得之权利，而继续此文明，增长此文明，又对于后人而不可不尽职义务也"。

美国学者杜威（John Dewey）曾说："一切教育的最高目的是形成性格

（人格）。"而另外一位美国学者杰克森（Philip W. Jackson）在《什么是教育》中说："教育是一种促进文化传播的社会活动，其明确的目标是让受教育者的性格和精神福祉（人格）产生持久的好转变化，而且，间接地让更广泛的社会环境发生好的变化，最终延伸至整个世界。"

我想通过从政体转型角度来解读辛亥革命，是想给学生呈现出这样的认识：历史是条长河，永远向前流动。在历史的潮流里，转型期是个瓶颈，是个三峡。"历史三峡"终必有通过之一日。从此扬帆而下，随大江东去，进入海阔天空……

参考文献

［1］曹大为，赵世瑜.历史必修 I 政治文明历程［M］.长沙：岳麓书社，2004.

［2］任世江.高中历史必修课程专题解析［M］.北京：光明日报出版社，2013.

［3］徐中约.中国近代史——中国的奋斗［M］.北京：世界图书出版公司，2008.

［4］张鸣.辛亥：摇晃的中国［M］.桂林：广西师范大学出版社，2011.

［5］郭世佑.晚清政治革命新论［M］.北京：中国人民大学出版社，2010.

［6］赵树坤.从"臣民"到"公民"了吗？——兼论话语符号对社会转型的意义［J］.法制与社会发展，2005（4）.

［7］梁启超.新史学［M］.北京：商务印书馆，2014.

［8］［美］约翰·杜威.杜威教育论著选［M］.赵祥麟，王承绪编译.上海：华东师范大学出版社，1981.

［9］［美］菲利普·W.杰克森.什么是教育［M］.吴春雷，马林梅译.合肥：安徽人民出版社，2012.

［10］唐德刚.从晚清到民国［M］.北京：中国文史出版社，2015.

💬 作者简介

　　丁家文，男，高中历史一级教师，2009年毕业于西南大学，同年入职东莞市虎门中学。从教以来积极投身教学研究，在东莞市各类教研比赛中获奖，先后获得全市一等奖4项，二等奖4项，三等奖1项。主持东莞市年度规划立项课题1项，参与《历史课标解析与史料研习·世界古代近代史》《历史课标解析与史料研习·中国近现代史》《新版课程标准解析与教学指导》等书目的编写。2015年获评虎门中学首届十大最受欢迎老师第一名，多次被虎门镇人民政府评为教书育人优秀教师，2016年获评东莞市第二批高中历史教学能手，2017年获评东莞市优秀教师，2018年入选广东省毛经文名教师工作室入室实研学员。

三维解析在历史解释中的运用

——以《宋明理学》一课为例

丁家文

　　如果给高中历史教学的内容按难度做个排行，那宋明理学必定位列前三，甚至可以斩钉截铁地说，就是榜首。其涉及的哲学概念繁多且晦涩难懂，其思想主张又远离学生的生活实际，无法切身体会；若想突出其思辨精微的一面，在短短几十分钟内无法达成；若从概念到概念，又易流于表层，学生还是不知其所以然。总之，这是一个非常棘手的内容。工作的头几年，阅读量和生活体验不够，上《宋明理学》一课，往往从概念到概念，最后照搬诸如"理的实质是封建纲常伦理""程朱理学是客观唯心主义，陆王心学是主观唯心主义"等碎片化的结论。为吸引学生的兴趣，举的例子都带有噱头意味，最后学生对理学家的印象往往不是变态就是神经病。他们只记住了"饿死事小，失节事大"，只知道程朱理学向外物求理，主张格物致知。至于怎么格致，连笔者也说不清楚。如何通俗易懂地阐释宋明理学，一直是心头解不开的结。经过一段时间的阅读，认真准备了《宋明理学》一课，试图通过史料教学，从理学的本原、变异、符号意义三个维度来阐释宋明理学。

一、尽可能还原历史本原的面貌

虽然历史曾真实不妄地存在过，但永远无法再被完整地复制和重现。受各种因素的制约，中学历史教师亦无法像历史学家一样去探求历史本原的面貌，但可以通过史学阅读尽可能多地向学生呈现已知面貌的各个部分，构建起一个立体的、发展的，而非脸谱化的、停滞的历史面貌。宋明理学横亘在中国思想史数百年，时间跨度长，影响深远，我以往教学中给学生留下的"理学家都不正常"这类脸谱化印象就是亟须修正的。

（一）呈现有血有肉的人物形象

思想是人的主观意识活动，思想史的教学离不开"人"，离不开对思想家人生经历的了解。《宋明理学》一课中，涉及的人物众多，人教版和岳麓版中提及程颐、程颢、朱熹、王阳明、陆九渊，人民版中还提及周敦颐、邵雍、张载。我选择了朱熹作为主要人物，王阳明次之。朱熹是理学的集大成者，程朱理学作为明清官方哲学，留下深刻的历史烙印，王阳明早期拜服朱子学，因此以朱熹作为理学家的代表最为理想。为了激发学生的学习兴趣，笔者给出朱熹年表节选，首先制造了一个冲突。

材料1：朱熹年表节选。

1130年，金兵南下攻杭州，朱熹在江西出生。

1144年，15岁，父亲去世，向道谦禅师学禅。

1152年，23岁，前往福建武夷山冲佑观访道。

1159年，30岁，草成《论语集解》。

1161年，32岁，金兵南侵，抨击朝廷主和苟安。

1163年，34岁，见宋孝宗，当面批评皇帝。

1175年，46岁，与陆九渊兄弟于鹅湖论辩。

1182年，53岁，《四书章句集注》完稿。

1192年，63岁，辛弃疾会朱熹，讨论经界、钞盐事。

1195年，66岁，朝廷诏定朱学为"伪学"。

1198年，69岁，朝廷定"伪学逆党"59人。

1200年，71岁，病逝，朝廷下诏禁止士人前去送葬。

辛弃疾从江西赶赴福建祭吊朱熹，陆游和数千士子同至。

死后9年，朝廷决定赐给朱熹谥号"文"，后追封为信国公。

死后41年，宋廷下诏将朱熹从祀孔庙。

死后64年，元世祖忽必烈诏建朱熹文庙。

死后170年，明太祖钦定《四书章句集注》为科举必读之书。

死后505年，清圣祖康熙赐御书"大儒世泽"。

材料以1200年朱熹去世为界，前后有一个反差，朱熹生前到底做了什么，朝廷会对他深恶痛绝？为什么要禁止天下士人前去送葬？有朝廷禁令，士子们为何还是冒死去给朱熹送葬？去世多年后，朝廷对朱熹的态度为什么发生了180度大转弯？朱熹和理学究竟是什么样子的？意图用一连串的问号来激发学生的学习兴趣。里面特意提及辛弃疾和陆游是因为语文课本中选用了不少他们的诗词，能为学生提供一个熟悉的时空坐标；同时他们大量的爱国诗词又是朱熹所处时代民族矛盾尖锐的另一个注解，为后面谈及两宋社会危机做铺垫。

让学生结合年表，找一找朱熹一生中有哪些特殊经历，并说一说对朱熹的印象。从朱熹的早期经历中，看得到"学禅""访道"，为后面"三教合一"局面的形成及理学家吸收佛、道思想做铺垫。前几年上完课，学生对朱熹的印象就是封建专制的代言人，朱熹生前的经历会给他们不一样的印象，进而丰富学生的认知。

（二）分析彼时彼刻的时代背景

理学是儒学的复兴，是时代的产物。在分析理学诞生的背景时离不开对两宋社会状况和儒学发展状况的阐释。教师呈现史料，从内外两个方面看宋代的社会危机，深切理解理学产生的时代背景。两宋的内部危机可以引导学生回顾必修一、二所学知识。宋代加强中央集权，造成冗官、冗兵、冗费的局面，国家财政危机空前严重。经济史中所学宋代田制不立，土地兼并严重。这些原因导致两宋社会矛盾和阶级矛盾尖锐，300多年的历史，发生400多次农民起义。商品经济的空前繁荣、新兴的市民阶层壮大，则冲击着传统的儒家伦理道德。外在的民族矛盾则可通过展示唐宋版图的变迁直观地感知。

另一方面需要阐释的是儒学自身的困境。葛兆光在《中国思想史》中评论道："传统儒学有一个最薄弱与最柔软的地方特别容易受到挑战，他们关于宇宙与人生的思路未能探幽寻微，为自己的思想找到终极的立足点，而过多地关注处理现世实际问题的伦理、道德与政治。"简单来说就是儒学缺少对彼岸世界和人生意义的关怀。自孔子以降，儒家的现世主义取向使得它缺少对生命的终极关怀，不问生死、不近鬼神。自魏晋南北朝以来，佛、道兴起，不断冲击着儒学的正统地位。教师讲解并对学生做个简单的引导，明晰三教教义之间的冲突：儒家讲忠孝，僧尼则脱离红尘；佛教讲生死轮回，儒家重现世；儒家主张积极进取，道家主张超脱世俗；佛教认为万般皆苦，涅槃才能脱离苦海，道教则追求炼丹修仙、长生不老。对于个人来说，在人生的不同时候分别需要儒家的入世进取、道家的进退自如甚至佛家的逃避放弃。对统治者来说，三家学说都是治理天下、安抚民众所需要的，统治者往往采取三教并用的态度。三教之间的互相辩驳、互取彼长，为儒学的创新提供了思想活水。印刷术的改进则为书籍的传播交流提供了技术条件，宋明理学正是在这许多条件之下应运而生的。

（三）通俗易懂地阐释理学主张

任世江先生谈及宋明理学时说道："从二程、朱熹到陆王，理学的认识论有客观和主观、唯物和唯心的变化……这都不是学生自主学习能够理解的问题，都需要教师讲解。而教师必须用通俗的语言解释，学生才能够接受。课程论特别强调课程内容与儿童（学生）心理发展逻辑的关系。"理学涉及的概念繁多且晦涩难懂，必须依托于教师通俗化的解释。笔者重点选择了"天理"和"格物致知"两个概念进行解读。

首先是"天理"，古人认为"上天有好生之德"，天地孕育万物，生长万物。人也是由天地所孕育的，所以人生来具有天的秉性，这就是"天理"的来源。有了这样的观念，学生理解"万物皆有理""理是万物本原"就容易多了。在阅读中注意到，朱熹为了向他的学生说明"万物皆有理"，做过一个"月印万川"的比喻，就像天上的月亮和水中的倒影。虽然不同的水面里的月亮形态各异，但都是同一个月亮。配以图片，学生更能体会朱熹想表达的意思。

其次是"格物致知"，这是理学的重要概念。其字面含义众说纷纭，主流的观点采纳朱熹的解释，简单来说就是研究外物以明晰道理。如果解释仅止于此，那学生常常会把此处的"研究"与近代科学中的"研究"混为一谈。岳麓版没有提及，人教版则明确予以区分，理学家的格物致知是"明道德之善，非求科学之真"。那如何通过格物以"明道德之善"呢？可以通过学生熟悉的《爱莲说》一文来解释，这是理学大师周敦颐的作品，很好地表达了周敦颐是如何"格莲"的；或者通过《孔子论水》中孔子与弟子的对话来阐发。由于篇幅的关系，这里不展开了。通俗易懂的例子能让学生对这些概念有更深入的认识，而且为教师教授第二单元里宋代文人画兴起提前搭了个桥梁。

二、尽可能呈现发展中的变异

历史事物显然不是停滞不前的，哪怕同一范畴内的事物，也会在不同的历史条件下发生变异，特别是那些跨越长时段历史的事物。程朱理学也不例外，适当地展示其差异对于深化对历史事物的认识大有裨益。当然课时有限，不可能无限展开，笔者选择了两个方面展示程朱理学在宋明时代的变异。

（一）"人欲"概念的异化

材料2：

问："饮食之间，孰为天理，孰为人欲？"

曰："饮食者，天理也；要求美味，人欲也。虽是人欲，人欲中自有天理。"

——朱熹《朱子语类》

材料3：

明代理学家们，对家庭、家族中的诸多理论，概述为所谓的"存天理，去人欲"，主张灭掉人们的天性，去掉人们的欲望。

——《中国大通史·明卷》

展示两则材料，教师引导学生分析，在朱熹的眼中，人欲和天理不是截然对立的，他肯定人性欲求中的合理成分，反对的是无节制的贪求和放纵。而到了明代，理学家则主张灭掉人们的天性，走向了极端。剔除了人性本能中的合理成分，把天理和人欲完全对立，使得追求人性本能都成为不合理，那必然导致人们言行的不一致，即"假道学""伪君子"盛行。这既展现出程朱理学在宋、明的变化，也为后面讲王阳明"知行合一"埋个伏笔。

（二）初心的变化

材料4：

中国古代自汉以后，习惯通过天地间的祥瑞灾异的解释来警示皇帝并迂回地表达知识阶层的想法，因为在皇权高于一切的时代，唯有"天地"可以超越"皇权"。不过这种传统在唐宋时代似乎渐渐失去了效用。

——葛兆光《中国思想史》

材料5：

天下唯道理最大，故有以万乘之尊而屈于匹夫之一言，以四海之富而不得以私于其亲与故者。

——《中兴两朝圣政》

材料6：

（1188年，朱熹见宋孝宗时说）"陛下即位二十七年，因循荏苒，无尺寸之效可以仰酬圣志……愿陛下自今以往，一念之顷必谨而察之：此为天理耶，人欲耶？果天理也，则敬以充之，而不使其少有壅阏；果人欲也，则敬以克之，而不使其少有凝滞。"

——《宋史》卷一八八

结合三则材料，教师引导学生分析，从葛兆光先生的评论及结合所学知识可以看出：宋代中央集权强化，皇权亦得到加强。传统以来，限制皇权的手段就非常有限，而魏晋以来，儒学式微，汉代灾异谶纬之说已难以限制皇权。王安石高喊"天变不足畏，祖宗不足法，人言不足恤"固然是改革家扫荡一切的气魄和胆识，却也在另一面蕴含着君主无法无天的危险。再结合材料5、材料6可以看出，理学最初的本意是要求统治者和士大夫阶层克己修身、砥砺名节。只是统治者从中窥见了可资利用的门道，后来将其列为官方哲学。政治权力的介入，使得理学成为不容置疑的唯一正确哲学，也就不容士人挑战，其教条主义的盛行和日益僵化就是必然的结局，成为明代心学崛起的背景之一。

（三）明代心学的崛起及其后续

有了前面的诸多铺垫，结合明代社会背景，王阳明心学就相对容易理解了。陆九渊心学在宋代影响有限，真正使心学发扬光大的是王阳明。王阳明本拜服朱子学，通过其庭前格竹等事例看得出其早期思想倾向。由于时间的关系，笔者对心学做了简易处理，主要通过和程朱理学对比来加深对陆王心学的认识。笔者以前扭曲了心学本意，做过一些不恰当的比喻，比如说失火了，心学的人会静坐默念"没有失火，没有失火"，以凸显万物由心。现在想来，十分惭愧，如果心学果真如此，那连小学生都说服不了，何以说服数百年来一些最敏锐的心灵？做了简易处理后，笔者还引入了一些学者对心学的评论。例如葛兆光先生曾写道："（心学）把人的道德理性的自觉性和自主性上升到终极依据……无意中瓦解了历史与权力、经典和精英对真理的解释权力……原本一统的意识形态被各种怀疑态度瓦解，思想世界出现了前所未有的裂缝。"心学促进了晚明思想解放，同时也诱导了"异端"思潮的兴起，为下一节课明清之际的早期启蒙思想做个铺垫。

三、尽可能理解符号背后的含义

　　教学设计的最后一个环节是对比朱熹和王阳明如今的社会形象。走进书店，几乎任何一家书店都能找到几本与王阳明相关的著作，而朱熹却很难。更确切一点说，提起朱熹，人们往往想到"封建专制的代言人"；提到王阳明，想到的可能是"心灵导师""励志"一类字眼。两个圣人如今的社会形象为什么差别这么大？更进一步，宋明理学作为一个整体，在不同时期的社会形象也是不同的。明末清初的批判、新文化运动时期的否定自不必说，就是最近半个世纪来都几经变化。最后呈现了两则材料，分别出版于1984年和2007年的两本著作谈及宋明理学时的情形。

　　材料7：宋明理学是封建社会后期的统治思想……它浸润封建社会后期社会生活、政治生活的各个方面，成为最具有权威性的支配力量，是压在劳动人民头上的华盖。从政治上看，它是思想史上的浊流。

——《宋明理学史》（1984年）

　　材料8：它将中国文化重视伦理追求推向极致，又在思辨的精微方面别开生面，从而产生了复杂的文化效应。理学的产生导致礼治秩序的重建和"内圣"路线的高扬。提升了中国传统的文化精神，具体表现在四个方面：一是追求自我实现的人生；二是理学家所推崇的"孔颜乐处"；三是张载在

《正蒙·西铭》中提出的"民吾同胞，物吾与也"的命题；四是所谓的"浩然正气"。

——《中国文化史》（2007年）

教师引导学生分析，人们对同一件事的认识和评价，会受到评价者各种因素的影响。即使是在同一个时期，同一件事中也会看到截然相反的评论和叙述。正如新课程标准中，历史解释素养水平三的划分那样，我们应该培养学生"能够分辨不同的历史解释，尝试从来源、性质和目的等多方面，说明导致这些不同解释的原因并加以评析。"特别是身处信息化时代，各种信息纷繁复杂，愈发显得必要。

就像光和声音在传播中会逐渐衰减一样，历史事物也会随着时间的流逝而逐渐碎片化，不再是原来清晰完整的模样。加之历史事物纷繁复杂，哪怕是最优秀的历史学家也不可能对所有的历史事物都了如指掌，更遑论普通人。于是，历史事物的广博无限与我们时间和精力的有限就成为无法和解的矛盾。所有的历史事物都会符号化，简化成某几个印象停留在大多数人的脑海里。举几个例子，比如孔子，至少存在三个维度的孔子。第一个维度的孔子是历史上真实存在的那个孔子；第二个维度的孔子是各种论著里的孔子；第三个维度的孔子是作为一个文化符号的孔子，是人们提起"孔子"二字会联想到的内容。还比如鸦片战争，第一个维度的鸦片战争是历史真实发生的鸦片战争；第二个维度的鸦片战争就分化了，有英国人版的鸦片战争、有中国人版的鸦片战争、有其他各种版的鸦片战争；第三个维度的鸦片战争是符号化的鸦片战争。在最后一个维度里，鸦片战争仅是一个符号，有人用它来回顾屈辱，叙述西方列强的可恶；有人用它来警醒现实，证明闭关锁国是歧途……我们会听到各种各样的声音，人们各取所需，截取自己需要的那一面。可以肯定地说，几乎所有的历史解释都可以从这三个维度去分析，这样我们就能给学生一双透视各个层次的历史解释的眼睛。

参考文献

［1］葛兆光.中国思想史［M］.上海：复旦大学出版社，2013.

［2］张岂之主编.中国历史·隋唐辽宋金卷［M］.北京：高等教育出版社，2001.

［3］任世江.高中历史必修课程专题解析［M］.北京：光明日报出版社，
2013.

［4］中华人民共和国教育部制定.普通高中历史课程标准［S］.北京：人民
教育出版社，2017.

［5］彭刚.历史事实与历史解释——20世纪西方史学理论视野下的考察
［J］.北京师范大学学报（社会科学版），2010（2）.

💬 **作者简介**

付昭权，男，广东省毛经文名师工作室核心学员，东莞长安中学高中历史高级教师，中共党员，湖南师范大学史学学士、华南师范大学教育硕士，广东省教育厅首批省级骨干教师培养对象（粤教师函〔2014〕135号）、东莞市高中历史学科带头人、东莞市首批高中历史教学能手，东莞市长安镇"先进教育工作者""教育科研先进个人"，东莞市长安中学校办公室负责人。

历史探"原"另辟蹊径

——用历史细节探究鸦片战争中国失败原因

付昭权

鸦片战争是中学历史教学的重点和难点内容，但现行初高中历史教材在讲述这一问题时往往一语概之，如"清政府组织抵抗很不力""清王朝政治腐败"等。教师通常采用"客观原因（外部原因）+主观原因（内部原因）+根本原因"的模式，同时又将主观原因分解为"政治+经济+思想文化"模式，外加军事、外交等几个方面。这种典型的程式化、教条化的教学模式，使生动的历史变成了枯燥、概括的句式和抽象、空泛的结论。为提高学生的兴趣，笔者以历史细节为媒介，引领学生积极思考探究，收到了较好的教学效果。

细节一："捷报"早产——未战"先胜"的前线清军

（中国）将军的参谋机构中有许多文人，在发动进攻（1月30日）的前10天，将军命令他们撰写捷报。他们呈递了30篇文章，将军按其文才大小的顺序进行了排列。第一位归谬嘉毅，他写了一篇详细而生动的有关各种英雄事迹的报道。列在名单上第二位的是何士祁（一位相当有名的书法家），他呈报了一篇文字造诣很高的文章，其中充满了经典的比喻和机敏的措辞。

——斯塔夫里阿诺斯《全球通史（下）》[1]

探究问题设计：结合材料和所学知识分析，清军将军参谋机构在战前10天就写捷报，暴露了当时中国军队、官场上的什么问题？

笔者选用这则典型生动、以小见大的细节材料，直接将清朝政府官员寡廉鲜耻、腐败无能、对上欺骗蒙蔽、整体军政素质低下的现象暴露无遗！它不是对学生灌输所谓"腐朽的封建制度""清政府腐败无能"等苍白、抽象的说教，而是让学生很容易通过材料和所学知识得出问题结论，使历史学习由"被灌输"变成为欣赏、感悟和提升的过程。

细节二："粪桶妙计"——前敌主帅杨芳的制胜法宝

杨芳看到夷舰上的大炮总能击中我，但我却不能击中夷；我方炮台还是在陆地固定不动，而夷炮却是处在"风波摇荡中"的舰船上；我主夷客，种种条件都大大有利于我而不利于夷，但夷炮威力远在我炮之上，认定"必有邪教善术者伏其内"，于是广贴告示，"传令甲保遍收所近妇女溺器"作为制胜法宝。他将这些马桶平放在一排排木筏上，命令一位副将在木筏上掌控，以马桶口面对敌舰冲去，以破邪术……3月18日，英军进犯，杨芳的这些招数自然完全无用，筏上副将仓皇而逃，英舰长驱直入……

——雷颐《历史：何以至此》[2]

探究问题设计：材料反映了清朝前敌主帅杨芳采用了什么作战方法？这反映了什么实质问题？

"细节二"真实鲜活，形象生动，通过再现清军主帅用"粪桶妙计"退敌的"历史现场"，读后既令人啼笑皆非又发人深省。学生轻松地从材料中分析得出"粪桶妙计"反映的本质是：清朝军队愚昧落后、作战方法笨拙、战斗能力低下。笔者再联系清政府长期坚持闭关自守的史实，引导学生进一步理解由于长期的闭关自守、盲目自大而导致的"粪桶妙计"出现的必然性，让学生更深刻地认识、理解、感悟了清政府战败的原因，学会从微观、逻辑等方面来理解历史。

细节三："器"不如人——中英双方实力对比

表1　清军的鸟枪与英军的枪支比较表

	形制	点火装置	枪长（米）	弹丸重量	射程（米）	射速（发/分钟）	刺刀配置
中方	鸟枪（前装滑膛火绳枪）	火绳	2.01	弹丸1钱（火药3钱）	100	1—2	无
英方	伯克式（Barker）前装滑膛燧发枪	摩擦燧石	1.166	35克	200	2—3	有
	布伦威克式（Brunskick）前装滑膛击发枪	击发枪击撞击火帽	1.42	53克	300	3—4	有

——根据茅海建《天朝的崩溃——鸦片战争再研究》[3]整理

探究问题设计：请根据材料概括指出清军枪支与英军相比存在的差距，并根据所学知识指出这些"差距"所反映的本质问题。

在探究"差距"时，学生很快得出答案：清军点火装置落后；枪身太长，使用不便；弹丸小，杀伤力弱；射程短、射速慢；无枪刺，短兵相接不利。学生探究完成后，笔者就"本质"问题做阐释：工业革命使英国的冶炼技术、铸造技术等大为提高，武器实现了机械化、精度化生产；而同期的清朝依然处于传统的工场手工业水平。武器的背后是科学技术，是生产力，是国力。中英双方在枪支上的巨大差距，反映的本质问题是双方科学技术（生产力）、国力的巨大差距。从而将"晚清生产力（科技）落后，腐朽没落的封建主义无法抵抗新兴的资本主义"这一本质问题具体化、形象化。

细节四："局外"观战——晚清百姓没那么爱国

英军登陆后，大多数时间内中国民众主动向其出售蔬菜、牲畜、粮食，英军舰队在珠江中和清军作战时，清朝的老百姓，对于统治他们的清朝，没有表现出什么热情。当地民众只是以一种局外人的身份，有如端午看赛龙舟时兴高采烈在远处观战。

——梁发芾《晚清百姓为什么不那么爱国》[4]

探究问题设计：请结合材料和所学知识分析鸦片战争时，"当地民众"为什么没有去帮助清军，甚至"有如端午看赛龙舟时兴高采烈在远处观战"？

笔者将学生相对直观感性的答案如"事不关己，高高挂起""清朝政府丧失民心""失道寡助"等做进一步阐释升华：材料所反映的老百姓的冷漠，今天的爱国者们也许会否认，也许会哀其不幸怒其不争，也许会痛斥他们是汉奸，觉悟不高。但事实上在漫长的君主专制社会里，国家不过是统治者的私产，作为被奴役对象的老百姓肯定不会热心替这样的国家和统治者卖命。一个与百姓离心离德、"失道寡助"的国家又怎么能在这样一场敌强我弱的反侵略战争中最终获胜呢？通过对本环节的学习探究和升华，学生也较好地体味到国家独立富强与人民之间的关系，情感态度价值观也在"润物细无声"中得到了较好的滋润和提升。

历史细节是一种活的属性，充分领悟和发掘历史细节，可以点化课堂，营造现场，于细微处见精神，再现"原生态"的历史沧桑，在春风化雨、润物无声中不断引发学生的联想、想象等思维活动，让学生感受历史的魅力，更好地提升课堂效率。

参考文献

［1］［美］斯塔夫里阿诺斯.全球通史（下）［M］.北京：北京大学出版社，2005.

［2］雷颐.历史：何以至此［M］.山西：山西人民出版社，2010.

［3］茅海建.天朝的崩溃——鸦片战争再研究［M］.上海：生活·读书·新知三联书店，2005.

［4］梁发芾.晚清百姓为什么不那么爱国［J］.杂文月刊（选刊版），2009（8）.

> 💬 **作者简介**

　　李红霞，女，任职东莞市第八高级中学，东莞市樟木头镇骨干教师，中学历史高级教师，教龄25年，多篇论文获市级奖励。

　　王子健，男，任职东莞市第八高级中学，中学历史一级教师，东莞市中学历史教学能手，广东省毛经文名师工作室成员，教育教学论文获省市级奖十余篇，参与省市级课题五个，参编学生辅导用书一部。

巧用史料，涵育学生历史解释素养

李红霞　　王子健

　　在新一轮的课改推动下，历史学科的地位越来越受到重视，与此相适应，《普通高中历史课程标准（2017年版）》提出了历史学科的五大核心素养，其中，历史解释核心素养是重要的核心素养之一，是属于能力层次较高的素养。众所周知，最能体现历史学科特色教学的是史料教学，同时，学生核心素养的提高又离不开史料教学。把史料与核心素养二者有机结合，有利于激活课堂教学，有利于提升学生的历史思维能力，促进学生全面发展，体现立德树人的思想。

　　历史解释就是指研究者以史料为依据，在唯物史观的指导下，本着一份材料说一份话的原则，综合运用分析、概括、比较、评价等多种方式，理性分析史料，力求做到史论结合，论从史出，对历史做出符合逻辑的解释。

一、巧用旧史料，提升学生历史解释素养

　　新旧史料是相对而言，对于我们来说的旧史料，在学生眼里可能是新史

料。我们高中历史老师由于受阅读面等因素的制约，认为新的史料，在专家眼中可能是旧史料。历史老师研读的书籍往往从高考试题涉及的历史著作中来。长期以来，我们都有一种观点是"用教材不是教教材"，舍近求远，没有好好利用教材经典史料。对于广大一线教师来说，阅读经典的史书、利用好手头经典史料是非常重要的，这有利于提高备课效率，快速提升业务能力。特级教师周明学老师就主张"就地取材，用好教材史料"。受此启发，笔者在讲授新课的时候十分注重教材史料的运用。统编版教材对《统一多民族封建国家的初步建立》郡县制的叙述"在地方彻底废除分封制，将战国时已经产生的郡县官僚制在全国推广，设立郡、县（道）两级行政机构，其主要官员由中央任免和考核。县（道）以下设乡、里和亭，分别负责管理民众和治安"。教材史料阅读部分只是介绍对秦始皇的评价，对比岳麓版必修 I 教材对此问题选取的史料更有深度。

材料1：丞相绾等言："诸侯初破，燕、齐、荆地远，不为置王，毋以填（同镇）之，请立诸子，唯上幸许。"始皇下其议于群臣，群臣皆以为便。

材料2：廷尉李斯议曰："周文、武所封子弟同姓甚众，然后属疏远，相攻击如仇雠，诸侯更相诛伐，周天子弗能禁止。今海内赖陛下神灵一统，皆为郡县，诸子功臣以公赋税重赏赐之，甚足易制，天下无异意，则安宁之术也，置诸侯不便。"

———《史记·秦始皇本纪》

笔者设计了以下问题：

（1）王绾、李斯分别主张对地方实行何种管理体制？各自的理由是什么？

（2）秦始皇最终采纳了谁的主张？你能替他说说理由吗？

（3）依据上述材料结合所学知识，你认为秦始皇是一个怎样的皇帝？说出你的理由。

学生在老师的引导下，克服文字障碍后，把学生分成两大组展开辩论，学生各抒己见，学生甲说："我支持王绾的主张，秦朝疆域辽阔，分封同姓子弟为王，镇守疆土，能巩固统治。"学生乙说："反对。周朝的灭亡正是因为分封制的弊端，不可否认，中国人重视血缘亲情，但是分封制到后来就不行了，因为血缘关系疏远了，为了争地盘，就会又打起来。"学生丙说："分封制还是有一定道理，中国古代历朝历代都不同程度实行了分封制，我觉得采取一个折中的方法，分封制和郡县制各占一半，边走边看，哪个不好就废除哪个。"教师继续追问："同学们，你们觉得秦始皇会赞同谁的观点？为什么？"最后打出史料："天下初定，又复立国，是树兵也，而求其宁息，岂不难哉！"秦始皇采纳了李斯的主张，坚决废除了分封制，实行郡县制。接着，引导学生对秦始皇进行评价，大家七嘴八舌，有学生说秦始皇还是蛮开明的，与大臣一起议事，有魄力，坚决废除了分封制，实行郡县制，对后世影响深远。在这一过程中，学生解读史料能力得到提升，学会了历史地、辩证地评价历史人物。

二、精选多维史料，涵育学生历史解释素养

虽然教材史料经典，但是其仅仅代表主流观点。随着学术研究的发展，教材史料又难免有滞后性，教师不能仅仅局限于选取教材的史料，要根据课程需要，给学生介绍多维史料，引导学生用理性的思维，形成合理的历史解释，还原历史本来面貌。这就要求教师不能照本宣科，不能偷懒，每堂课不能都用现成的史料，而要广泛阅读，吸收多家学说，通过多维史料的引入，打破学生的定式思维，做到论从史出，从而加深对知识的理解。在高三的一轮复习当中，为了多角度认识宋代历史，笔者精选了以下史料，引导学生形成合理的历史解释素养。

材料3：朱熹生活的南宋时代，整个社会统治阶级鲜廉寡耻，生活奢侈无度。在这种时代背景下，朱熹提出了"存天理，灭人欲"之说。天理是公道与良知。……朱熹区分了"欲"和"人欲"。欲是正常的，饥而欲食，渴而欲饮，这是正常的欲。朱熹要灭的是"人欲"，又叫"物欲"……朱熹认为当时国之大患根在君王心术已受蒙蔽。根据《大学》之教，以正心诚意作为治国平天下的根本。针对当时朝野上下普遍信奉佛教禅宗思想，他提出了"格物致知"之旨，即要求人要"推究事物的原理，以获得知识"。

——洪映萱《另一种声音——对朱熹"存天理、灭人欲"等理学观念的反思》

教材对理学兴起的背景只是提到儒学自身的不足、佛道的冲击等。对韩愈对待儒学的态度也没有说清楚。在介绍了韩愈"道统论"学说后，引入此则材料，引导学生对理学兴起的背景有更深入的思考：经济上，宋代商品经济繁荣——坊市界限打破，商业活动打破时空限制，最早的纸币交子出现，海外贸易繁荣，政府对商业政策较宽松；政治上，专制主义中央集权加强，重文轻

武，作为补偿，藏富于民，不抑制土地兼并，实际上顺应了市场发展，社会上拜金逐利风气盛行；科技和文艺上，由于社会环境宽松，经济繁荣，四大发明中有三大发明最终在宋代完成，文艺繁荣，达到新的高度。在这样大环境下，朱熹提出要"存天理，去人欲"，由此可见，他的"去人欲"是去除过度的欲望，并非正常的生理需求。针对君心蒙蔽的情况，提出要正君心，要正心诚意，这才是治国的根本，也是儒家干政的关键。针对社会上推崇佛道的风气，提出格物致知，要回归原点，多学习孔孟思想。

也有学生质疑："老师，洪映萱学者的观点只是一家之言，教材是主流观点，虽然该观点有道理，我觉得还要找其他材料来进一步证实。"笔者肯定了该生观点，鼓励同学课后多方面去查找史料，养成严谨的思维习惯，涵育历史解释素养。

材料4："中国宋代实现了社会经济的跃进，都市的发达，知识的普及，与欧洲文艺复兴现象比较，应该理解为并行和等值的发展，因而宋代是十足的'东方的文艺复兴时代'。"

——日本学者宫崎市定《东洋近代史》

材料5：但对中国历史和世界历史而言，最重要的事实是，宋朝时的名副其实的商业革命，丝毫未对中国社会产生爆炸性的影响，而西方与此相应的商业革命却对西方社会产生了爆炸性的影响。

——斯塔夫里阿诺斯《全球通史》

材料6："宋代对外之积弱不振、宋室内部之积贫难疗。"

——钱穆《国史大纲》

问题：根据材料4、材料5和材料6，任意选取一种观点，评析宋代社会。高考小论文题要求学生能迅速"独立提出历史观点"，并运用所学知识，对所提出的观点有理有据论证，实质上就是考察学生迅速分析、概括、解释、评价史实的能力。说到底，就是要学生做到史论结合，具备良好的历史解释能力。笔者先分组讨论，让学生自由选观点，头脑风暴，然后派代表发言。有的同学认为宋代文明已经高度发达，表现在政治、经济、思想、科技、娱乐、文艺诸多方面；也有同学认为宋代最要命的是加强专制主义中央集权带来国防建设力量薄弱，从《清明上河图》不设城防可见一斑。澶渊之盟，赢得苟安，但从长远来看是不利于国家发展的。北宋中期王安石变法，也是积重难返，司马光、苏轼等保守派极力反对，自己任命的人也反对他，最终失败；还有同学认为宋代"商业革命"，并没有带来爆炸性的影响，与西方"商业革命"不同，没有促进新的生产方式产生，没有促进社会转型，被蒙古政权灭掉后，中国社会又倒退若干年。从多维史料的引入来看，激发了学生思维，拓宽了学生视野，涵育了学生历史解释素养，激发了学生进一步学习的热情。课后不少学生找来《王立群读宋史》《全球通史》《国史大纲》看。例如2016届学生蔡嘉龙同学就很认真地阅读繁体字的《国史大纲》，还认真做笔记。

三、撰写家史，丰盈历史解释素养

著名学者卡尔·贝克尔认为，人人都是他自己的历史学家，不论我们怎样去正确地确定历史事实，但事实本身和我们对于事实的种种解释，都会有不同角度或比较不明显的看法。改革开放以来，珠江三角洲地区作为改革开放的前沿阵地，发生了翻天覆地的变化，人们生活水平大大提高。我们都是改革开放的见证者、参与者和受益者，我们的学生父辈特别是祖辈们的感受会很多。引导学生从身边的小事入手，让他们也参与到历史的撰写中来，让他们成为自己的历史学家。可以加强学生对家人、家族和国家的记忆，润泽学生的家国情怀。通过访谈，搜集素材，独立撰写，提升写作水平，丰盈历史解释素养，更好了解家族史和大的时代背景。在我校组织的"中学生写史"活动中，不少同学表现出色。

例如：207班卓俐琳《我的曾祖父》"我的曾祖父卓志坚，早年加入中国共产党，后来参加了东江纵队，参加了抗日战争，于2005年10月2日去世……让我引以为豪的是曾祖父被授予的三枚徽章。第三枚尤为贵重，是领导同志题写章名，颁发给参加过抗日战争的老同志。本章直径50mm、厚3.0mm，主章为铝合金、镀24K金"。

通过中学生写史活动，不少同学开始反思："我的家族以前是什么样的？是达官贵族？是商人世家？是文人世家？抑或是普通百姓？"学生在写史的过程中，能够区分历史叙述中的史实与解释，知道历史解释可以以不同形式出现在历史叙述中，并能对各种历史解释加以理解和评析；能够有理有据地表达自己的看法。同时，收获了历史知识，提升了历史解释素养，自己成了"历史学家"。该活动也让学生更好地了解自己的家族，了解自己的根，进一步密切了学生与家长的关系，他们发现自己的先辈们还有许多不为人知的故事，家庭关系更加和睦。

总之，高中历史五大核心素养，历史解释素养是比较高的素养。教育改革的关键在教师，教师在教学实践中，要转变观念，开动脑筋，既要用好手头"旧史料"，又要广泛阅读，提升自己的教育教研水平，尽可能多地搜集"新史料"，关注史学新动向，做有心人，多方面涵育学生的历史解释素养。

参考文献

[1] 周明学. "就地取材"史料教学中如何"就材设问"——以人教版高中历史教材必修1为例 [J]. 历史教学（上半月刊），2018（1）.

[2] 曹伟. "旧材料"的重新解释与利用——以人民版"中国古代的科学技术成就"为例 [J]. 中学历史教学参考，2018（21）.

[3] 汪俊杰. 应用史学争鸣培养学生的"历史解释素养"——以"八年抗战"与"十四年抗战"争辩为例 [J]. 中学历史教学，2017（11）.

[4] 冯一下. 历史解释多样性成因补说——以受众的影响为中心 [J]. 中学历史教学，2019（5）.

💬 **作者简介**

　　莫宏雨，任教于珠海市北师大（珠海）附中，中学历史高级教师，从教20余年，注重中学历史批判性思维培养和公民教育。广东省省级骨干教师培训班学员，曾获市级优秀青年教师称号，发表论文多篇，其中《试论中学生历史感的培养》发表于国家中文核心期刊并被多篇论文引用。

历史阅读的落实与历史解释素养的落地

莫宏雨

　　历史解释不同于唯物史观、时空观念、史料实证和家国情怀这四个素养描述，这四个描述本身就有着明确指向性，唯物史观的"唯物"、时空观念的"时空"、史料实证的"实"、家国情怀的"家国"，这四个素养侧重于情感态度和价值观。历史解释则需要通过其定义才能明了和把握它的指向：以史料为依据，以历史理解为基础，理性分析和客观评判。历史解释作为一种方法和能力，是一个行为和过程，其素养体现在这一行为中表现出来的水平不同及层次差异。历史解释有着一定的特殊性，历史解释素养的落地，仅仅依靠课堂教学，或者学生只阅读了历史教科书，是难以达到的。积极推进中学生历史阅读特别是历史课外阅读是促使历史解释素养落地的重要途径。

一、历史解释的特殊性

（一）历史解释的综合性和高难性

　　要完成历史解释或者说要提出高水平的历史解释，必定包含了历史学科的其他四个素养，历史解释离不开唯物史观的指导、时空观的定位、史料的前提、情怀的引领。其实，新课标说五个素养是一个整体，而历史解释素养就是这个整体中的核心。历史解释，还离不开史料的阅读和研判、素材的辨析和选择、解释的分析和评价、结论的比较和论证；历史解释需要有较强的历史理解能力与感悟力，需要较强的逻辑推理等理性思维，所以说历史解释是一个综合性很强的历史学习和研究行为，其难度显然是比较高的，有人说是最难的。

（二）历史解释的非唯一性和多样性

在学术上，历史解释有多种分类，有的分为因果性解释、叙事性解释和理论性解释；有的分为"覆盖率模式"的因果性解释、"合理行动原则"的合理性解释、"异态一元论"的整体性解释。

历史解释是对历史过往进行解释的行为，历史过往是唯一的存在，但因为已经过往，所以人们在对历史的回顾、记载和解释中，必然呈现出多样的不同的历史解释，无论人们多么想接近历史的真实，但这个解释与历史真实的距离毕竟是存在的，这也正是历史解释和历史研究的魅力所在。在一般人的生活中，人们对历史的理解和解释更是多种多样甚至千奇百怪。这就是历史解释的非唯一性和多样性。

（三）历史解释的动态性和生长性

历史解释既不是唯一的，也不是固定不变的，随着人们掌握的史料更新以及人们的视角更新，过去形成的历史解释今天已经更改了，今天形成的历史解释或许在明天已经不再适用了，这就是历史解释的动态性。历史解释不仅是动态更新的，而且是生长性的，即人们心目中的历史解释会不断生长丰富，随着阅读和阅历的增多，历史理解会不同，历史解释也会自我更新。对学生而言，历史解释的这种生长性特点蕴含了丰富可能性和创造性。

二、中学生的历史解释素养及落地

学生素养不等于学科素养，学生素养的养成通过各学科的学习来达成，即通过各学科核心素养综合达成学生素养。学科素养是历史学科的专业素养，是历史学家的素养；中学生学习历史并非历史专业学习，只能是"像"历史学家那样思考和理解历史。中学生大多数非文科生，文科生也只有极少部分进入大学学习历史专业，大学历史专业的学生也只有部分从事历史研究和与历史专业有关的工作，所以中学生学习历史的意义在于留下的思维和能力以及相关品质。对中学生而言，历史教育比历史教学重要，老师不应是给学生教历史而应是用历史教育学生。

一个中学生的历史解释素养，更多可能不是专业的历史解释，而是以历史的视角解释社会现象，即历史意识和历史思维，有批判性等理性思维，能提出自己的历史解释，构建自己的历史图景和人生坐标，服务于自己的人生历程。

高中历史课程标准修订组组长徐蓝教授介绍"历史学科核心素养的研制和凝练是基于历史学科本质与历史教育本质的认识和要求"，历史学科本质提炼出五大历史学科素养，历史教育本质是向着教育对象即学生的，也就是更应接近学生素养。徐蓝教授介绍历史教育本质："它要回答的基本问题是，在历史课程中，学生到底要学什么？当然要学习历史知识，但是在学习历史知识的过程中，学生要具备比了解一般的历史知识更上位的东西，一是历史思维，二是留给他们思维品质、能力和情感态度、价值观，能够使他们终身受用，并能够带给他们成功的人生。"徐教授提到的比知识更上位的两点东西里面都有"思维"，而这就是历史解释素养的内核。

既然如此，中学生的历史解释素养的落地，要真正落到历史教育对象——学生身上，要真正落到包括大多数理科生的同学身上，要看到学生看待历史和现实问题的理性思维和能力品质的提升，因为这关乎大多数理科生一生的历史理解和历史解释水平，我们当前社会中的许多成年人就带着他中学生时代的历史解释甚至偏见。

当然，中学生历史解释素养的落地，不能空谈理论，要有落脚点及具体措施，要有措施与历史学科学业质量水平的对照推进和落实，也就是要落到学科质量水平上。鉴于历史解释的上述三个特点，结合中学生的历史学习实际，结合笔者近二十年来的中学历史教育思考与实践，笔者认为历史阅读是推进历史解释素养落地的重要途径和具体办法，当然，关键也是要把历史阅读落到实处。

三、历史阅读与历史解释

毫无疑问，历史课堂教学是培育中学生历史解释素养的主要渠道。但是，无论是高考试题还是面向大多数理科生的现实与未来，我们仅仅依靠课堂教学和只读历史教科书是远远不够的，可以说，那几乎不可能让中学生的历史解释素养真正落地，不可能养育学生更高水平的历史解释素养。历史阅读特别是历史课外阅读的拓展和落实是推动中学生历史解释素养落地的有效途径。当然，笔者并没有把历史阅读与课堂教学对立起来，事实上，不少老师和学生都会喜欢阅读历史书籍，在经济和教育比较发达的地区，历史阅读的师生比例或许会更高。但是据笔者的观察和了解，即使在笔者所处的珠海市，历史教师重视和推进历史阅读的情况也不容乐观。

在这里，笔者不是想泛泛地提倡历史阅读，把历史阅读与历史解释生硬地牵扯在一起，而是笔者在分析和概括了历史解释的三个特点之后，认为历史阅读是达成历史解释的必由之路，历史解释素养水平的真正提高，只能通过历史阅读来逐步实现，从这个角度说，历史阅读比历史课堂更重要。如果只有历史课堂和教科书，那就不太可能应对历史解释的综合性和高难性，也不太可能让学生了解更多样性的历史解释，更不太可能让学生更新历史解释以及生长出他自己的历史解释。

历史解释必须以史料为前提和依据，而历史阅读是获取史料的主要途径。可以说，历史阅读是历史解释的源头。没有阅读，历史解释就是空中楼阁，只有不断阅读，才有历史解释的源头活水。

当然，人们一般不会直接阅读史料，读的就只能是各种充满历史解释的历史书籍，他人的历史解释就成了一般阅读者进一步历史解释的"史料"。从这个角度说，你读到什么样的历史书籍，你的脑海里或许就是怎样的历史世界，因为你可能没有读到历史，读的是各种历史解释。前文说过历史解释是非唯一性和多样性的，换个角度说，如果只接受一种历史解释显然是不可靠的，人们就更加需要多阅读其他的历史解释来让自己有选择、辨别，批判性地接收。

历史阅读不仅为历史解释提供了"史料"，还在广泛的历史阅读中借鉴他人的思维、逻辑来学着历史解释，并在这个过程中经过批判性等理性思考更新过往历史解释，生成新的历史解释，这样历史解释素养就真正在学生身上落地生根了，所以说历史阅读是历史解释素养落地的重要途径。

（一）必要的历史阅读

要把历史解释素养真正落地，就要落实到历史解释学业质量标准上。每个水平层次都需要相应的历史阅读，对于水平3和水平4的达成，就更需要相应必要的历史课外阅读与拓展。新课标说学业质量水平2是高中毕业生在本学科应该达到的合格要求，从课时以及考试的现实来看，这是合理的，不能要求每个高中生都达到水平4的高度。但是，高中历史教育如果就止步于水平2，显然这是削足适履，只会裹足不前，历史教育和历史解释素养的价值大打折扣，对学生的未来成长或许是弊大于利的。下面就学业质量水平与相应必要的历史阅读做对照说明。

（1）读历史解释，读教科书等基本的历史书籍，了解基础、主干历史知识，这是识记层次，对应质量水平1，质量描述的关键词是讲述、概述、说出。

（2）学历史解释，读教科书等基本的历史书籍，能够在叙述历史时把握历史发展的各种联系，尝试历史解释和解释现实。这是理解层次，对应质量水平2，质量描述关键词是分析、区分、选择、解释。

（3）辨历史解释，读除了教科书以外的其他不同的历史解释，从多样解释中进行辨析、选择、判断。这是综合层次，对应质量水平3，质量描述关键词是分辨、评析、解释。

（4）新历史解释，读除了教科书以外的历史书籍和历史文献，独立探究，形成自己的历史解释和应对现实问题。这是创新运用层次，对应质量水平4，质量描述关键词是独立探究、尝试验证、提出新的、全面客观。

表1　历史解释学业质量水平与相应必要的历史阅读对照表

水平层次	质量描述	学生行为
1	能够有条理地讲述历史上的事情，概述历史发展的基本进程，能够说出重要历史事件的经过及结果、重要历史人物的事略、重要历史现象的基本状况。	读教科书等基本历史书籍，了解基础主干知识。（识记）
2	能够分析有关的历史结论；能够区分历史叙述中史实与解释；能够在叙述历史时把握历史发展的各种联系，能够选择、组织和运用相关材料并使用相关历史术语，对具体史事做出解释；能够尝试从历史的角度解释现实问题。	读教科书等基本历史书籍，学着历史解释。（理解）
3	能够分辨不同的历史解释，尝试从来源、性质和目的等方面，说明导致这些不同历史解释的原因并加以评析；能够选择、组织和运用相关材料并使用相关历史术语，在正确的历史观和方法论的指导下，对系列史事做出解释。	读除了教科书以外的不同的历史材料和书籍，辨析不同历史解释。（综合）

续　表

水平层次	质量描述	学生行为
4	能够在独立探究历史问题时，在尽可能占有史料的基础上，尝试验证以往的说法或提出新的历史解释；能够在正确的历史观和方法论指导下，全面客观地论述历史和现实问题。	读除了教科书以外的历史书籍和历史文献，独立探究，提出新的历史解释。（创新运用）

（二）适合的历史阅读

这里的历史阅读强调的是教科书以外的课外阅读，老师指导下的历史阅读与历史课堂相结合，相得益彰。推荐和要求学生历史阅读要符合学生的学习实际，不能太多，亦不能太难，要循序渐进，关键在于激发和保持学生历史阅读的兴趣和热情，只有这样，学生才能读得更多，走得更远，走进属于他自己的阅读世界和历史世界。

1. 历史阅读的层次性及与年级匹配

高一学生，适合先读文史类书籍，这类书籍可读性强，易入门。如齐邦媛的《巨流河》，余华的《活着》，人物传记，等等，这些书籍都有着独特丰富的历史背景，引起学生的阅读和思考兴趣，关注国家时代主流历史解释与个人视角的历史解释的侧重与不同。

高二学生，适合开始阅读历史专业书籍，这类历史书籍侧重某个时段的历史解释，与教科书映衬与补充。如钱穆的《中国历史政治得失》，黄仁宇的《万历十五年》，徐中约的《中国近代史》，等等。这类书籍都有着较强的专业性和权威性，能引起学生的深度思考和讨论，关注历史学家的历史解释与教科书的历史解释的侧重和不同。

高三学生，适合阅读一定的历史文献和理论书籍，这类书籍可以促进高三学生的思想发展和高考应对，如《史记》《论文》《道德经》，等等。这类书籍也可提升学生一定的专业能力，当然还需要多样化阅读，比如历史背景题材的电影、纪录片、某些电视专题讲座，等等。

2. 历史阅读的模块匹配

为了有步骤、有体系推进历史阅读，推荐的书籍可以与教学模块同步，学哪个阶段、哪个模块的历史，就同步阅读适合哪个时段和模块的书籍，这只是书目分类不同，这里就不再举例。

四、历史阅读的落实

手机时代，书籍阅读是个难题。阅读的重要性和好处大家都懂，难就难在落实。如果没有历史阅读的落实，历史解释素养的真正落地或许也是一句空话。如何才能把历史阅读落到实处并坚持下去呢？

（一）教师阅读的引领性

要求学生历史阅读，教师必先自己读书。老师自己不读书，不仅难以很好胜任教学，也必定缺乏要求学生阅读的真切感，也会缺乏对学生阅读的推荐与指导、与学生的交流及推进的真实心得。教师读了多少书、读了什么样的书，或直接关乎学生的阅读视野与阅读境界。教师的坚持阅读，是引领学生、成为好教师的必要条件。

（二）对学生阅读的及时指导

要加强对学生阅读的指导，掌握学生阅读的难度，及时与学生交流，化解学生阅读中的困难以推进阅读的完成。指导学生阅读的重点，抓住一篇文章一本书的中心主旨。记录这本历史书中与以往历史阅读或者历史解释的不同之处，促进阅读和思考的升华。

（三）学生阅读的督促与反馈

学生阅读不是放羊式的阅读，布置了阅读的任务就不管不问，要加强对学生阅读的过程监控，进展督促和阅读反馈，书写读后感，交流读书笔记，在一起座谈读书心得，等等。

（四）把历史阅读与课堂教学相结合

要把历史阅读落到实处，让每一个学生都读起来，还真不是一件容易的事。但如果把历史阅读与课堂教学相结合，那就容易多了，比如在课堂上师生同读一本书，课下作业就是阅读作业，假期作业就是阅读作业，那学生必定会挤出时间读上一本两本。

学生历史阅读的落实关键在教师，只要教师阅读与坚持，自信和解放，大胆和大方（不完全沉浸在应试教育中），历史阅读就一定能够推进落实，学生的历史解释素养也必定会在其历史阅读的过程中得以落地、提升。

💬 **作者简介**

黄国林，毕业于华南师范大学历史学专业，获硕士学位。中教一级，任教于韶关市田家炳中学，有近十年教龄，教学成绩优秀，多次进行区级公开课展示。2017年参加韶关市骨干教师培训。2020年1月完成省级课题结题，其间发表论文数篇。

核心素养下的史料教学初探

——以高三复习课《近代中国外交》为例

黄国林

随着高考考试内容的改革，历史学科的命题也从过去的知识立意转变到能力立意再到素养立意。因此在高考备考过程中如何渗透历史学科核心素养的理念，是当前一线教师所追求和探讨的一个话题。笔者在一轮复习备考中做了一些尝试，下面就以中国近代史中的一节复习课"中国近代史的窥探——以近代中国外交"为例，谈谈笔者对史料教学的认识与尝试。

一、依托考纲，跳出教材

在中国近代史复习当中，"近代化"是一必讲知识点，如何围绕"近代化"这一主题，复习备考，许多教师采用"小切入，大拓展"方式，选取中国近代史中某一视角，如"近代铁路的发展历程""晚清民国妇女地位的变化"等作为一个视角，从中窥探中国近代社会发展变迁这一复杂社会环境。笔者从中受到启发，尝试以"中国近代外交转变"为例，以此窥探中国的近代化。笔者适时引入2018年全国Ⅰ卷28题，导入该节复习课，该题目以甲午战争期间清政府与日本在舆论宣传策略方面态度差异的对比，引导考生认识到在外交活动中，只有首先抢占舆论制高点，才能掌握主动权。在现行各版本教材中，并未提及中日甲午战争有关两国舆论宣传。命题素材超出教材的范围，通过"新材料，新情境"，更加注重考查对历史知识的理解。全国高考命题组组长刘芃对考生这样说过："新颖性是另一个得分点，因此复习时必须从现实出发，换一个角度领悟书上的知识点，切不可落入俗套。"

高中历史教学中不能只局限于让学生掌握历史知识，还应让学生掌握基本的历史理论和观念，至此，方能让学生对历史有更深层次的理解。而历史理论和观念的学习如果用理论来理解或解释，也就陷入了课堂中历史老师的"说教"模式当中，不仅不能让学生产生兴趣，也无助于学生对历史问题的理解。为此，课堂教学中运用史料教学显得尤为重要。如上述例题，教师在讲述"清朝政府昏庸不谙熟近代外交"这一观点时，便可采用以下两则中日两国宣战文书，以此史料，分别是：

史料一：朝鲜为我大清藩属二百余年，岁修职贡，为中外所共知……各国公论皆以日本出师无名，不合情理，劝令撤兵，和平商办。乃竟悍然不顾，迄无成说，反更陆续添兵。朝鲜百姓及中国商民，日加惊扰，是以添兵前往保护。

——《大清国光绪皇帝对日宣战谕旨》

史料二：朝鲜乃帝国首先启发，使就与列国为伍之独立国，而清国每称朝鲜为属邦，干涉其内政……事既至此，朕亦不得不公然宣战，赖汝有众之忠实勇武，而期速克平和于永远，以全帝国之光荣。

——《日本国明治天皇对清宣战布告》

上述两则史料，是中日两国最高统治者的宣战文书，分别代表着两国对外宣战书。光绪皇帝的宣战诏书中强调朝鲜与中国的"宗藩"关系，与别国无关，日本不应出兵。日本宣战诏书强调其出兵的理由是"帮助朝鲜巩固独立，维护东亚与世界和平"。上述两则史料，可以清晰呈现出日本明治天皇的宣战诏书中把日本装扮成"朝鲜的解放者"和"维护东亚与世界和平"的文明国家。清政府由于固守传统外交观念，在对外舆论宣传上，明显落后于日本。

二、创设情境，史论结合

史料教学关键要依托课堂和考试这两个主阵地，无论是组织课堂教学的教师们，还是试题的命制者们，在组织学生围绕关键问题进行研讨或考查时，都离不开历史情境的创设。实践证明，历史情境的创设，在很大程度上需要有价值的史料资源的支撑。这就要求我们在进行史料教学时，要善于搜集、甄选出有价值的史料。为此，有学者曾指出："没有史料资源，就没有历史情境，就不可能支撑关键问题的设计。"

在讲述近代中国外交时，涉及"条约体系"这一概念，教师在尊重史实的前提下可将近代以来的清政府与列强签订的不平等条约按照时间顺序呈现，引导学生认识到所谓"条约体系"即：伴随着近代殖民扩张，形成的西方殖民列强主导的以条约关系为结构的国际体系。学生对这一概念的理解，相比于单纯的文字描述，则更为直观且易理解。学生在现有知识的基础上，很容易分析出中国近代外交的特点之一：屈辱性外交。

鸦片战争开启了中国近代化之门，中国的外交也由传统的"朝贡体系"向近代的"条约体系"转变。为了让学生更好地理解中国近代外交发展历程，选取了一组史料。

史料三： 1844年，清廷在广州设立五口通商大臣，由两广总督兼任，管理一切对外交涉事件。

1861年，清政府设立总理衙门，为办洋务及外交事务而特设的中央机构。构造了近代外交机构的雏形。

1877年，应英国要求和两国交往的需要，清政府在英国设立使馆，郭嵩焘就任驻英大使，迈出了创建领事制度和近代中国向外遣使的第一步。

1901年，依据《辛丑条约》，清政府设立外务部，成为完全意义的外交机构，中国外交走向正规。民国初年，政府按照西方模式对外交机构进行了组织现代化和人事专门化改革。外交机构近代化的使命完成。

——摘编自《中国近代外交制度的转型》

史料四： 1842年，中英签订《南京条约》，清政府严词拒绝英国遣使进京。庚申之役后，清廷被迫允准外国公使进京常驻，但对遣使驻外无意执行。1864年，总理衙门将系统介绍国际法的译作《万国公法》分发到沿海各重要口岸。1875年，首任驻外公使郭嵩焘使英。甲午惨败，清廷被迫承认朝鲜为自主之国。庚子国变后，清廷广兴新式学堂，鼓励有志青年留学西洋，新式人才逐渐成为驻外使臣来源的主流。1901年，清廷改总理衙门为外务部，班列六部之上。1911年，外务部职能趋于简化，"大臣掌主交涉，昭布德信，保护侨人佣客，以慎邦交"。

——摘编自何新华《中国外交史》

上述两则史料相互补充，学生从中提取信息，即可得出自己的结论：中国近代外交经历了一个艰难曲折的渐进过程，这个过程便是通过清政府所创设的与外交相关的机构和对外措施所展示出来。清政府在由传统"朝贡体系"外交向近代"条约体系"外交的嬗变中，经历了从排斥到逐步接受西方外交理念的这么一个过程。

清政府作为近代外交的策划者和践行者，由于囿于传统"天朝上国"思想，上至最高统治者，下至普通士绅，缺乏近代外交意识。为了更好地让学生理解，选取出以下两则史料。

史料五：《南京条约》英方谈判随从利洛曾记载："对条文的字眼或措辞一点追求都没有，为欧洲的外交家们所如此尖细地钻研和谨慎地考虑过的条文，只占去（清政府的代表们）一刹那的注意力。他们的所有心事都集中一个主要的目标上，就是要我们赶快撤离。"

——摘编自郭文婷《郭实腊与鸦片战争前后中西关系研究》

史料六：在第二次鸦片战争被迫签订的《天津条约》中，面对列强提出的"外国公使驻京"这一条款，咸丰帝曾打算用全免关税和开放鸦片自由贸易来换取列强放弃公使驻京的要求。

——摘编自王立诚《中国近代外交制度史》

学生通过对上述史料的理解，能切身感受到近代中国外交经历了一次"痛苦"的转型。随着西方列强侵略的不断加强，民族危机日益加深加重，国人的民族意识逐渐觉醒，同时也反映在近代外交观念的日渐形成。

史料七：当（英）舰艇突破虎门要塞，沿江北上，开向马乌涌（炮台）时，（珠）江两岸聚集了数以万计的当地居民，平静地观看自己的朝廷与我军（英军）的战事，好像观看两个不相干的人争斗。

——《鸦片战争：一个帝国的沉迷和另一个帝国的堕落》

史料八：甲午战败，列强掀起了瓜分中国的狂潮，国难当前，中国人真正认识到整个民族的危难。维护国家主权和现实利益成为人们参与政治和外交的基本出发点，人们对外交活动的参与也是人们关注国家前途命运的重要表现。巴黎和会外交代表要求被拒后中国各阶层积极掀起和参与的五四爱国运动就是明证。

——摘编自林红玲《试论中国外交近代化与国民意识的觉醒》

在近代民族意识觉醒的基础上，一系列救亡图存运动逐渐开展，一定程度上推动了外交的近代化进程。教师通过引导学生分析理解史料、建构历史认知，学生不再是被动地接受老师的"说教"，而是自主地辨析和运用史料解决历史问题。在史论结合这一方法论上，学生切身体会到史料是通向历史认识的桥梁。

在搜集与甄选史料环节，利用好历年真题和学生练过的试题，是史料获取的一种较好途径，这同时也说明史料教学可充分运用于试题讲解当中。每份考题所呈现出来的形式无非选择题与材料分析题两种类型，材料分析题所选取的史料大多都是经过试题命制者们的整编而呈现给考生，这类史料的考查目的性很明确，体现出历史研究应坚持"一份材料说一份话"的特点。每道选择题都是由题干和选项构成的，只要教师善于运用，适当对其进行改编，题干和选项皆可成为史料。如2018年陕西西安测试题。

洋务运动时期，清代首任驻英、法公使郭嵩焘认为英国"所以持久而国事益张者，则在巴力门议政院（议院）有维持国是之义，设买阿尔（市长）治民，有顺从民愿之情。二者相持，是以君与民交相维系"；而中国"秦汉以来二千年适得其反"。这些言论引起国内官绅的公愤，记录这些言论的书奉诏毁版。郭嵩焘被罢黜公使职务。上述历史现象集中体现了（　　）

A. 中英国力强弱的主因在于政治制度差异。

B. 中国由传统帝国走向近代社会起步艰难。

C. 外交近代化加快了西学东渐的进程。

D. 洋务运动阻碍了国人民主意识萌生。

本题的题干中的郭嵩焘是清末一名外交官，近代最早主张向西方学习的人物之一。他在清代封闭、麻木的社会环境中，毅然前往被封建统治者视为"犬羊之地"的西方，寻求救国真理，由一名封建士大夫转变成新时代的探险者，其参与的外交活动，为推动中国外交近代化做出了突出贡献。因此，把题干中的内容整理成一则史料，置于中国近代外交特点分析中，则可成为"中国近代外交起步艰难"强有力的论证史料。在史料教学中，只要我们坚持以客观史实为基础，广泛搜集各类型史料，把握好史料的实证价值导向，便可起到"它山之石，为我所用"的效果。

虽说中学历史教学不同于历史研究，但随着学科核心素养落地课堂教学，基于史料的问题探究与研讨显得十分有必要。历史探究在当前历史教学中受到广大师生的追捧，教师通过问题探究的方式组织教学活动可以充分调动学生自主学习能力，既激发了学生的学习兴趣，也有助于实现教学目标。

如何通过史料来构建课堂中的历史探究，关键还是取决于教师在史料教学中能否把握两个"有效"，即能否有效获取史料中有效信息，能否有效利用好史料中的信息。笔者对此只是进行了初步的尝试，认识较浅薄，还需继续深入实践和探讨。

参考文献

［1］何成刚.史料教学的理论与实践［M］.北京：北京师范大学出版社，2015.

［2］何成刚，李志先.核心素养导向的史料研习活动探索——以探究"玄武门之变"为例［J］.教学月刊·中学版（教学参考），2018（12）.

［3］刘芃.再论历史学科考试测量的能力要求［J］.历史教学，1995（3）.

［4］张芳芳.优化"史料教学"落实核心素养［J］.中学历史教学参考，2018（24）.

💬 **作者简介**

谢德真，2018年毕业于华南师范大学，广东省毛经文名教师工作室的学员，现任教于东莞高级中学。流年笑掷，未来可期。历史教学是一条需要岁月与知识积淀的漫漫修行路，史学研究如同汪洋大海，也许终其一生，只能舀起其中的一瓢水，但也足令人为之陶醉、为之沉迷。天下唯庸人无咎无誉，愿素履所往，不忘来路，不负己心，静心积淀，塑造属于自己的精彩课堂。

中世纪的断层弥合

谢德真

"中世纪"一词在世界乃至中国史学界中都有过一段漫长的黑暗期。在过去相当长的时间里，中学历史教科书对于中世纪内容的涉及少之又少，这也使得学生对于中世纪的认知几乎处于沉睡状态。2019年4月12日至13日，我跟随毛经文老师及其他各位名师前辈来到广西柳州参加"2019年高中历史名师课堂展示暨命题探讨"活动，这次的教研学习活动主要是对高中历史新教材《中外历史纲要》的研究，名师引领下的课堂教学让我收获颇丰。群星荟萃的名师课堂，也让我对历史教学有了更全面的认识。其中，赵晓东老师的《黑中有光，暗中有亮》以及曹军辉老师的《中世纪之问——黑暗还是曙光？》这两节课给我留下了深刻的印象，让我对中世纪有了更深层次的思考。

一、何以黑暗，奈何断层

翻开至今仍在使用的高中历史课程标准和各版本的教科书不难发现，西方中世纪是一个"黑暗的时代"已经成为相当长时间内历史课堂教学的普遍共识。那么，中世纪到底何以黑暗？

从"中世纪"一词的出处进行探究，目前学术界公认的是意大利人文主义历史学家比昂多首次使用了该词，来指西罗马帝国灭亡到比昂多自己生活的时代。随着15—16世纪的文艺复兴，被誉为"人文主义之父"的比特拉克首先使用了"黑暗时代"，中世纪的黑暗之称由此开始流行，并至今仍为一些人所使用的术语。比特拉克将人类历史划分为两部分：基督教成为国教之前的时代称为古代，此后直到他自己生活的时代称为"近代"。在比特拉克的论述中，只有古代，特别是罗马时代才是光明的时代，而"近代"则是野蛮的、黑暗的，不值得一提。此后，人文主义的思想家们对公元6世纪以来中世纪古典文化的衰落极为不满，对占据统治地位的基督教文明，特别是它粗陋的语言风格和僵化的逻辑形式更是深恶痛绝，中世纪便成为他们眼中的"黑暗的时代"。文艺复兴时期人文主义者过分抬高古人，贬斥中世纪的思想倾向，在后来得到了进一步的肯定和发展。于是，"宗教信仰时代"的中世纪是一个"黑暗的时期"逐渐成为西方大多数学者的共识。

在我国，由于对欧洲中世纪文明更加缺乏研究，更是直接继承了文艺复兴影响后的历史观，因此，中世纪是一个"黑暗时代"，文艺复兴是和中世纪决裂的"光明时代"的论调成为历史学界对中世纪的普遍认知。史学界对中世纪的黑暗定调也影响了《高中历史课程标准》的编写制定，于是，在过去乃至现在仍在使用的教科书里，不论是人教版、岳麓版抑或是人民版，西欧中世纪史内容集体缺失，而这种缺失也造就了现在的高中生对西欧中世纪史知之甚少，西欧中世纪显然已经成为很多高中生历史知识的断层之处。

然而，中世纪的知识断层也给学生在认识历史时产生了一种错觉，认为近代西方的民主政治直接来源于古希腊的民主制度，正因为有了雅典民主政治的涓涓细流，才汇聚成了今天西方民主制度的奔腾大河，文艺复兴便是古希腊、罗马文化的重新觉醒，这种认知偏差也让学生对西欧近代文明的发展历程产生疑问：为什么黑暗的中世纪会使欧洲率先进入资本主义社会呢？

幸运的是新版的高中历史教科书已对此做出了调整，在《中外历史纲要》中已增加了中世纪的篇章。然而，面对之前中世纪的长期知识断层和即将到来的新课改中的中世纪的重新链接，作为高中历史教师，应如何展现中世纪的时代风采便成为了亟待解决的问题。虽然，长期以来的黑暗论调不免有失偏颇，但欧洲中世纪与近代资本主义文明相比，确实略显黯淡。然而，中世纪的时代光辉却也是不容忽视的。因而，赵晓东老师提出的"黑中有光，暗中有亮"的中世纪定调，我以为颇为准确。

二、暗中有亮，朦胧光芒

从微观视角来看，欧洲的庄园制度可谓是中世纪人们的生活写照，赵晓东老师从欧洲中世纪的庄园制度切入，从经济、司法和社会关系三个角度层层深入，环环相扣，展示了中世纪文化里的朦胧人性之光，颇有新意和深度。

在课堂展示中，晓东老师先是以日常的庄园导入，由此进入中世纪的庄园讲述。在"庄园印象"这一子目中，通过具体的图片和文字材料，展现了农奴在庄园主剥削中的卑微形象，并指出在庄园制度下，封建领主不仅仅以各种地租形态剥削农民的劳动成果，也对农民进行"超经济的强制"，有统治、惩罚农民的权力。残酷的经济剥削、沉重的政治压迫和尖锐的社会对立使中世纪庄园有着沉重的色彩。然而，中世纪的庄园也并非黯淡无光。

从经济角度而言，封建领主也不得不遵守"私有财产神圣不可侵犯"的价值理念，庄园里的农民们的自身财产和人身自由自然也是受到保护的。显然，古希腊、雅典的价值光辉并没有在中世纪完全磨灭，中世纪也并非一片昏暗。另外，领主与农奴之间也有比较清晰的权利和义务关系，农奴在劳动过程中，"凡使用自己耕牛的人，可在领主家中用餐"，同时，应保证农奴的基本用餐需求，如"一天吃肉，另一天吃鱼，还有足够的啤酒"等，并明确指出若领主不肯兑现，农奴有权拒绝帮工，这种可贵的契约精神自然也成为西方近代民主制度的重要源头，启蒙运动的学者们的社会契约论显然也并非凭空出现。

从司法角度而言，领主或其管家有权通过庄园法庭主持审理庄园内的各种案件，维护庄园的秩序。然而，庄园法庭也并不仅仅只是一味维护领主的利益，庄园法庭在审理具体案件时，也会遵照之前的惯例。另外，当领主与农奴发生矛盾纠纷时更多会以法律途径来协调两者的权益，法治精神的延续和发展展现了中世纪庄园的独特魅力。正因如此，在近代欧洲的民主化道路中，资产阶级更倾向于以法治的方式确立自己的权益，于是，欧洲各国不约而同地选择颁布宪法或法律来明确自己的权利，最终形成了以法治方式确立起资本主义民主制度的过渡方式。

从社会关系角度而言，在庄园生活中的领主和农奴也并非只是主人和奴隶的冰冷关系。在庄园生活困难时期，领主有时会将劳动费用降低，并将与农奴的陈年旧账一笔勾销。在农奴贫病无依或年老体弱时，也会得到领主的关照。另外，节假日期间，还会向穷人敞开大门，并以食物款待所有来客。因此，农民与领主之间的关系也存在着体谅、关怀、理解和尊重。由此看来，中世纪的欧洲庄园也散发着朦胧的人性光辉。

最后，在"庄园之光"这一子目中，晓东老师以凝练生动的语言总结概括了中世纪庄园的神秘面貌。中世纪欧洲庄园确实存在剥削压迫、阶级对抗、暴力斗争等，但同时也有着可贵的契约精神和充满温情的人性关怀，"这有限的权利之光、朦胧的法制之光、可贵的人性之光，避免了零和游戏的陷阱，推动了欧洲人民征服蛮荒，创造新文明，润泽自身，泽被世界"。

三、溯源从之，近代奠基

从宏观视角来看，中世纪也并非仅仅只是基督教神权笼罩下的黑暗时代，曹军辉老师的中世纪之问，从传统视角、源头视野、理性领域三个角度展示了中世纪的宏观面貌。

从传统视角来看，过去长时间史学界对于中世纪的认知更多与基督教相结合，这也与文艺复兴时期人文主义者的关注视角密切相关。神权统治下的欧洲中世纪充斥着疯狂的宗教迫害、腐败的教会垄断和严厉的异端审判等，以此来看，欧洲中世纪与古希腊罗马文化和近代文化相比，确实有其无法弥补的昏暗色彩。然而，仅仅以此来给中世纪定调未免为时过早。

从源头视野来看，曹老师从加洛林文艺复兴、12世纪前后的文艺复兴及黑死病肆虐下的宗教信仰动摇三个方面展现中世纪的近代曙光。加洛林时期的经典翻译和教育推广促进了古典文化的传承与发展，12世纪前后的文艺复兴也体现了关注人性，意图冲破宗教束缚的温情与勇气，为欧洲大学的繁荣昌盛奠定基础。黑死病的肆虐也使得教会赖以生存的宗教力量开始土崩瓦解。由此可见，基督教神权统治下的欧洲也有属于近代的文明曙光。其实，欧洲文明就其渊源而言，无疑吸纳了一部分古典文明和日耳曼人本身的传统文化，但更多的还是接受了基督教文化，形成一种独特的文明。领主与附庸之间的契约实为双向契约。如果附庸一方违背约定，领主可以抛弃附庸，同样，如果领主不履行诺言，附庸同样也能离弃领主，即所谓"撤回忠诚"。"撤回忠诚"的合情合理性也造就了欧洲文明的特殊现象，即抵抗权被法律所承认。如科恩所说："在日耳曼人的观念中，服从不是无条件的，毋庸置疑，如果受到国王不公正的对待，每位成员都有权反抗和报复。"其实，历史从来不是断裂的，而是以循序渐进的方式铸就了各个地区不同的文明特色。"中世纪不仅仅孕育了文艺复兴，在政治上、经济上、法律上都为欧洲近代文明奠定了基础。"

从理性领域的视角来看，溯源从之，近代西方的文明并不仅仅只是来源于古希腊文明，更多是来源于中世纪。历史发展具有连续性，中世纪的断层弥合有利于学生更深入地理解近代欧洲的资本主义文明，另外，雅典的城邦文明与近代的资产阶级文明仍具有本质的不同。雅典城邦认定的具有公民身份的人其实仅占少数，绝大多数的奴隶、妇女等被排斥在外，因此雅典的民主制归根结底是一种身份制度。不属于城邦的个体或者是被城邦抛弃的个体，要么被认为是鬼神，要么被认为是兽类。显然，建立在奴隶制基础上的古典民主，与"把权力关进笼子里"的现代民主制之间存在相当大的差异。仅仅从古希腊、雅典文明入手研究欧洲的近代文明，显然会存在许多的知识裂缝，而这些裂缝唯有从中世纪入手才能弥补。

新版高中历史教科书对中世纪断层的弥合也符合当今学界对于中世纪的崭新认知。在现代历史学的视野中，长达千余年之久的中世纪已不再是西方历史上的一场可怕的梦魇，把中世纪理解为与现代断裂的黑暗时代的传统观念，显然已经不符合历史的实际了。中世纪的裂缝弥补有利于更好地展现欧洲近代文明的本质，忽视或不了解中世纪的基督教文化，便很难深入理解西方近代文化的真实个性，这也启示教师应时刻关注史学动态，不断更新自己的观念认知。

修者修正，行者实行，实行修正自己的思想行为，方为修行。于作家而言，落笔行文，亦是修行。不谋名利，不为回报，只愿文字带给世人清凉和宁静。于教师而言，教书育人何尝不是一条漫漫修行路？愿自己不忘来路，不改初心，静心积淀，塑造属于自己的精彩课堂。

参考文献

［1］田薇.信念与道德：宗教伦理的视域[M].北京：线装书局，2011.

［2］张亚超."断层"何以形成——高中欧洲中世纪史教学问题探讨［J］.课程教学研究，2016（11）.

［3］侯建新.欧洲文明不是古典文明的简单延伸［J］.史学理论研究，2014（2）.

💬 **作者简介**

黄杏婵，广东佛山南海石门中学教师，佛山市历史备考中心组成员，广东省毛经文名教师工作室网络学员。曾获"广东省首批优秀青年历史教师""佛山市优秀青年教师""南海区骨干教师"等多项荣誉。在国家级核心期刊《历史教学》上发表论文3篇，其中《〈宋明理学〉教学研究》的知网下载量达到867次。受邀在省内外多地做示范课、讲座和尖子生培训10余次，形成一定辐射力。2019年获得由"华东师范大学教育集团"和《历史教学》杂志等多家单位联合举办的全国历史说课大赛一等奖。

基于核心素养的高中历史项目化学习主题设计策略研究

黄杏婵

当下，我国基础教育正从"知识本位"时代走向"核心素养"时代。核心素养指向21世纪日益复杂的时代变化和快速的科技革新给个人生活和社会发展所提出的种种挑战，其内涵有两个要点：第一，强调个体的社会适应性，在国内外的诸多素养界定中，创新能力、信息素养、合作能力、社会责任等都排在前列，因为这些素养事关个体能否更好地应对现实问题的挑战；第二，强调个体品质的综合性，现实世界复杂多变，个体需要同时调动（跨）学科知识、探究技能、思维模式、情感态度和价值观来应对。因此所谓"核心素养"不是指那些基础素养，如听说读写的能力，也不是学科各要素的简单叠加，而是一种综合性的高级素养。核心素养的综合性与适应性是相辅相成的。这就要求教师能够创设与现实生活紧密关联的、真实的问题情境，让学生开展体验式的、合作的、探究的或建构式的学习。而项目化学习正符合了以上要求。

所谓项目化学习（Project—Based Learning，简写PBL），即"学生在一段时间内对与学科或跨学科有关的驱动性问题进行深入持续的探索，在调动所有知识、能力、品质等创造性地解决新问题、形成公开成果中，形成对核心知识和学习历程的深刻理解，能够在新情景中迁移"。项目化学习有五个特点：（1）指向课程的核心内容，项目化学习不是常规课程的附属品，它本身就是教学的中心内容之一；（2）以学生为主体探究真实情景下的驱动任务，即做中学；（3）有公开的成果，即项目作品；（4）注重过程性评价，知识、技能、能力及素养、品质在过程中自然生成；（5）最终目标指向"迁移和应用"，即用现在学校学习所得的知识、技能、能力及素养、品质去解决未来社会中的真实问题。

可见，项目化学习是落实核心素养的有效途径，被明确写进2017年版新课标课程实施建议中。项目化学习设计包括确立项目主题、设计驱动问题、实施探究、展示成果、评价反思等几个步骤。其中，确立项目主题是第一步，而驱动问题就是把项目主题转化为具体的问题情境，激发学生探究欲望，引领整个学习过程。确立项目主体与设计驱动问题两者密不可分。本文将结合历史核心素养的要求，谈谈高中历史项目化学习如何确立主题并转化为驱动问题。

一、如何确立项目主题

首先要明确，基于核心素养的项目化主题有以下三点基本要求。

（一）与课程标准紧密结合

本次深化基础教育课程改革，在我国教育史上首次提出了"核心素养"这一概念。《普通高中课程标准（2017年版）》正是在核心素养的指导下修订的，课程标准内容是落实核心素养的重要载体。如果一个项目主题脱离了课程内容，那就与过去的第二课堂研究性学习无异了，只能是课后的点缀，这样核心素养的落实就缺乏保障。因此，基于核心素养的项目化学习主题要求与课程内容紧密结合，要非常清晰地界定每个项目主题所指向的（跨）课程标准的内容。在项目学习之后，要对学生课程标准内容的掌握程度进行测试。

（二）指向中观的概念性知识

核心素养是一种综合性的高级素养，需要培养学生在新情境中的心智灵活转换能力。因此，基于核心素养的项目化学习就意味着要促进学生对知识的迁移能力。那么哪种类型的知识更有利于迁移呢？是比较抽象的概念性知识，而非具体的事实性知识。比如秦朝推行郡县制就是一个事实性知识，比较微观，很难迁移；而其上位概念"中央集权"就属于抽象性的概念性知识，可以迁移到古代其他朝代或者其他国家的其他时期中去。因此，课标指出要"用（跨）学科大观念统一整合重构课程内容"。概念性知识就像一个聚合器，能整合更多的微观知识点。当然，概念的抽象性也不能太高，比如中央集权的上位概念是政治制度，这就过于宏观和宽泛了，不好操作。所以中观的概念性知识比较适合作为项目化学习的主题。

（三）具有现实意义的问题

符合课程标准的中观概念性知识很多，最理想的状态是把全部课标内容拆分到不同的项目中，让学生在探究项目过程中加深对知识的理解和运用。但学生时间有限，因此我们需要甄选或挖掘出重要的具有现实意义的主题。比如中国古代以农立国，土地是农业社会中最重要的财富，围绕着土地如何分配这个核心，会牵涉到经济思想、农业发展、人口管理、国家赋税和社会稳定等一系列重大问题。古代土地制度是全国各地高考的高频考点。因此，把古代土地制度这一重要课程标准内容，与当今社会的热点——"三农"问题中的土地制度改革联系起来就不失为一个优秀的项目主题。

特别要说明的是，对于历史学科而言，现实意义并不一定是一个现在或当下存在的问题，而是说解决这个问题需要用到现实生活中会用到的素养和技能。比如"古代土地兼并真的导致王朝灭亡吗？"这并不是现代社会中的问题，但在探究过程中，培养了学生的批判性思维、史料实证和历史解释等素养，这对于他们将来应对信息化社会具有重要意义，比如在网络世界中如何辨别各种鱼龙混杂的信息，如何攻破谣言等。因此，探究这个历史问题本身并不是目的，而是载体，通过这个载体，最终指向核心素养。与其说项目主题要有现实意义，不如说能充分体现学科素养。那么，如何确定所选项目主题的学科素养含量呢？首先，可以问"这个项目主题需要深入探究、发掘证据并进行分析吗？学生需要挖掘信息、坚持到底和努力思考吗？"通常情况下，具有一定挑战性的问题更需要调动学科素养来应对。其次，还可以深入了解相关学术背景，学术成果越丰富的问题越能体现学科素养，而且越有利于学生的探究。

明确基本要求后，下面谈谈项目主题形成的路径，可分为三种：

1. 从现实生活中获取灵感

跳出学校框架之外考虑问题是设计项目主题的重要思路，项目主题灵感可来源于社区服务、解决周边问题、社会突出现象或全球性的难题，然后再寻找与课标的结合点。比如近些年，每到圣诞节前后在社会上和网络上就会出现关于抵制圣诞节和反抵制的争论，这个问题的实质就是如何处理中西方文化的碰撞问题，这是自近代以来中国知识分子一直在思考的问题，因此以"全球化时代如何处理中西方文化的碰撞"为主题，就可以聚合近代思想解放中的"开眼看世界""中体西用""维新思想""三民主义""新文化运动"等知识点。而且，课本上并没有介绍新文化运动中的守旧派，如学衡派等，这就要求学生跳出课本限制，主动探究当时的思想全貌。当我们从现实出发去追问历史的时候，真正意义上的主动学习就产生了。

2. 挖掘课程内容的现实价值

这种思路与第一种相反，是先确立课标内容，然后再思考"学生掌握了这个知识点对将来的工作和生活有什么意义？"据此设计出项目主题。比如唐宋时期的土地制度是课本与高考的重点，笔者就努力思考，这段历史为什么这么重要，其具体内容还有哪些？特别是宋朝为何实行"田制不立、不抑制兼并"的政策？学生学习后有什么用？经探究后得知，唐宋时期我国土地制度出现了重要转变，具体表现为：国家的政策由严格控制土地买卖变为"不抑兼并"并且保护土地买卖；土地制度施行的动力由主要以社会等级直接配置土地，人民无明显动力，变化为人民以自身利益为生产动力；土地制度的施行目的由以政治目的为主变化为以经济目的为主。归结起来就是土地的私有产权不断深化，国家管理土地的政策越来越完善，社会等级观念淡化，这些转变促进了宋朝的社会经济发展。而我们知道保护公民私有财产和自由权利是现代社会的重要特征，这就是有些学者认为宋朝时期中国已经进入近世的重要论据。显然，探究这个项目主题能更好地帮助学生认识"现代化"的内涵。因此，笔者确立了"从土地制度看私有产权观念的变迁——宋朝与西欧中世纪后期对比"的主题，从"私有产权"这个中观概念出发，从中国古代迁移到西方，再联系当下中国现实。这样就让历史与现实产生了对话，培养了古今贯通、中外关联的历史素养。

3. 抽象具体史实背后的上位概念

比如"古代官营手工业和私营手工业""抑商政策""官商和私商""均田制"与"田制不立、不抑制兼并"等具体知识点背后的上位概念就是"国有制与私有制的关系",据此,我们可以确立"国进民退、国退民进的利弊得失"的项目主题,除了古代史的知识,还可以"刷"出中国近代洋务运动、官僚资本主义和民族资本主义、现代国有企业改革、西方战后资本主义新变化等一大片知识。

确立项目主题后,老师一定要和学生充分解释和沟通。我们对项目主题的满意程度主要依赖于学生是否理解问题,并积极参与到问题的解答中。我们要根据学生的反馈对主题进行灵活调整。又或者学生在探究过程中生成了新的问题,转变了研究方向。因此,我们要对项目主题保持一定的开放性。

以上是基于核心素养的项目主题的要求和设计路径,但这还不够。

二、如何转化项目主题为真实情景中的驱动问题

有些项目主题本身就比较明确或有吸引力,可直接作为驱动问题;而有些主题比较抽象,和学生亲和度不高,这就需要把主题转化为一个具体的驱动问题,即创设真实的问题情景,引导学生同时调动(跨)学科知识、探究技能、思维模式、情感态度和价值观来应对。这样更有利于调动学生积极性并达成综合性的高级素养。依据历史核心素养和不同的认知策略,我们可以按以下三种策略转化驱动问题。

(一)把主题转化为关于"历史解释"的学术性探究

特级教师毛经文曾指出:"中学历史教育的核心素养,从缘起、内容、本质与表现形式上来说都是隐性或显性的历史解释。历史解释在中学历史教学中始终居于历史学科核心素养的关键节点与基础性位置。"除了具体的客观史实,大部分的历史知识都只是一种历史解释,而历史解释具有主观性和多样性,甚至许多史实还不确定,具有争议性。所以我们可以反思一些习以为常的历史解释,通过这个路径,就可以把主题转化为一个具有一定挑战性和开放性的驱动问题。比如关于中国古代政治制度的相关知识,课本的单元标题"专制主义中央集权"本身就是一个主题概念。而这个概念是近代才形

成的，古人并没有这个认识，所以"专制主义中央集权"是对古代政治的一种解释。在这种解释的影响下，古代政治是专制、独裁、集权、黑暗的印象深入身心。可是对于这个问题，钱穆先生有不同的看法。对此，我们可以设计这样一个驱动问题——"中国古代政治是'专制'和'黑暗'的吗？"展示钱穆在抗战期间撰写的《国史大纲》中反对中国古代政治是专制和黑暗的说法的材料，然后提问：①作者的主要观点是什么？提供了什么论据？你认为充分吗？②请你就"中国古代政治是'专制'和'黑暗'的吗？"谈谈自己的看法。（观点明确，至少提供两个史实论据，史论结合，逻辑清晰）通过创设学者研究的学术情景，提出一个具有开放性和挑战性的问题，驱动学生对古代政治制度从低到高展开层层探究：①专制的定义或判断标准是什么？中国古代皇朝的主要中枢权力机构的运作是否体现了专制主义？②中国古代皇权受到哪些方面的制约？③中国古代专制制度一直呈不断加强的趋势吗？④明清君主专制的加强有何影响？⑤何以形成"中国古代政治是专制黑暗"的说法？（反思近代康有为、孙中山和钱穆对古代政治制度的不同解释的背景）⑥什么是官僚政治？——变换视角观察中国古代与现代政治制度。可见，这个驱动问题把"专制主义"的主题激活了，不仅学习了基础知识，还有拓展和深挖。通过这种路径可以产生很多驱动性的问题，比如"中华文明真的有上下五千年吗？——中华文明起源探究""土地兼并真的导致王朝灭亡吗？"反思这些历史解释不是引导学生否定历史，或者给学生一个固定的认识和简单的是非判断，而是通过这种反思，在落实基础知识的同时培养学生批判性思维。

除了批判反思型的历史解释，我们还可以设计基于时空观的概念演变型的历史解释，即考察主题概念的发展演变，从而激活主题。比如"民主"这个主题概念，其内涵和评价从产生以来就一直在发展变化。因此，笔者设计了这样一个驱动性问题："'民主'是一个时髦的话题，也是一个富有争议性的话题。作为一种政治体制，'民主'已经有2500年的历史，而在头2300多年，它一直被看作是个'坏东西'，从苏格拉底开始，西方很多政治思想家都把民主政治看作'多数人的暴政'或者'群氓'，在他们眼中，群众是无知无能的、情绪化的，必须让精英掌握政权才能实现良好政治。而进入近代以来，随着欧美各国资产阶级革命和改革的推动，民主政治纷纷建立并不断发展完善；同时，民主制度也在世界范围内得到广泛推广，'民主'成为解释西方强盛的重要因素，甚至是政治正确的代名词。也就是说直到最近200多年，'民主'才时来运转，被当作'好东西'。那么，'民主'为什么会从'坏东西'变成'好东西'呢？'民主'究竟是'好东西'还是'坏东西'？当下中国又该如何发扬社会主义民主？让我们通过本单元的学习来尝试对这些问题做出解释吧。"在这个问题驱动下，可以把雅典民主政治、西方近代资产阶级民主代议制和新中国政治建设等相关知识整合起来。通过考察"民主"概念的变迁，把历史与现实连接起来，培养了学生分析问题的纵深感，涵养了时空素养。

当今学术下移，学术新成果常见于高考题中。在日常教学中引入学术性的问题并不是拔苗助长的行为，而是落实核心素养的有效途径。但是，老师要明确，探讨学术问题本身并不是目的，而是手段，素养才是最终目标。因此，学生的探究成果可能很不成熟，也只是解开这些问题的冰山一角，但这一角就像一个导火索，使问题具有开放性，常论常新，并没有标准答案。它开启学生心智的自由，就像在学生的心中抛下一颗小石子，激起层层涟漪，扩大思考的范围，让心智在各个方向上自由涌动，学科素养由此生发。

（二）通过创设虚拟情景或代入角色激活主题

关于虚拟情景，有一种观点认为历史已经发生，假设是没有意义的。这是以学科为本位的看法，以素养为本位来看，虚拟情景如果能激发学生兴趣，调动思维，就不失为一种可利用的手段。而且历史在发生的那一刻，存在各种可能，一切历史都是必然性和偶然性的结合。所以，通过创设虚拟情景或赋予学生真实的角色，可以让学生回到历史现场，"深入"历史，站在当时人的角度来思考问题，可以更好地培养时空观和历史解释素养。黄牧航教授曾指出："历史学科核心素养的提出，对中学历史教师最大的挑战就是——不能再单纯地从历史学科的角度来理解历史教育，而必须从人的素养提升的角度来理解历史教育。简单说来，就是为学生的素养而教，而不是为了历史学科而教。"这是教师在开展历史项目化学习中常常需要提醒自己的，以防方向走偏。

比如针对"斯大林模式（即高度集中的政治经济体制）"这个主题概念，笔者设计了这样一个驱动问题："假如列宁没有在1924年去世，斯大林没有掌权，苏联还会建立起高度集中的政治经济体制吗？（请你从苏俄当时的政治体制、新经济政策实施的情况以及党内对新经济政策的认识、俄国思想文化传统等角度进行分析）"在这个虚拟情景中，学生需要搜集论据，判别论据的可靠程度，并分析论据与论点的逻辑关系，这就培养了逻辑推理和分析能力，这种能力在未来是可以迁移的。特级教师魏勇曾说过："中学历史教学不是大学老师搞学术，去训诂、考据，把一个历史事实的细节弄得精准，中学历史教学的本质或者目标是训练学生思考问题的方式。我们是以历史事件、历史人物为案例，训练学生缜密的思考。"

类似这样的驱动问题还可以有很多：针对"中国近代社会转型的艰难曲折"这个主题，笔者设计了"1867年，围绕着同文馆如何开办的问题，京师士大夫进行了一场激烈的争论。请你模拟洋务派或顽固派的立场进行辩论"的驱动问题。还有"成吉思汗的继承人窝阔台，当初如果没有死，欧洲会发生什么变化？试从经济、政治、社会三方面分析"。对这些问题的回答会"刷"出一大片知识，涉及社会、思想、政治和经济等领域。此外，学生还需要在此过程中进行大量的阅读、信息提取、整理、批判性思考与讨论。

（三）把主题转化为"应用"和"实践"类的探究

这个思路就是在"应用"或"实践"中学习主题概念。比如针对"抗日战争"这个主题概念，可以尝试让学生设计当地的抗战博物馆。再比如还是"专制主义中央集权"这个主题概念，我们还可以设计这样的驱动问题："假如你是宋初的统治者，你会如何设计中枢权力机构？或者如何解决藩镇割据问题？或者是否大力推行科举制？（请说明制度架构和理由）"等三个问题。在这个虚拟情景中，学生需要深入了解唐朝五代以来政治制度的发展演变以及所面临的具体问题，并深刻理解专制主义中央集权这个概念，根据宋初的形势进行决策。同是虚拟情境，前一种的认知策略主要是逻辑推理，而"应用""实践"类就涉及"问题解决""创见"和"决策"等高阶认知策略。不过，高阶认知策略开放度比较大，在中学阶段较难测评，可根据学情灵活使用。比如老师可以对问题加以限制，减少开放度，或者增加支持材料，从而降低难度。

项目学习中的认知策略可以用图1表示：

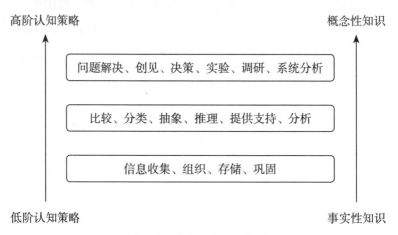

图1 项目学习中的认知策略

项目化学习的特点是做中学，但并不是学生动了就一定可以提升思维。比如要举办一个关于孔子的主题展览，如果只要求学生收集关于孔子的生平、图片和思想介绍等资料，就只涉及"信息收集和组织"，属于低阶认知策略，不是优秀的项目化学习。但如果要求学生分析古今中外不同时期的孔子形象及背景，就需要运用"比较""分类""分析"等中阶认知策略，可促进学生思维发展。还有一点，应当尽量避免简单的是非问题，比如"古代土地制度是以私有制为主还是国有制为主？"转化为"古代土地国有制和私有制对当代土地制度改革有何启示？"

综上，以上三种转化驱动问题的策略及对应的认知策略归纳见表1。

表1 项目式学习问题驱动策略与使用建议

转化策略	认知策略	使用建议
把主题转化为关于"历史解释"的学术性探究（主要包括反思"历史解释"的形成和主题概念的发展演变两种）	批判性思考、比较、分类、抽象、推理、提供支持、分析	老师们比较熟悉，好操作，便于测评和反馈，可作为常规转化路径
通过创设虚拟情景或代入角色激活主题	比较、分类、抽象、推理、提供支持、分析	有一定难度，但学生代入感强，容易激发兴趣，可大胆尝试

转化策略	认知策略	使用建议
把主题转化为"应用"和"实践"类的探究	问题解决、创见、决策、调研、系统分析	难度较大，根据学情灵活操作；可对问题设限或增加支持来降低难度

项目化学习的主题确立和驱动问题的转化与传统教学的设问有一定的区别，需要老师们勇于突破，不断创新。以上是笔者的初步探索，有待改进和迭代，抛砖引玉，求证方家。

参考文献

［1］夏雪梅.项目化学习设计：学习素养视角下的国际与本土实践［M］.北京：教育科学出版社，2018.

［2］中华人民共和国教育部.普通高中历史课程标准（2017年版）［S］.北京：人民教育出版社，2017.

［3］［美］洛林·W.安德森.布卢姆教育目标分类学（修订版）［M］.北京：外语教学与研究出版社，2009.

［4］刘俊文.日本学者研究中国史论著选译［M］.第一卷.北京：中华书局，1992.

［5］毛经文.九层之台起于垒土——对"历史解释"落地课堂的策略性思考［J］.中学历史教学参考，2018（24）.

［6］黄牧航.历史学科核心素养与历史教师的专业发展［J］.历史教学（上半月刊），2016（6）.

［7］魏勇.如何设计历史教学问题［J］.历史教学（上半月刊），2019（1）.

💬 **作者简介**

　　李玉梅，女，任职东莞市长安中学，广东省毛经文名师工作室网络学员，高中历史高级教师，中共党员，湖南师范大学史学学士，市高中历史教学能手，市"优秀共产党员"，区"优秀共产党员"，镇"优秀共产党员""优秀班主任""优秀教师"，校"优秀班主任""优秀教师"。

新课标高考历史全国Ⅰ卷试题特点与教学启示

李玉梅

　　对于广大一线教师来说，一年一度的历史高考也是一场享受历史学科考试的思维盛宴。认真分析高考试卷，仔细研究高考试题，不仅能探究出试题特点、悟出教学启示，也能有效地提升自己的专业素养及历史学科教育教学水平。以下是笔者对新课标Ⅰ卷命题特点与教学启示的研究与探讨，祈盼同行不吝赐教。

一、试题特点

（一）以历史课程标准为依据

　　全国Ⅰ卷历史试题以历史课程标准为命题依据，突出体现在试题以"新材料、新情境、新设问"为载体，依标不依本。

　　《考试说明》指出："命题不拘泥于教科书，运用新材料，创设新情境，古今贯通，中外关联，把握历史发展的基本脉络。"因此，教科书并不是高考命题的唯一依据，当前在多版本教材的背景下，我们甚至可以说任何版本的教科书都不是命题的重要依据。这也是与新课程所倡导的"用教材教"而不是

"教教材"的理念相通的。高考历史命题的内容依据是历史课程知识，而不是教材知识。

全国Ⅰ卷历史试题以历史课程标准为命题依据，基本摆脱了对各版本教材的依赖，注重从新的角度选取思维含量高的新材料，设置新的命题情境，提出新的问题，重点考查学生独立性、创造性地解决问题的能力。试题的知识背景、设问导向、试题答案对学生来讲都是陌生的。从2007—2015年各省市历史高考试题所引用学术专著或观点的数量来看，全国卷所引用专著或观点的次数和程度明显高于各省市。全国卷这种远离教材的命题方式，提高了能力考察的力度，体现了历史素养的考察。这一特点在选修部分体现得最为明显，以下表（表1）选修Ⅰ《历史上重大改革回眸》和选修Ⅳ《中外历史人物评说》的考点为例：

表1　2010—2015年全国Ⅰ卷选修Ⅰ和选修Ⅳ考点统计

年份	《历史上重大改革回眸》考点	《中外历史人物评说》的考点
2010	刘晏榷盐法改革	曹操
2011	满清八旗改革	钱玄同
2012	王莽币制改革	道光皇帝
2013	清末新政	韩愈
2014	西汉、东汉、魏晋时期法律改革	包拯
2015	唐代币制改革	丘处机

从表1中可以看出，2010—2015年全国Ⅰ卷选修Ⅰ《历史上重大改革回眸》和选修Ⅳ《中外历史人物评说》在考查内容上，一直特立独行地保持着"超标超本"的风格，从未选取考试大纲范围内的九大改革和22个历史人物，所涉及的考点均与考试大纲的考点范围无关，完全超出了全国考试大纲的考点规定。通常选取与教材关联程度不大甚至是毫无关联的新材料，创设新情境，设计新问题，命题立意侧重于对考生选修模块的学习方法和学习效果的考查。

（二）以考查历史学科能力为目标

《考试大纲》明确规定："历史学科考查对基本历史知识的掌握程度；考查学科素养和学习潜力；注重考查在科学历史观指导下运用学科思维和学科方

法分析问题、解决问题的能力。"历史学科能力主要包括"获取和解读信息、调动和运用知识、描述和阐释事物、论证和探讨问题"等四大方面的能力。新课标Ⅰ卷历史试题将命题的重心放在"描述和阐释事物"和"论证和探讨问题"等高层次历史思维能力和深层次的学习能力的评价上，重点考查学生独立思考、判断、解决问题的思维和能力，试题的开放性增强。这种以探究能力为主的综合性测试的命题导向，符合和适应了促进学生发展与"为升学和就业做好准备"的课程标准的要求。同时还兼顾了考试大纲所规定的四类考核目标。以下表（表2）近年全国Ⅰ卷第41题为例：

表2　2011—2015年全国Ⅰ卷第41题统计

年份	试题内容（素材）	试题设问
2011	欧洲崛起的方式	评材料中关于西方崛起的观点
2012	中国近代化的动力	评析"冲击—反应"模式
2013	东汉、唐代地方行政区划方式的比较	提取两项有关汉唐间历史变迁的信息，并结合所学知识予以说明
2014	关于抗日战争内容的"教材目录"	对该目录提出一条修改建议，并说明修改理由
2015	科技与生产力之间关系的"公式"	运用世界近现代史的史实，对上述公式进行探讨

高考新课标全国Ⅰ卷第41题首次出现在2011年，必做题由原先1道37分的试题分解为两道试题，即将40题分化为40题25分，41题12分，从此开创了一种与以往不同的新题型，格外引人关注。从表2我们可以看出：2011—2015年的第41题要求考生"评""评析""说明""探讨"，在兼顾考试大纲所规定的四类考核目标的同时加强了对"论证和探讨问题"这一高层次历史思维能力的考查。五年中第41题始终保持开放探究的特点，并且一直在寻求变化，不拘泥于规制，这类试题没有固定答案，或答案不是唯一的，允许学生发表不同的看法，鼓励创造性思维和求异思维，注重史学能力的考查，这在很大程度上弥补了封闭性试题求同思维的不足，更符合新课程发展性评价的理念。不愧为高考"试验田""改革风向标"。

（三）以培育历史学科素养为追求

在全国新课程改革的时代背景下，培养历史学科能力"还不是历史教学要达到的全部目标，或者说不是最高目标"。《普通高中历史课程标准（实验）》明确指出："高中历史课程，是用历史唯物主义观点阐述人类历史发展进程和规律，进一步培养和提高学生的历史意识、文化素质和人文素养，促进学生全面发展的一门基础课程"；"掌握历史知识不是历史课程学习的唯一和最终目标，而是全面提高人文素养的基础和载体"。由此可见，高中历史课程的主要宗旨在于通过历史课程内容的学习，切实培养和提高学生的人文素养。

北京市著名特级教师李晓风等人认为，大约每隔十年，试题考查能力的特点即出现明显变化，先后经历了"知识立意""能力立意""问题立意"阶段，新课程高考实施后进入到"素养立意"阶段。新课标全国卷Ⅰ历史试题高举"素养立意"的大旗，鲜明地体现了命题人对培育和提升学生历史学科素养的价值追求。

关于历史学科素养的说法不一，认同度较高的是吴伟教授的观点："历史素养是通过日常教化和自我积累而获得的历史知识、能力、意识以及情感价值观的有机构成与综合反映，其所表现出来的是能够从历史和历史学的角度发现问题、思考问题和解决问题的富有个性的心理品质。"湖南省著名特级教师胡军哲在《素养立意：2014年新课标全国卷Ⅰ历史试题评析与教学启示》一文中指出：新课标全国卷Ⅰ历史试题"素养立意"主要体现在五个方面："准确通达的历史时空观念"；"求真求实的历史证据意识"；"回到现场的历史思维特征"；"关照现实的历史价值引领"；"合乎逻辑的历史推理意识"。笔者以此为依据，将2015年全国Ⅰ卷选择题所体现的历史学科素养做了如下统计（表3）：

表3 2015年全国Ⅰ卷历史选择题所体现的历史学科素养统计

历史学科素养	典型试题
准确通达的历史时空观念	第24—35题
求真求实的历史证据意识	第28、33题
回到现场的历史思维特征	第25、32题
关照现实的历史价值引领	第24、26、30、32、33、34题
合乎逻辑的历史推理意识	第24、26、27、31、35题

从表3中可以看出：2015年全国Ⅰ卷历史每一道选择题都深刻考查了"准确通达的历史时空观念"，其他四项素养也在试题中鲜明地体现出来。以第32题"法官审案应双眼蒙布"为例：

32. 古罗马正义女神像体现了罗马法的诸多原则，如高擎的秤体现的是裁量公平，手握利剑体现的是法律的强制力。据此，双眼蒙布所体现的原则是，法官审案应（　　）

A. 主要依据道德良知

B. 侧重听取证人证言

C. 不受表象迷惑，洞察事实真相

D. 排除一切干扰，遵从民众意愿

该题既要求考生回归历史现场，站在历史的角度复原、探寻古罗马法官双眼蒙布审案这一"不受表象迷惑，洞察事实真相"的历史真相，即法官审案就是根据合法的证据尽可能还原案件发生的过程，洞察案情的真相。只有无限地接近案情的真相才能做出合乎正义的判决。而证人证言并不等于证据，在法庭上做伪证的大有人在，法官显然不能光凭证人证言来断案；又"观照"了以史为鉴、追求公平公正这一现实价值追求。全国卷Ⅰ历史试题对培育和提升学生历史学科素养的价值追求，有利于培育现代社会所需的公民素养。这种命题特点给我们的历史教学提供了诸多启示。

（四）以学术研究新成果为源泉

"问渠那得清如许？为有源头活水来。"高考历史试题之所以常考常新，其奥秘在于有最新史学研究成果这"源头活水"不断地补充进来，即命题人将历史学的发展新趋势、新的科研成果和中学历史教育内容巧妙地融合起来。

学术研究新成果"主要是指1978年后中国出版的学术论文论著，其中包括中国学者的著述和翻译过来的西方学者的著述"。新时期以来，历史研究成果层出不穷，历史课程要呈现真实的内容，就必须不断吸纳新成果。全国Ⅰ卷的命题队伍由全国各地著名高校和科研等部门的学科专家组成，他们命题时大多立足于高校历史学科体系、自身学术素养，这导致命题者弱化了对中学历史教材的依托，"热衷于把高校研究的学术研究新成果转化为高考试题"，"其本质就是把历史专业的思维方法和研究内容渗透到高考试题中"。因此，关注史学研究的新成果、新思路，也就成为了命题的方向。以2015年全国Ⅰ卷历史非选择题引用最新史学研究成果为例（表4）：

表4　2015年全国 I 卷历史非选择题引用最新史学研究成果统计

题号	引用最新史学研究成果情况
第40题	1.《韩愈评传》（卞孝萱等著，2007年4月南京大学出版社出版）
	2.《中国近代史》（张海鹏等编，2012年1月高等教育出版社出版）
第41题	《世界史》（齐世荣总主编，2006年5月高等教育出版社出版）
第45题	《中国货币史》（彭信威著，2015年4月上海人民出版社出版）
第47题	《战争回忆录》（［法］戴高乐著，陈焕章译，2015年5月中国人民大学出版社出版）

从表4中可以看出，2015年全国卷 I 历史试题主动吸收新的甚至是"新鲜出炉"的学术研究成果，如第45题的材料出自于2015年4月才出版的《中国货币史》。学术研究新成果成功地运用到命题中来，命题的学术化、专业化趋势日益加强。

二、教学启示

（一）以培养学生阐述历史观点的能力为基础，全面提升学生学科能力

《考试大纲》将"描述和阐释事物"的能力概述为"准确描述和解释历史事物的特征，认识历史事物的本质和规律，并做出正确的阐释"。《普通高中历史课程标准（实验）》对"过程与方法"之"掌握历史学习的基本方法"有明确规定："学习历史唯物主义的基本观点和方法，努力做到论从史出、史论结合；注重探究学习，善于从不同的角度发现问题，积极探索解决问题的方法；养成独立思考的学习习惯，能对所学内容进行较为全面的比较、概括和阐释；学会同他人尤其是具有不同见解的人合作学习和交流。"考试大纲和课标规定里的"描述""解释""阐释""论从史出、史论结合""概括""交流"等字眼，其实就是阐述历史观点的能力（或称历史阐述能力）的具体表现。阐述历史观点的能力是指正确运用历史学科语言对历史事件、历史事物等进行口头表述、书面表达，从而体现历史学科特性的能力。阐述的过程也是进行创造性思维、历史联想、抽象与概括的过程。阐述历史观点的能力是中学历史教育的重要目标之一，也是目前各地高考的重要考察方向。从对选择题"新

材料""新情境"的解读，再到材料分析题、论述题、小论文题，甚至"超纲超本"的选考题，都渗透着对学生阐述历史观点能力的考查。相比较而言，全国卷对阐述历史观点能力的考查力度更大。根据高考历史学科能力要求，笔者将阐述历史观点的能力分为三种：历史表述能力、历史解释能力、历史论证能力。

1. 培养学生历史表述能力

历史表述能力是历史阐释能力的初步阶段，具体包含有：能够迅速复述别人讲述或自己阅读书籍上的历史知识的基本结构和观点；能够用清晰的、有条理的口头或书面语言，结合历史要素和历史表象，生动形象地再现历史事件、人物和场景；能够对知识网络有一个清楚的、丰富的表达；能够针对不同的材料和具体历史问题的要求，选择不同的方法进行阐述，并能在历史理解的基础上表达自己的观点。

2. 培养学生历史解释能力

历史解释能力是对历史知识进行结构性和实质性的说明。具体的历史解释能力包含：能够从不同角度对历史要素进行解释；能够分析和概括、归纳和综合历史现象的特征、规律；能够灵活运用历史理论、历史概念解释历史事实或历史观点；能够通过比较分析不同的历史事件、历史概念或理论观点的异同，并加以解释说明。

3. 培养学生历史论证能力

历史论证能力属历史学科的较高层次的思维范畴。历史论证能力有：能够掌握史论结合的阐述方法；能够按照材料、问题的要求，运用立论、驳论的论述方法；能够持有质疑、批判的态度，运用多种证据，进行甄别、逻辑推论；能够对历史观点做出价值判断或因果判断，并能阐述自己的观点。

阐述历史观点的能力属于历史学科考查目标中较高层次的考核目标，历史教师在平时的课堂教学和复习备考中，要顺应全国卷着力考查学科能力的要求，除了对高考考点逐一落实外，更要注意培养学生的历史表述能力、历史解释能力，以及史论结合表述历史问题的历史论证能力，进而提升学生的学科能力。

（二）以提升学生解题能力为手段，全面培育学生学科素养

（1）研究高考试题，熟悉全国卷命题特征，提升解题能力。集中力量研究国家考试中心命制的全国新课标Ⅰ卷和Ⅱ卷，熟悉和认识全国卷的命题特征尤其是选考题"源于课外，高于课本"的特征，总结命题的思路、方法、规律与趋势。从中学会举一反三，学会一题多解、一题多变。刘芃老师指出："与其大量做题，不如抽出时间认真研究往年的试题，社会上流传的复习题往往粗制滥造，不得要领，不分良莠地抓着就做，最容易产生误导。往年的试题是精雕细磨的产物，它反映了对考试内容的深思熟虑、对设问和答案的准确拿捏、对学生水平的客观判断。研究这些试题，就如同和试题的制作者对话。"通过研究高考试题，我们就能够瞄准高考历史命题的"风向标"，少走弯路，用智慧化解高考面临的新问题。例如对于"超纲超本"的选考题"历史上重大改革回眸"而言，备考过程中应该掌握分析和解决改革类问题的一般性规律和方法，而不是记忆某一改革的具体内容（如改革的背景、措施、影响等）；针对答案主要来自于题干中，都需要通过释读概括材料信息，对比分析问题才能得出的特点，平时着力训练考查释读、概括和运用史料信息能力的试题。

（2）精心选取、命制、训练能体现历史学科素养要求的试题，增强实效性。新课程高考历史以培育学生的学科素养为追求，精心选取、命制、训练能体现历史学科素养要求的试题意义重大。作为高三教师，选题、命题的标准要与全国卷高考试题体现历史学科素养的风格接近，试题形式、角度、难度基本一致。通过精练、精讲，逐渐使学生融会贯通，烂熟于心，信手拈来，避免让学生做一箩筐一箩筐的"垃圾题"。

（3）强化开放性试题练习。在高考备考复习教学中，我们应重视"对比""启示""评价""认识"等开放性试题的训练，要引导学生平时多阅读、多积累，关注社会发展、时代热点、新的史学动态，形成良好的思维品质，能够根据自己的理解和感悟去阐述问题。

（4）加大材料阅读量的训练。全国卷试题材料的阅读量和阅读难度相对较大。而学生答题的质量，在很大程度上取决于在单位时间里的阅读速度和提炼信息的速度。阅读量的训练依靠平时强化提高，一是要在课堂教学上，有意识地运用经典试题或指定课文进行训练；二是在课后的跟进训练；三是坚持要定时定量训练，否则没有时间意识和效率意识，解题速度难以提高。

（三）以成就研究型教师为目标，全面提升教师专业素养

研究型教师是相对于经验型教师（即"教书匠"）而言的，指的是在教育领域中，能积极主动地反思自己的教育教学行为，具有职业敏感性、反思意识、合作精神和科研意识，及时发现教育教学工作中的问题，针对问题积极探索研究，主动吸收教育科学理论和同行经验，提出新的切实可行的改进方法，不断地改进自己的教育教学工作的教师。做一名学者型、研究型教师，不仅可以让学生适应不断变化的考试形势、赢得高考，也可以达到培育学生的史学素养和人文素养的目标。

全国卷历史试题在近几年的发展中日臻成熟，命题的专业化和学术化倾向越来越明显，试题的"学术化"越来越浓，总体难度居高不下。这就要求我们广大历史教师时刻关注历史学科学术研究的新理论、新方法、新动态，在阅读思考、学习借鉴中不断提升自己的学术品味，做一名学术型教师。"要给学生一杯水，老师要有一桶水。"历史老师要自觉学习其他版本的教材教参，在比较中学习相关知识，丰富备课资源。自觉研究"课标"和"考纲"，瞄准备考方向。自觉学习相关杂志文章和专业著述，掌握史学主流发展方向，如当前史学界的三大主流观点，即生产力标准、整体史观、现代化理论，以生产力为基本标准、以整体史观为新视角、以现代化理论为主线认识历史。认真研做近几年全国卷高考试题，思考其命题思路与设计技巧，归纳出指导我们教学的注意事项与方式、方法。以研究历史学科《考试大纲》为例，通过对《考试大纲》导言的研究可以得出如下结论：命题不拘泥于教科书，教材不是标准，教材知识不是全部考查学科素养和学习潜力，为大学选拔可持续发展型人才；坚持科学历史观的指导，以唯物史观为主导下的多元史观为指导。

"高考是从合格的高中毕业生中挑选最有发展潜力的学生接受高等教育，是强调区分考生差异的选拔性考试"，目的是"要甄别出能够完成大学学习的学生，并在很大程度上承担着社会分层的任务"。为高校选拔合格考生，是高考试题所承载的首要功能。陈伟国老师在对高考试题的研究方面有成熟的经验可资借鉴："对高考试题的研究，着重于研究高考试题的特点，包括试题的问题情境设置、立意、角度；试题的知识覆盖面、难度、梯度及组卷技术。教师应将自己对高考试题的体认、感悟、心得及时链接进教学、渗透进命题、融合进训练。""工欲善其事，必先利其器。"要在高考这种选拔功能突出的考试中胜出，熟悉高考试题特点，智慧地调整高三教学策略至关重要。

参考文献

［1］教育部考试中心.2016年普通高等学校招生全国统一考试大纲的说明［Z］.北京：高等教育出版社，2015.

［2］教育部考试中心.2016年普通高等学校招生全国统一考试大纲（文科）［Z］.北京：高等教育出版社，2015.

［3］吴伟.历史学科能力与历史素养［J］.历史教学（上半月），2012（11）.

［4］中华人民共和国教育部.普通高中历史课程标准（实验）［S］.北京：人民教育出版社，2003.

［5］胡军哲，武松健.2012年全国文综卷（课标）历史试题评析与教学启示［J］.中学历史教学，2012（8）.

［6］胡军哲.素养立意：2014年新课标全国卷I历史试题评析与教学启示［J］.中学历史教学，2014（8）.

［7］黄牧航.历史科高考中运用新成果初探——基于2007—2013年高考历史试题的统计分析［J］.历史教学，2014（1）.

［8］刘芃.刘芃考试文集［M］.北京：人民教育出版社，2012.

［9］王利.做个幸福的研究型教师［J］.学英语（高中教师版），2011（1）.

［10］陶西平.《教育评价辞典》［M］.北京：北京师范大学出版社，1998.

［11］田慧生，孙智昌.学业成就调查的原理与方法［M］.北京：教育科学出版社，2012.

［12］陈伟国.来自历史课堂的智慧［M］.成都：四川教育出版社，2008.

作者简介

黎耕，男，2012年加入中国共产党，2016年毕业于华中师范大学历史文化学院学科教学（历史）专业，现就职于东莞高级中学，中学历史一级教师，2016年9月加入广东省毛经文名教师工作室，跟岗学习，积极探寻历史教学的乐趣与价值。他始终相信，历史课堂是有温度、有温情的，它应该成为学生心中的智慧学园、青春田园、心灵憩园和幸福乐园！

时序长河奔腾流　空间面貌万古新

——基于时空观念下明朝商业政策的教学分析

黎　耕

时空观念是历史学科核心素养之一，体现了历史叙述的基本要求。但是在高三历史二轮复习中，历史教学多聚焦高考考点，开展专题训练，往往存在重知识强化、轻素养立意的现象。事实上，以时空观念为代表的核心素养不仅是历史学习的目标要求，更是专题突破的方法工具。时空观念包括了时序演进的内在逻辑和特定空间的迥异风格，揭示了历史纵向发展和横向比较的两个维度。

"历史学科，无论怎么考，考什么，都离不开时空观。"笔者通过对比2019年、2018年、2017年全国Ⅰ卷历史高考题第27题发现，近三年的考查都与时空观念密切相关，材料反映的内容都跟明朝商业活动有关。有鉴于此，本文试以"明朝商业政策"为切入，瞄准学生固化思维，答疑解惑，探究时空观念核心素养下的历史专题复习。

一、临摹时空背景，寻访历史成因

历史是已经发生的人和事，不可能再原原本本地重现。我们学习历史却要抱有"追忆"的情结，力图真实地描述和理解当时的背景。如同临摹书法绘画作品一样，要尽可能地再现原作的面貌，体会其中的架构和雅韵。探究历史时空背景和历史成因，就是要积极引导学生对时空环境、时空主体和时空动因有清晰的定位和准确的理解。

（一）时空环境是特定的

《普通高中历史课程标准（2017年版）》指出："任何历史事物都是在特定的、具体的时间和空间条件下发生的，只有在特定的时空框架当中，才可能对史事有准确的理解。"如果撇开时空环境让学生理解历史知识，往往是无源之水无本之木，容易让人产生认识偏差。以明朝商业政策为例，高中生往往只能简单地说出"重农抑商"政策，或依据惯性思维指出该政策在明清时期有所"强化"。那问题来了，明朝商业政策只局限于如此？解答上述问题之前，我们应该先分析清楚明朝的历史背景，找准时空定位，这样才能论从史出。

表1　明朝的历史背景分析表

社会背景	消极因素	积极因素
政治	君主专制空前加强	封建社会后期的转型
经济	农耕经济占据主导地位	商品经济发达，资本主义萌芽
文化	理学束缚；八股取士	明清之际的进步思想；西学东渐

特定的时空环境是指一定时期特殊的政治、经济、文化等方面的状况，任何历史事件都不可能离开当时的时空环境，并且受到它的限制和作用。明朝商业政策的出台正是受到特定历史环境的影响，这里面既有消极阻碍因素的牵制，也有积极有利因素的推动。正因为如此，明代商业的时空环境已经呈现出新旧交替的特点，这对于商业政策的制定和实施势必会带来多重效应。

（二）时空主体是具体的

时空观念的培养离不开对具体时空主体的关注，并诠释出"活"的历史。时空主体是一个个具体的人，人物的家庭出身、能力大小、性格脾气、兴趣爱好、人际关系等都有可能影响历史的发展。在重大历史事件的决策上，英雄人物确实扮演着至关重要的角色，他们的重大历史活动也是出现在特定的时间段里。因此，让学生关注历史人物，恰是落实时空观念的重要步骤。

明朝商业政策的酌量和制定，其背后必然是明代统治阶层利益的权衡，他们既要维护封建统治，也要照顾百姓生计，保障社会安定。

环顾明朝历史，作为最高统治阶级的皇帝，对待商业政策的态度也不尽相同。以"海禁"政策为例，明朝的海禁政策自洪武年间开始到明末海禁的废弛经历了一个多变的过程。从明初严厉的海禁政策，永乐年间海禁的松弛，永乐后（洪熙—弘治）海禁政策的再强化，嘉靖年间的海禁政策高度强化，隆庆开放和海外贸易的迅速发展，明末海禁的废弛。这些政策嬗变的背后离不开具体历史人物的推动和影响，因此让学生树立正确的时空观念，还要让他们看到时空主体的具体性和变化性。

（三）时空动因是多元的

时空动因是指在特定的时空环境中，驱动时空主体做出历史决策的成因。它往往具有多重性和复杂性，甚至于动因之间都可能互为矛盾。

德国古典哲学家伊曼努尔·康德曾提出"二律背反"的哲学概念，它是指对同一个对象或问题所形成的两种理论或学说虽然各自成立，但是却相互矛盾的现象。以明朝商业政策的制定为例，其动因表现既有"重商"的考虑，又有"抑商"的酌量，两种思想交织在一起，成为影响明朝商业政策矛盾演进的内驱力。

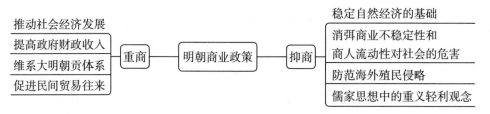

图1 明朝商业政策制定的"二律背反"

不难看出，这种时空动因的多元可以概括为两种互为矛盾的手段，每一次商业政策的调整，都是要最大化地体现明王朝的整体利益，所以多元的背后蕴藏着明统治者的最高意志——维护封建统治。

二、洞察时空动态，揭示历史特征

在明朝商业政策的教学过程中，要引导学生将历史事件置于不同视域之中，让他们既能够从宏观层面上把握历史，又能够从微观细节中叙述史实。与此同时，学生应该明确历史时空始终是动态变化的，即商业政策的演变是有"足迹"可循的，有它内在的渐变路径和规律特征。

（一）调适时空焦距，呈现多彩镜头

我们所熟知的法国年鉴学派领军人物费尔南·布罗代尔的长时段理论，就是将历史时间分为"长时段"（地理时间）、"中时段"（社会时间）、"短时段"（个别时间）三大类别。这就是告诉我们，基于不同时段的时空定位，我们所要关注和得出的认识往往差别很大，因此时空观念的培养离不开"大历史"和"微历史"之间的互动切换和长效变化。

就像我们日常拍摄使用的变焦镜头一样，依照焦距长短，可以分为广角镜头、标准镜头和长焦镜头，所得出的画面分别是近景、中景和远景。那么就历史的"远景"来看，明朝商业政策离不开整个中国古代封建社会的影响，总特点是以抑商为主，贯穿始终。但是，如果我们将历史的镜头聚焦"近景"或"中景"时，这种历史细微的变化就显得格外突出，历史的多彩镜头便呈现在我们面前：明统治者的恤商、惠商、崇商政策时有出现。所谓"恤商"多指明代统治者体恤商人、轻征商税、减少盘剥商人的做法，这些措施旨在照顾商人生计，保障他们有基本的生存能力。而"惠商"多指统治阶级主动为商人营造良好的经商环境，鼓励商业活动的开展。自隆庆开关以来，明朝基本废除了海禁政策，使得民间海外贸易重新焕发光彩。"崇商"尤指在一些特殊时期和特定区域，人们将商业作为四民之业中最重要的活动，"在江南及福建沿海等地，重视商业的习俗也确实存在，不容忽视，如视商贾为第一等生业、弃农经商、弃儒就贾等"在当时就是很常见的现象，它们与抑商政策共同诠释出了明朝商业政策的另一个特点——抑商与重商赓续交织、循环交替。

（二）烙下时空印迹，探索渐变路径

唐宋以降，完全意义上的抑商是不复存在的，取而代之的是"官商分利"的新政策，明朝自立国以来也沿用了此办法，"洪武三年，山西行省言：'大同粮储，自陵县运至太和岭，路远费烦。请令商人于大同仓入米一石，太原仓入米一石三斗，给淮盐一小引（凭证）。'……帝从之。召商输粮而与之盐，谓之开中。其后各行省边境，多召商中盐以为军储。……各边开中商人，招民垦种，筑台堡自相保聚，边方菽粟无甚贵之时"。明太祖朱元璋以官府手中的盐换取商人运往边境的粮，以此达到"双赢"的效果。这种官商分利的做法揭示出明王朝商业政策的又一个特点——抑商之中亦有重商。

明代商业政策也有烙上前代保守思想的印迹，特别在对待商人身份的态度上，表现尤为显著。朱元璋明令："农衣绸、纱、绢、布，商贾止衣绢、布。农家有一人为商贾者，亦不得衣绸、纱。"明武宗即位之初，也下令"禁商贩、仆役、倡优、下贱不许服用貂裘"。这种限制商人的做法是抑商内容的另一种体现，即抑商的"商"不仅指商业，更指商人。在商业的主体上，商人不仅有私商，还有官商，然而在对待官商的态度上，封建政府不仅不抑制反而大加鼓励。因此，明代的抑商具有相对性——只抑私商，不抑官商。

综上所述，基于时空动态多形式的考察，明朝商业政策至少有如下五点特征：（1）总特点是以抑商为主，贯穿始终；（2）抑商与重商赓续交织、循环交替；（3）抑商之中亦有重商（官商分利）；（4）抑商的"商"不仅指商业，更指商人；（5）抑商具有相对性（只抑私商，不抑官商）。

三、细听时空回响，总结历史影响

让高中学生基于时空观念评价明朝商业政策，就要使他们能够从时序发展和空间对比的角度解析历史，并深入考察时空交织环境中历史的多样性。

（一）从时序前后的变化看历史的潮流

在封建社会初期，小农经济的稳定关乎封建政权的巩固，统治阶级必然要实行符合新兴地主阶级利益的政策，发展农业、限制商业成为当时的主要潮流。但是伴随商业的发展，抑商政策愈发地脱离时代潮流。以明以前的宋为例，商业税基本占到了国家财政收入的一半以上，这就意味着自宋以后古代财政结构经历了从单一农业税为主到包括商业税在内的多元财政结构的转变，这预示着商业政策的调整已成为大势所趋。

当时序切换到明代，顺应商业发展，特别是哺育新事物的成长——资本主义萌芽应当成为历史的潮流。然而抑商政策在经历了战国时"产生"、秦汉时"发展"、唐宋时"松动"后，本应朝着"消亡"的方向演进，但是历史的轨迹却来了个大反转，抑商政策变得更加"强化"。"强化"的后果是资本主义萌芽和商品经济发展受到了极大的阻碍，社会进步更加缓慢。

（二）从空间主体的对比看历史的反差

明朝历史（1368—1644）正好与14世纪到17世纪的欧洲文艺复兴时期大致吻合。在商业领域，中西方都出现了资本主义萌芽，但统治阶级在对待商业的态度上却截然相反。具体表现在商业政策上，中国仍沿用历朝历代的"重农抑商"政策，而西方逐渐确立了"重商主义"政策，致使西方商贸活动日趋活跃，而中国商业态势更加偏向保守。

即便如此，在当时中西方贸易往来中，中国商品（瓷器、茶叶、生丝等）依然有着传统优势。欧洲人需要将美洲开采的白银运往东方，购买昂贵的商品，这样一来，明朝中后期世界白银产量的一半流入中国。按理说，中国发展商业的资金条件是非常优越的，但由于受制于抑商政策，中国对外缺乏海外市场需求的刺激，对内购置田产，使得商业资本得不到更好的扩充，资本主义萌芽发展缓慢。西方则不然，尽管早期商品并无优势可言，但在重商主义思想的指导下，经过几个世纪资本原始积累和庞大海外市场的经营，逐渐产生了工业革命，中西方贸易格局从根本上发生了易位。

（三）从时空交织的冲突看历史的滞碍

时序和空间两类要素是构成时空环境的重要组成部分，前者揭示了历史的潮流，后者反映了区域的差别，两者相互交织，缺一不可。时空交织的结果存在着"契合"与"冲突"两种区别。在中国古代社会，时空交织的契合度在相当长的时间里比较高。从时序上看，"农业是整个古代世界的决定性的生产部门"，古代重视农耕经济是当时的普遍倾向。从空间上看，中国的大河文明有别于西方的海洋文明，抑商政策的实施有利于中国古代铸就辉煌的农耕文明，并长期领先于世界。但是，当历史的车轮驶入世界近代史的时候，这种时空交织的结果由"契合"慢慢转向"冲突"：资本主义经济在世界范围内迅速发展，工业文明取代农耕文明已成为历史发展的必然趋势。而此时的明王朝依然固守抑商政策，限制海外贸易发展，对于国内农耕经济的稳定而言并无不妥，但就世界发展潮流而言，则严重阻碍了中国资本主义萌芽的成长和中国综合国力的提升。

由此不难看出，在明朝特定的时空环境下，空间要素的抑商倾向与时序要素的重商倾向不可避免地产生了冲突，这意味着中国的社会转型从一开始就举步维艰，困难重重。

参考文献

［1］陈伟.2016年以来高考全国Ⅰ卷对历史时空观的考查［J］.中学历史教学，2018（11）.

［2］中华人民共和国教育部.普通高中历史课程标准（2017年版）［S］.北京：人民教育出版社，2018.

［3］张明富.明代商业政策再认识［J］.历史研究，2018（6）.

［4］（清）张廷玉.明史［M］.北京：中华书局，2000.

［5］［德］恩格斯.家庭、私有制和国家的起源，马克思恩格斯选集第4卷［M］.北京：人民出版社，1972.

作者简介

龙璟瑶，高中历史一级教师，任教于东莞外国语学校，东莞市高中历史教学能手，广东省毛经文名师工作室学员。多次在市级教研活动中上展示课，多篇论文发表或获奖，多次在市级微课、"同课异构"等教学比赛中获一等奖，多次被评为校"优秀教师""优秀青年教师""优秀班主任"以及"最受学生欢迎教师"。

基于学业质量标准，养育历史解释素养刍议

——以"中日甲午战争"为例

龙璟瑶

一、历史解释的内涵及地位

《普通高中历史课程标准（2017年版）》（以下简称新课标）对历史解释的概念界定为："历史解释是指以史料为依据，对历史事物进行理性分析和客观评判的态度、能力与方法。"历史学家李剑鸣认为："'历史解释'就是使过去的人和事变成可以理解的知识的过程。史家的每一个判断或每一种陈述，都是一种解释。"所以，历史解释是历史学科核心素养五位一体的聚焦，是唯物史观、时空意识和史料实证的外在表现，是养育家国情怀、滋润心灵的价值体现，是培养学生历史学科核心素养和实现历史课程教育价值的关键所在。历史学科核心素养的养育，应着重于引导学生在多元的历史解释之中放宽历史的视界，锻炼历史的思维，求真求实，形成对历史事件较为客观、全面的认识。

并且在多元历史解释的矛盾冲突中，历史过往与现今生活的碰撞下，获得新知，指导未来。

二、核心素养和学业质量标准的关系

新课标指出："学科核心素养是学生通过学科学习而逐步形成的正确的价值观念、必备品格和关键能力。""学业质量标准是以本学科核心素养及其表现水平为主要维度，结合课程内容，对学生学业成就表现的总体刻画。"

新课标将核心素养划分为1—4四个水平等级，同时相对应地划分了学业质量1-4四个水平等级。简言之，核心素养的养育是学科育人所追求的终极目标。而如何去评价和检测学生在课程学习之后，其核心素养的水平，以及教学目标的达成情况，依据的是学业质量标准。所以，在不考虑素养水平和质量水平的合理性、契合度的情况下，学业质量标准是落实核心素养的基础，是以养育素养为终极追求制定目标、选择内容、形成策略的依据。

三、基于学业质量标准的核心目标的制定

学业质量标准对教师确定教学目标组织教学具有指导意义。徐蓝教授明确指出"一个学生在达到高中毕业水平时，必须达到水平2"。历史解释的学业质量水平等级1、2的内容可以概括为：了解、概括历史事件，区分史实与解释，把握历史发展的各种联系，尝试用历史解释现实。

基于历史解释的学业质量水平1和水平2，在高一年级围绕"中日甲午战争"，我制定了本课的教学主题和教学核心目标。教学主题为：多重视角下的中日甲午战争，核心目标为：简述中日甲午战争的过程和结果，并能根据史料，从中外、古今等多个角度分析战争爆发的原因和影响，认识到历史解释是主观的，历史事实是客观的，学会用批判的、辩证的、全面的、发展的眼光看待历史事件。历史解释素养的养育，是本课最终的落脚点。

四、依托核心目标优化教学设计

通过大量阅读，我确定了主题和核心目标，基于主题和核心目标，我给同学们呈现了不同时期、不同国家对这场战争的不同的看法。希望他们从这些相同或矛盾的解释中，探究事情的真相。

（一）回到现场，以旁观者的身份看一看

在战争爆发的原因中，站在日本的角度来分析，是比较好理解的。从地理位置、国土面积、国家资源、经济发展、政治变革等角度，将主要原因确定为日本对外扩张野心的膨胀，并在国内动荡之时，利用对外扩张分散注意力，凝聚民心。对此，并没有太大争议。但岳麓版教材除对东学党起义简单交代之外，在背景原因处，仅仅着重描写了日本方面的原因，有失偏颇。所以需要回到历史现场，为此我给学生们展示以下两则材料。

材料1：中日甲午战争爆发前的情况（1894年）。

2月15日：朝鲜爆发东学党起义。

6月2日：日本内阁会议决定，如果清政府出兵朝鲜，日本也将向朝鲜派兵。

6月3日：朝鲜政府的乞援照会递达北京，清政府决定出兵。

6月6日：叶志超复李鸿章的命令，率兵赴朝，并知会日本。

6月8日：清政府的军队进驻朝鲜牙山，日本直抵朝鲜首都汉城。

6月12日：东学党与朝鲜政府达成妥协，起义被平定。

6月22日：日本在清政府拒绝其"共同改革朝鲜政治"的要求后，向清政府递绝交书，拒绝从朝鲜撤兵。

7月17日：日本确定对华开战。

——根据《蹇蹇录》和《甲午海战》整理

材料2：双方出兵、撤兵或不撤兵的依据。

中国出兵：朝鲜为中国的藩属国，且收到朝鲜政府的正式乞援照会。

中国撤兵：中国虽为朝鲜的宗主国，但并不会干预朝鲜内部统治和改革。且1885年中日《天津条约》规定，中日两国都不在朝鲜驻军，若遇朝鲜有重大事情出兵朝鲜，事毕即刻撤回，不再留防。

日本出兵：1876年日朝《江华条约》规定朝鲜为独立国，与日本平等。且1885年中日《天津条约》规定，中日两国都不在中日驻军，若遇朝鲜有重大事情，一方或两方需派兵朝鲜时须照会对方。

日本不撤兵：1882年日朝《济物浦条约》规定，日本可在朝鲜驻军。

——根据《蹇蹇录》和《甲午海战》整理

从这两则材料，我们进入到历史现场，复盘了一下战争前的情况。学生发现当中无论中国还是日本都有很多前后矛盾、解释不通的地方。

从日本的角度，如若按《天津条约》规定，事毕就应立刻撤兵，但日本在东学党起义平定后依旧拒绝撤兵。而且还提出改革朝鲜政治的要求，这又与《江华条约》里承认朝鲜独立，与日本地位平等相违背。如此一来，学生可以更直接、更客观、更有底气地感受到日本昭然若揭的扩张野心，并认识到朝鲜的起义是日本侵略扩张准备中的天赐良机。

站在中国的角度，中国作为地位在朝鲜之上的宗主国，怎么会允许朝鲜与日本签订《江华条约》？因为这样一来三国间的关系变得复杂、矛盾。更奇怪的是中日《天津条约》，从条约内容来看，日本和中国对朝鲜拥有基本相当的权力。经过老师的引导，学生可以得出中国方面出现的问题，其实质是两种国际体系之间的矛盾，一边是以中国为中心的差序包容的古代朝贡体系，另一边是欧美主导的主权对等的近代条约体系。

我们暂且不讨论哪一种体系下国家之间更平等，发展更自主。学生从中可以认定的是，至少中国对近代条约体系的出现形成后知后觉，在新的国际体系的多次冲击之下，对近代外交、国际公法有些许了解，也曾尝试依此来处理外交关系，但对其本质的认识依旧不足，并且想要维持旧有的国际体系。

（二）穿越时空，站在时人的角度想一想

经过前面的分析，可以确定战争为日本蓄意挑起，日本是非正义的一方。但在当时，国际舆论却倒向日本，这是这场战争得以发生且中国孤立无援最终失败的原因之一。舆论为何偏向日本，默认日本发动战争的正义性？为了探究这个问题，我为学生补充了以下两则材料。

材料3：

日本早在对朝鲜进行战略包围的时候，就已经将舆论宣传上升为国家战略，他们秘密聘请前《纽约论坛报》记者豪斯作为舆论战顾问，当《纽约世界报》记者克里曼揭露日本旅顺大屠杀事实后，日本政府勾结《华盛顿邮报》《旧金山纪事》《纽约时报》发表有利于日本的文章，从而质疑克里曼，清朝政府和媒体却在屠杀事件中集体保持沉默。

——《甲午：120年前的西方媒体观察》，万国报馆编著

材料4：

日本近代启蒙思想家福泽谕吉于1894年7月发表文章《日清战争是文明与野蛮的战争》。

通过以上两则材料，学生分析得出，甲午战时的日本不择手段地塑造其人道、文明的美好形象，将战争"包装"成是文明对野蛮的正义战争，以争取舆论的偏向和西方国家的支持或者不干涉。同时也理解了为什么时人和今人看法会截然相反，以及历史解释具有主观性，会根据时间、空间、政治、经济、文化等各方面因素的不同而出现差异。

（三）回到现实，比较三国的教材悟一悟

120多年前的这一战，对中、日、韩和世界都产生了深远的影响。但面对同一件事情，各自的表述都不尽相同。为了让学生更进一步感受历史解释的差异，我引导学生分析了岳麓版教材对战争影响的叙述后，补充了日本、韩国当今的历史教材的描述。

学生经过分析，发现中国岳麓版教材更多是从战争对中国的影响这个角度来叙述，表述中强调中国是受害者和失败者。而日本扶桑社的教材以成功者、文明者的口吻，从对中国和东亚秩序的影响来叙述。而韩国未来恩社的教材则是以旁观者的口吻，所以叙述的是战争对东亚秩序、日本和中国的影响。

之后还让学生试着分析不同表述背后可能存在的原因和意图，这么设计的目的，一是为了补充教材描述的不全面，二是在史料占有有限、没有深入研究的情况下，学生能提取、运用已知知识，构建自己的历史解释。

（四）以史为鉴，立足现实为未来谋一谋

中日甲午战争中国的战败，若只是让我们记住"落后极有可能会挨打"这个教训，那它的使命已经出色地完成。但我们再往深想一步，日本作为我们的邻国，中日关系是过去、现在和未来都必须面对的。当初日本侵华还有没有更深的内在诉求？未来我们会不会再次面临这样的问题？当今我们该如何和日本相处？这是我留给学生们的课后思考题，也是留给我自己的课后思考题，也是历史学科教育的现实意义。

五、养育素养的教学效果和教学反思

（一）教学效果

这节课是我的一堂校内公开课，公开课所在班级学生的历史素养和学习习惯比较好。从学生课堂表现来看，学生基本可以根据给出的材料，提取有效信息。课后，有学生留言给我，说以前在谈到中日甲午战争的时候，总是带有强烈的爱国情感，将中国因此遭受的一些苦难都归结于日本的侵略。而学习完这一课之后，会更加理性、客观和全面地看待战争的爆发，并且在分析战争带来的影响时，眼光也不再局限于中国，还会考虑战争的另一方日本和不无关系的朝鲜和俄国，以及国际秩序的变化和世界发展的趋势。从学生的反馈来看，所制定的核心目标基本可以达成，特别是"学会用批判的、辩证的、全面的、发展的眼光看待历史事件"这一点。但其他一些基础相对薄弱的班级，教学效果和教学目标的实现相对差一些。

（二）教学反思

1. 教师需要改变思想，提高能力。

新课标对老师和学生都提出了更高的要求，这需要我们有更多的专业阅读和思考，对史料的甄别和选择的精准度要更高，同时对教学的设计和理解要做更深入的学习和研究。比如，关于甲午战争爆发的原因，在课后的进一步阅读中发现，从思想的层面，三个国家"儒家天下观"的不同也是战争爆发的原因之一。

2. 历史解释的质量标准部分偏难。

按照新课标要求，学生毕业时应该达到学业质量水平2，对于参加"学考"的学生来说要求有点高，如在叙述时把握古今中外，各个学科等各方面的联系。对于"选考"的学生要达到水平4，有部分要求有点难以实现，如"提出新的解释""全面、客观地论述历史和现实问题"，对学生的历史专业知识水平要求颇高。未来的路还很长，还需要我们在实践中不断探索。

3. 对落实核心素养的策略有待研究。

本课是基于学业质量标准养育历史解释素养的一次尝试，但从设计到实践的过程来看，学业质量标准只是一个大方向，要将核心素养落到实处，中间的具体任务、具体方法、具体策略还需要我们的深入思考和研究，并在探索实践中不断完善，努力向标准靠近。另外，暂时我们还没有迎来新课标颁布后的高考，所以对于按照学业质量标准的教学实践、教学评价与考试评价是否一致，还有待时间和实践的检验。

参考文献

［1］万国报馆.甲午：120年前的西方媒体观察［M］.北京：生活·读书·新知三联书店，2014.

［2］姜鸣.甲午两甲子：忆与思［M］.北京：社会科学文献出版社，2014.

［3］［日］陆奥宗光.蹇蹇录［M］.北京：生活·读书·新知三联书店，2018.

［4］陈悦.甲午海战［M］.北京：中信出版社，2014.

［5］何成刚.优化历史解释素养水平划分的思考［J］.历史教学（上半月刊），2018（10）.

［6］中华人民共和国教育部.普通高中历史课程标准（2017年版）［S］.北京：人民教育出版社，2018.

［7］李剑鸣.历史学家的修养和技艺［M］.上海：上海三联书店，2007.

［8］徐蓝.基于历史学科核心素养的课程结构与内容设计［J］.人民教育，2018（8）.

💬 **作者简介**

　　邱秀钿，东莞外国语学校历史教师，华南师范大学本科毕业，广东省毛经文名师工作室学员。现担任高一历史备课组长，曾获东莞市青年教师基本功大赛一等奖，东莞市高中历史教学能力大赛（说题）活动二等奖，东莞外国语学校"最受学生欢迎教师"称号，学校班主任专业技能比赛和读书征文比赛一等奖。

浅谈历史影视作品辨伪与历史思辨能力的培养

——以影视剧《锦衣之下》为例

邱秀钿

　　为了适应高中历史新课程改革的要求和信息化时代的教学环境，教师在中学历史课堂中需综合利用现代传媒手段，合理运用历史影视资源，积极开展历史影视教学。但并非任何历史影视资源都可作为教学资源，面对良莠不齐的影视资源，教师可与学生一起进行甄选和辨伪。一方面减少错误信息对学生的负面影响，另一方面也可提高学生的历史思辨能力。作为教师，应当从哪些方面引导学生对一部影视作品进行辨伪呢？接下来笔者将以最近热播的一部影视剧《锦衣之下》为例，从人物、情节、机构、官名等方面结合历史资料进行逐一辨伪。

一、人物及情节辨伪

　　《锦衣之下》讲的是嘉靖年间内阁首辅夏然孙女袁今夏作为六扇门捕快与锦衣卫指挥使陆廷儿子陆绎在协同破案过程中暗生情愫，突破万难最终在一起的故事。笔者通过翻阅明朝相关历史书籍可以确定，该剧发生的历史背景真实存在，那便是明朝著名的夏言案。剧中的夏然实为明朝嘉靖年间有名的首辅夏言。根据《中国断代史系列·明史》记载："夏言，江西贵溪人，嘉靖初以兵科给事中参加过清理畿辅庄田的活动。"《明史·夏言传》所讲内容也基本上与《中国断代史系列·明史》相符。夏言因支持明世宗尊崇生身父母"大礼"的一系列措施，因而"大蒙帝眷"。之后受提拔任礼部尚书，在嘉靖十五年（1536）闰十二月入阁参机务，在当时首辅李时死后接任成为首辅。但后来严嵩深得皇帝喜欢，在皇帝面前经常告夏言状。嘉靖二十一年（1542）七月，夏言被免职。八月严嵩入职文渊阁，之后取代翟銮成为首辅。严嵩任首辅后"事取独断，不相关白……明世宗逐渐得知其专横情形，'厌之'"。夏言自被削职后，遇元旦、圣寿必上表贺，称草土臣，明世宗对他很有好感。嘉靖二十四年（1545）十二月，夏言被召还内阁"尽复其原官，且加少师，位在嵩上"，首辅之职由严嵩手里转给夏言。后因支持总督陕西三边军务曾铣主张驱逐套寇，收复河套一事，被严嵩和陆炳等人乘机攻击。严嵩诬告曾铣掩败不奏，克扣军饷，儿子贿赂，明世宗下令诛杀。而夏言也因支持收复河套一事被罢官。"二十七年正月尽夺言官阶，以尚书致仕，尤无意杀之也。"在曾铣死后，严嵩、崔元和陆炳向皇帝进言，最终下令赐死。"其年十月竟弃言市。妻苏流广西，从子主事克承、从孙尚宝丞朝庆，削籍为民。言死时年六十有七。"《锦衣之下》这部剧的历史背景确有其事，夏言的死确实是由于严嵩和陆炳（剧中为陆廷）联手所害。

陆炳又是何人？根据《明史·陆炳传》记载，陆炳出生于一个锦衣卫世家，祖父陆墀曾在锦衣卫任总旗，父亲陆松袭父职，被兴献王选为仪卫司典仗。因为朱厚熜继承皇位，陆松的仕途也顺畅起来，被升为后府都督佥事，协理锦衣卫事务。在朝臣之中，陆炳非常注意巴结阁臣夏言、严嵩这样有权势的重臣，努力讨取他们的欢心。但是，这两位阁臣你争我斗，令陆炳一度不知如何取舍，经过一番斟酌之后，陆炳终于倒向了严嵩。陆炳本来也与夏言非常亲近，是夏言的耿直改变了他们的关系。当时，御史弹劾陆炳的各种不法之事，夏言得知之后，立即代拟圣旨要将陆炳逮捕治罪。情急之下，陆炳试图用三千两黄金赎罪，通过行贿寻求解脱，结果遭到夏言的严词拒绝。无奈之下，陆炳只得长跪地下，以泪谢罪，令夏言终于松口。虽然得到宽恕，陆炳始终觉得留下把柄在别人手中，不仅会感到心虚，也对夏言怀恨在心。等看到严嵩和夏言争权，陆炳当然要帮助严嵩。他利用职务便利，搜集夏言与边关将领私自结交之事，向朝廷检举之后，夏言被判死罪。剧中这一情节也与史实相符。

剧中男主角陆绎在历史上确为陆炳之子。《明史·陆炳传》中记载："陆炳二十九年卒官。赠忠诚伯，谥武惠，祭葬有加，官其子绎为本卫指挥佥事。隆庆初，用御史言，追论炳罪，削秩，籍其产，夺绎及弟太常少卿炜官，坐赃数十万，系绎等追偿，久之赀尽。万历三年，绎上章乞免。张居正等言，炳救驾有功，且律非谋反叛逆奸党，无籍没者；况籍没、追赃，二罪并坐，非律意。帝悯之，遂获免。"所以剧中陆绎被投入监狱但最终被赦免也符合史实。

深受皇帝器重的严家又是如何倒台的？这要提及明世宗身边的方士蓝道行。明世宗重视道教，追求修仙和长生不老，信任方士。《中国断代史系列·明史》中讲到"住在西苑的明世宗与外人很少接触，除了方术之士，大臣中惟严嵩承顾问，御札一日或数下，虽同列不获闻"。其中，明世宗极信任方士蓝道行，蓝方士在扳倒严嵩过程中发挥了重要作用。"方士蓝道行恶严嵩，假乩仙言（严）嵩奸罪。明世宗问：'果尔，上仙何不殛之？'蓝道行又假乩仙言：'留待皇帝自殛。'迷信方术的明世宗听后不得不大为'心动'。""这个消息被御史邹应龙得知，他在徐阶的支持下，'抗疏极论嵩父子不法'，并说：'臣言不实，乞斩臣首以谢嵩、世蕃。'于是严嵩被令致仕，严世蕃被判处充军边远，而邹应龙则被擢为通政司参议，则为嘉靖四十一年（1562）五月。"剧中方士蓝道行在徐阶帮助下入宫，最后扳倒严家父子以及严家父子最后的下场都符合史书记载。而历史上徐阶也顺利取代严嵩成为下任首辅，所以本剧主线基本符合历史史实。

但女主角的线与真正史实便不相符了。其一，根据《明史·夏言传》记载："言死，嵩祸及天下，久乃多惜言者。而言所推毂徐阶，后卒能去嵩为名相。隆庆初，其家上书白冤状，诏复其官，赐祭葬，谥文愍。言始无子。妾有身，妻忌而嫁之，生一子。言死，妻逆之归，貌甚类言。且得官矣，忽病死。言竟无后。"夏言儿子在得官后便病死了，没有留下后代。剧中袁今夏为夏言孙女这点与史实不符。其二，明朝推崇三从四德，女子不能随意出来抛头露面，明朝女性当官的可能性小，根据《万历野获编》记载，只有宫中女官由女子担任。"女官，宫中六尚之职，国初凡三定，最后则洪武二十八年重定者为准。盖斟酌周、汉、唐之制而损益焉。"所以明朝出现女捕快这一情节不可信。

二、历史机构辨伪

剧中出现最多的机构名称是锦衣卫和六扇门，明朝的锦衣卫最早源自朱元璋时期。"朱元璋要他的臣僚对他绝对忠诚，不允许他们对他有隐瞒或有所不满。为此，他往往派人用特务手段侦察臣僚的私下言行。""到洪武十五年（1382），特别设置了锦衣卫。他的前身是吴元年（1367）所设的拱卫司，洪武二年改为亲军都卫府，十五年才改为锦衣卫。下设镇抚司，有监狱和法庭，从事侦察、逮捕、审问、判刑等活动，称为'诏狱'。""明代锦衣卫下设南北镇抚司，其中北镇抚司专理皇帝钦定的案件，拥有自己的监狱。北镇抚司大狱关押了很多著名的政治犯，其中就有'东林党六君子'，该狱可以自行逮捕、刑讯、处决，不必经过一般司法机构。"剧中陆绎所在的部门就是北镇抚司，关押犯人的地方就是诏狱。

关于锦衣卫的发展历程，常州大学历史研究所、常州社科院历史研究所副所长吕扬博士曾梳理过："在洪武时期，皇帝为了监控朝臣，特别是引发清理开国武将的洪武二十六年的'蓝玉案'，也是由锦衣卫指挥使蒋瓛告发的。到了永乐时期，为了打压朝廷中的建文帝遗臣，以及控制朝臣对朱棣'靖难'也好、篡位也罢的不满，锦衣卫的权力跟着上升。到了天顺时期，因为明英宗夺门之变后，他要清除景帝在朝中的势力，所以他采取了完全意义的恐怖政治，前有逯杲后有门达，把锦衣卫的权力大大扩张。到了明武宗时期，钱宁是武宗的宠臣，他再一次扩张了锦衣卫的权力。到嘉靖时期，锦衣卫权力最高的阶段就是陆炳掌管的时代，因为陆炳救过嘉靖皇帝的命，而且又是新帝的旧臣，加上嘉靖皇帝要对一些抱有不满情绪的朝臣采取暴力措施，使得这个时期的锦衣卫权力得到了进一步扩大。陆炳去世之后，锦衣卫权力开始下滑，最后到了万历年，执掌锦衣卫的朱希孝是'靖难'功臣朱能的后人，他凭借祖荫还能有点作为，锦衣卫还不太听东厂的话。换句话说，朱希孝的独立办案权还在。由于朱希孝坚持自己的原则，高拱得以保全。再往后，万历时期发生的'妖书案'整个侦查、审判的过程全部由东厂独立完成，锦衣卫连边都没靠上。不过此时的锦衣卫指挥使刘守有还不怎么听东厂提督的话，从这个角度看，此时的锦衣卫还没有完全依附东厂。到了万历后期，锦衣卫指挥使见到东厂提督居然要磕头，再也没有厂卫平分高下一说。到了天启朝魏忠贤执政时期，锦衣卫田尔耕等人无条件倒向魏忠贤，锦衣卫彻底沦为东厂的走狗，权力都交到了东厂那边，锦衣卫彻底衰落。在崇祯朝时期，锦衣卫有点复起的苗头，当时的指挥使可以从诏狱的角度独立侦办案件，但当他审不明白的时候，还是要交给东厂去审理，从这里可以看出在皇帝心里东厂地位已经高于锦衣卫了。后来，这个趋势一直持续到明亡，如果明不亡，按照当时的态势，锦衣卫想要再次复兴的可能性微乎其微。"《锦衣之下》这部剧发生时间刚好是锦衣卫权力最高的时期，也就是陆炳掌管的时期，与历史史实相符。

而剧中另一重要机构六扇门则与史实有出入。明朝并没有一个专门的机构叫六扇门，因为官府衙门大门常三开间，共六扇门，因此六扇门被民间代指为官府。剧中的六扇门实际上是明朝庞大的刑狱体系机构的合称。明朝在京的刑狱衙门分为刑部、大理寺、都察院，统称三法司。三法司的分工如《明史·刑法志二》所说："刑部受天下刑名，都察院纠察，大理寺驳正。"刑部审案，大理寺复查，都察院查官。刑部在一般情况下，只审理地方官府送上的案件，刑侦一般归属地方提刑按察司。但由于京师不设按察司，因此刑部也包揽了京师刑侦职能。就剧中女主热衷刑侦来看，应该属于刑部的人。但刑部一般审理京师普通民人案件，当案件涉及了官员，如剧中涉及兵部郎中曹昆，那就由都察院审理，因此在之后查探曹昆案时，女主应该又被调任到都察院了。在后面的剧情中，男女主还将出京查案，其实这在历史上是比较困难的。因为锦衣卫作为皇权工具侵蚀了文官系统的刑部，因此文官集团经常利用各种制度来给锦衣卫找麻烦。其中常利用"驾帖"制度阻碍锦衣卫出京办事。《明神宗实录》就记载了时任锦衣卫都指挥使骆思恭的一道奏折，抱怨刑部给事中态度消极，不给锦衣卫批"驾帖"，弄得锦衣卫没法出京抓人。刑部也一般不会外派官员查案，有外派官员查案权力的是都察院，被称为"外差"。所以女主角更偏向于任职都察院。

三、历史官名辨伪

《锦衣之下》当中的官名也很有意思，值得考察。锦衣卫下设镇抚司。南北镇抚司下设五个卫所，其统领官称为千户、百户、总旗、小旗，锦衣卫等级森严，具体建制为指挥使一人，正三品；指挥同知二人，从三品；指挥佥事二人，正四品；镇抚使二人，从四品；十四所千户十四人，正五品；副千户，从五品；百户，正六品；试百户，从六品；总旗，正七品；小旗，从七品。下属有将军、校尉、力士，对外有参某某事、校令，另有精通多国语言的翻译等。剧中陆绎父亲陆廷便是锦衣卫指挥使正三品官员，而陆绎也因为办案有功升到锦衣卫正四品指挥佥事一职，陆绎下属岑福则是校尉，与明朝锦衣卫官名相符。

但陆绎在未升官之前是一个经历，这经历又是何官职？根据明史专家张奎松研究员在《锦衣卫形成过程述论》当中提及"1939年三月，朱元璋更定大都督府等衙门官制：都镇抚司都镇抚，从四品；副镇抚，从五品；知事，从八品。金吾侍卫亲军都护府都护，从二品，经历，正六品；知事，从七品；照磨，从八品。统军元帅府元帅，正三品；同知元帅，从三品；副使，正四品；经历，正七品；知事，从八品；照磨，正九品。各卫亲军指挥使司指挥使，正三品；同知指挥，从三品；副使，正四品；经历，正七品；知事，从八品；照磨，正九品"。这里提及经历有好几种类别，明朝每个官职多设经历一职，由一个人担任，各个官职的经历品阶不同。锦衣卫大致有三个部门，经历司管理文书、收发公文，另有南北两个镇抚司，南镇抚司管刑法，北镇抚司掌刑狱，专事缉查、逮捕、审问等事，有自己的诏狱，独立于三法司之外，直接听命于皇帝。经历司经历主要是文职，从七品官职。历史上跟随陆炳的沈炼就是一个经历司经历，负责文书工作。因为《明史》当中对陆绎的介绍很少，只知道他受父亲牵连被罢官收监，后来在张居正的帮助下才无罪释放，官复原职。所以对他的真实官职很难考究。剧中陆绎明显是个武官，与经历司经历，负责文职工作不符。所以究竟陆绎从事哪个官职经历，这点保留疑问。

除了锦衣卫官职外，剧中最常见的官职名便是捕头和捕快。古代的捕快属于衙役，衙役的身份分为两种：民壮、库丁、斗级、铺兵为良民，皂、快、捕、仵、禁卒、门子为贱民。"捕役，捕拿盗匪之官役也；快手，动手擒贼之官役也。"捕快是"捕役"和"快手"的合称，负责缉捕罪犯、传唤被告和证人、调查罪证。统领捕快的班头叫捕头。捕快干的活儿，在古人看来，是一种不良之行，得罪人的活计，一种贱业。总是要抓人拿人，总是跟坏人坏事打交道，正经人注定不屑于此，所以，只能让贱民做。做不良之事者，只能是不良之人，所以，在中国古代，人们也称捕快为"不良人"。贱业由贱人来做，做这种事还要以官府的名义，等于是让贱民行使公权力。实际上，捕快在民众中威风极了，一点贱的影子也没有。不过，在官府层面，没有人在意捕快的脸面。在官面上没有脸面的捕快，做起恶事来，自然肆无忌惮。历史上的捕快口碑差、地位低、工作不稳定、工资不固定，并不像现在各种影视剧中所展现出来的那般威风。所以剧中的女主角和师傅父子在当时干的都是偏底层的工作，地位低下。而且在古代封建礼教之下，女子不得抛头露面，因而更不可能出现女捕快。

以上便是笔者从人物、情节、机构、官职等角度对《锦衣之下》做的辨伪。新课程改革要求学生"逐步形成科学的世界观和历史观，以及通过多种途径获取历史信息的能力"。作为一名历史教师，除了在课堂上教授相关的知识外，更要培养他们思考、分析、辨别的能力。笔者以《锦衣之下》这一历史影视剧为例进行辨伪，希望能带来大家一定思考与启发。

参考文献

［1］南炳文，汤纲.中国断代史系列：明史［M］.上海：上海人民出版社，2003.

［2］张廷玉.明史卷一百九十六·列传第八十四《夏言传》［M］.北京：中华书局，1974.

［3］张廷玉.明史卷三零七·列传第一百九十五《陆炳传》［M］.北京：中华书局，1974.

［4］张廷玉.明史卷三零七《陶仲文传附蓝道行传》［M］.北京：中华书局，1974.

［5］张廷玉.明史卷三零八《严嵩传》［M］.北京：中华书局，1974.

［6］耿殿龙.从《绣春刀》看明朝的厂卫制度［J］.中学历史教学参考，2019（12）.

［7］张金奎.锦衣卫形成过程述论［J］.史学集刊，2018（5）.

［8］闻华.漫谈古代的衙役［J］.华夏文化，2007（3）.

作者简介

谭伟弘，亳州一中历史教研组长，曾获亳州市历史优质课一等奖，亳州市多媒体教学比赛一等奖，安徽省"一师一优课"省优，多次获得亳州市教育论文评比一等奖。

智慧课堂环境下使用历史高考试题，构建高效课堂

谭伟弘

科学的发展，推动了课堂教学手段的改进，加速了教学理念的更新，课堂模式也随之发生改变。随着"互联网+"时代的到来，物联网、大数据、云计算、移动互联网等新一代信息技术的迅速发展及其在学校教育教学中的广泛应用，信息技术与学科教学不断深化融合，课堂教学数据的采集与处理、学习过程的评价与反馈、课堂教学互动和课后的个性化辅导等均发生了重要变化，传统课堂教学环境向信息化、智能化方向发展，"智慧课堂"应运而生，为课堂教学的变革与创新提供了新的思路和条件。本文是基于科大讯飞智慧课堂平台，探讨如何利用历史高考试题构建高效课堂的一点思考。

一、课堂教学流程设计

现代教育技术的发展使我们的课堂教学不仅是知识传授的过程，还应是学生综合素质培养和生成的过程。教师通过智慧课堂平台来实现学生能力的培养，"开发学生的智慧"也就成为智慧课堂的本意。科大讯飞智慧课堂平台提

供了智慧课堂得以实现的信息化平台。教师通过科大讯飞先进的信息技术手段实现课堂教学的信息化、智能化，强化课堂师生互动，教学反馈，构建一个富有智慧的课堂教学环境。我们通过信息技术的使用推动课堂教学从知识传授到智慧开发的转变，构建信息化的高效课堂。

高考试题不仅是教学评价和高校选拔人才的工具，还是有效的教学材料，在构建信息化高效课堂的过程中，使用的得当可以起到事半功倍的作用。我结合自己使用历史高考试题构建信息化高效课堂的实际，总结了一套与传统课堂不同的教学流程设计。在传统课堂，教学课堂流程主要强调教师备课、讲课、提问、批改作业四个步骤，教师主动讲授，学生被动接受，师生互动性不强。教学反馈不及时，不精确，学生对知识的掌握状况，仅凭教师的经验来判断，多数学生的主动权缺失，学习积极性不强。我依托科大讯飞的智慧课堂平台，探索使用高考试题构建智慧课堂时，以智慧课堂平台为媒介，实现师生知识互动，双向认知发展，定点突破和能力相结合。课堂流程设计为：

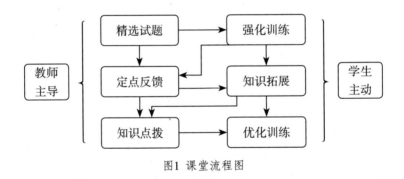

图1 课堂流程图

借助智慧课堂平台使课堂教学流程改传统教学单向传授为即时双向精准互动，既有教师在课堂的主导推动作用又体现学生的学习积极主动性。具体分析如下。

（一）教师主导

教师主导地位体现在高考试题选题的精选试题主题的确定，定点反馈的方向、知识点拨的深度。

首先，教师使用智学网智能组卷系统，按照自己的教学计划分类精选高考试题，比如我准备抗日战争的知识，以"抗日""民族统一战线"等词为关键词进行高考试题搜索。教师把选出的试题按照时间顺序排列，强化学生的时空意识。上课前一天通过作业平台发送给学生。这个过程是彰显教师智慧的过程，智慧地设计课堂问题是构建高效智慧课堂的基石。

其次，教师依据作业平台显示的学生回答的状况，教师分享各个试题不同的正答率，同一道题目不同选项和小题的答题状况，学生问题点在什么地方，有针对性地进行反馈。教师反馈要做到定点，教师要以专业眼光，从学生的错误中发现学生的知识的缺失、思维误区，讲题反馈做到有的放矢。这一过程教师的反馈不仅仅可以集中反馈，还可以课下针对部分学生的问题通过作业平台的短信功能进行针对性的反馈，将传统教学的一对多的讲学模式发展为一对多为主，一对一个性化反馈辅导为辅的立体教学环境，这一环境的构建离不开智慧教学平台的搭建，是现代信息教育发展的结果。

再次，学生依据教师的定点反馈和强化训练中出现的问题，有针对性地进行知识拓展，不同层次的学生有不同的要求，对于优等生更多地需要相应的思维拓展训练，举一反三，注意试题的思路逻辑的表达，以及发现个人的认知死角，进行拔高性拓展，对于一般学生来说知识拓展强调知识的系统性和完整性，寻找自己历史知识网的漏洞。学生依据自身的知识掌握情况，结合教师的定点点拨，强化训练暴露出的问题，积极主动地去寻找适合自己的知识去完善自己，发展自己。

（二）学生主动

首先，学生通过智能平台收到教师依据专题进行精选的高考题目，主动把试题做完，通过智能平台上传反馈给教师，在这个过程中学生的做题的过程是主动获取专题知识的过程，学生在课前做题没有考试的环境，可以边做题，边查找教材，充实知识，构建自己的专题知识体系，这个过程要依据试题呈现的知识点和思维方式进行整理加工，这是做题的过程也是主动整理加工知识的过程。学生训练的过程是学习的第一步，这是教师定点反馈的起点，也是学生知识拓展的出发点，教师通过学生做题的情况，了解学生已有知识水平，指导学生进行知识的拓展。

其次，学生主动知识拓展，知识拓展包括知识体系的拓展和认知模式的拓展。教师反馈的指向是学生拓展的方向，强化训练体现的知识不足，这里要进行拓展补充，强化训练体现的认知模式欠缺，这里要进行强化。学生将知识拓展的情况反馈给教师，作为教师知识点拨的依据。这一环节过程是教师指定方向，学生主动努力的过程。要求教师找准方向，在问题诊断、知识把握上都要对学生充分指导。

再次，教师依据学生知识拓展的情况，进行知识点拨，优选相关针对性的习题发给学生，学生通过优化训练，巩固核心知识，强化课堂新知。

这样利用高考试题，以试题作为教学的抓手，通过智慧课堂平台，教师主导学习方向，学生主动寻找不足补足短板。教师的智慧以智慧课堂的平台迅速转化为学生知识能力的提高，课堂更具有针对性和高效性。

二、高效智慧课堂的实现

智慧课堂教学实施的关键是互动教学，即把课堂教学过程看作是一个教与学融合、交互作用与影响的动态过程，其核心标志是具有立体化的互动交流能力。利用高考历史试题构建高效课堂模式，突出师生直接的互动，在教学互动的过程中，教师把握方向，学生是学习的主体，以积极主动的姿态投入到学习中去。教师是学生学习资源供给者、指导者、督促者，不同于传统教学模式的师生互动，我们借助智能化的移动学习工具和应用支撑平台，实现了教师与学生之间的立体、及时、高效、可持续的互动交流，在互动中互相促进，促进学生智慧的生成与发展。对教师来说这一过程完全不同于传统预设课堂，教师面临的一个生成课堂，学生的问题各式各样，对教师能力提出了更高的要求，也推动了教师专业水平的提高。

（一）教师精选试题与学生强化训练的互动

科大讯飞智慧课堂平台系统，可以提供大量图文并茂、丰富多样的信息，学生容易被过多信息资源干扰，找不到最优学习资源，浪费大量的时间和精力，效果不好，因此，高效的课堂教学，教师要有针对性的精选高考试题，针对学生可能有的知识弱项和认知误区，有的放矢。学生迅速反馈，优化互动过程。

（二）教师定点反馈与学生知识拓展的互动

科大讯飞智慧课堂平台可以对学生的强化训练情况进行实时处理，实时反馈，并会对全体学生的成绩进行及时的统计分析并给出评价结果。教师可以通过结果分析了解学生对知识的掌握情况，并即时进行错因分析，给出正确答案。这是定点反馈的出发点也是学生知识拓展的落脚点，教师反馈与学生知识拓展要具有统一性。这要求教师及时掌握学生的反馈，有针对性地进行重点讲解，补充说明。学生在这一过程依据教师的反馈进行拓展，容易出现学生拓展知识的边际模糊，当堂教学主旨与学生拓展方向存在偏差的问题，这就要求教师要随时引导、提示学生。

（三）教师知识点拨与学生优化训练的互动

知识点拨不是知识讲解，也不是能力突破，要依据学生的知识拓展情况，精选优化训练的试题，试题题量要适中，避免进入题海战役。学生和教师心有灵犀的互动，不在于课堂的热热闹闹，而在于学生知识的获得与能力的提升。

三、结语

利用科大讯飞智慧课堂平台探讨高效课堂构建是一个崭新的课题，无论理论研究还是时间研究都在起步阶段，本文以高考试题为内容的构建高效课堂，仅仅只是高效历史课堂构建的一个视角，还可以从多个角度构建高效的历史课堂。如何落实推广智慧课堂环境下的高效课堂研究，实现立德树人的教学目标，还需不断深化研究。

参考文献

刘邦奇."互联网+"时代智慧课堂教学设计与实施策略研究［J］.中国电化教育，2016（10）.

💬 **作者简介**

苏冬萍，任教于广州市第六中学，现为广州市教研院高三中心组成员，曾获2018年度广东省级优课。

素养立意下历史解释在复习课堂中的
教学设计初探

———— 以《封建政治制度的成熟——隋唐三省六部制与科举制》为例

苏冬萍

历史教学的基础是历史史实，但高中的历史教学任务并不能只是停留在让学生"知道"史实，更重要的是让学生"解释"史实。历年全国卷的试题立意也非常注重考查学生对具体史实或相关联史实之间的解读能力。

"历史解释"是历史学科核心素养之一，是诸素养中对历史思维与表达能力的要求。2017年版的新课标认为"历史解释是指以史料为依据，以历史理解为基础，对历史事物进行理性分析和客观评判的态度、能力与方法"。[1]在《普通高中历史课程标准（2017年版）解读》中有对历史理解与历史解释关系的陈述："在认识历史的实践中，历史理解与历史解释的思维活动往往是交错进行的。一方面，我们需在理解众多经验化、语境化的论据和史实重建的基础上，洞察其可能存在的因果关系与意义勾连；另一方面，对历史发展的整体或宏观解释，对过去与现在之间的内在关联，可以帮助我们进一步深入理解和领悟史实所呈现的历史境况。"[2]因此，笔者认为，历史理解是课堂教学实践中至关重要的环节，因为恰当的历史解释来源于正确的历史理解，然后才能对历史事物进行理性分析和客观评价。

作为一轮复习课，在巩固基础知识的同时，需要整合知识间的联系，使学生能够将对史实的记忆提升到历史认识的高度，更好地理解历史上的继承、发展、变化、内因、外因、偶然、必然等，在历史理解的过程中激发思维能力，从而达到核心素养"历史解释"这一培养目标。基于这样的认识，针对中国古代政治制度第3课《从汉至元的政治制度的演变》一课的复习，笔者选取了三省六部制与科举制两个内容，重新整合基础知识并设计为小专题《封建政治制度的成熟——三省六部制与科举制》。因为从秦朝起，封建政治制度的发展就围绕两个核心问题：一个就是官制问题，也即权力分配问题；另一个就是官僚的选拔，也即选什么人参与权力运作。

钱穆在《国史新论》中提出："在地方有为政府选拔人才的制度，在朝廷有综合管理国家行政事务的制度。这两种制度，奠定了中国传统政治后一千年的稳固基础。"而隋唐作为继秦汉之后的又一个大一统盛世，隋唐三省六部制（中央官制）和科举制（选官制）是中国政治制度史上的重要里程碑，对中国历史文明的发展影响重大。而主题定义为"成熟"的内涵，代表着发展，而且发展是趋向于更合理的，更有利于统治，更有利于促进社会的发展。本课的教学目标旨在让学生在理解三省六部制、科举制的相关内容上，认识到制度创新对社会发展的推动作用，从而对两个制度的成熟之处做出解释。

下文是笔者在素养立意下历史解释在本课教学设计和教学实践中的一点思考。

一、构建历史情境作为历史解释的铺垫之一

认知心理学家安德森认为："通过以多种方式应用我们从自己的经验中获得知识，认知才得以进行，理解知识应用如何的前提是理解它如何在人脑中表征的。"[3]

在三省六部制运行和特征的设计上，笔者采用了情境代入设问：试一试，贞观年间，政府准备兴修一项水利工程，从决策到执行的基本程序应该是如何？

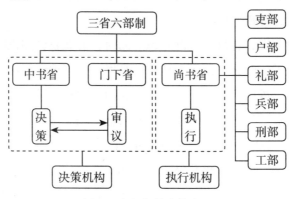

图1 三省六部制决策流程

学生根据提供的图示，回顾旧知识，把自己当作政府政策的推行人，试想在政策推行中会碰见的困难和阻力。

材料1：三省六部，大不同于三公九卿。……两汉的办法是三权分列，丞相管行政，太尉管军事，御史大夫管监察。唐代的办法……中书管出令，门下管复核，尚书管执行。尚书有行政权无决策权；中书有决策权无审核权；门下虽有审核权，却既无行政权，更无决策权。结果，谁都不能一家独大。

——易中天《隋唐定局》

在学生的一番讨论和回答后，补充一段材料与秦朝的三公九卿制作出比较，加深学生对三省六部制的运行机制和特征的理解，而这是解释三省六部制何以是中央官制的"成熟"的铺垫之一。

图2 三公制与三省制的对比

二、巧用时空观念作为历史解释的铺垫之二

钱穆先生在《中国历代政治得失》中谈及政治制度的迁嬗时说："某一制度之创立，绝不是凭空突然地创立，它必有渊源，早在此项制度创立之先，已

有此项制度之前身，渐渐地创立。"[4]笔者认为这个观点用在古代选官制度的演变上非常到位。在选官制度的演变中，笔者用了表格罗列的方式呈现历代选官制度的标准和方式，再用时间轴方式呈现科举制的创立和初步的发展，从而梳理选官制度标准的变化趋势，为解释选官制度的"成熟"，科举制带来的影响而做出铺垫。

（一）选官制度的演变

表1 选官制度的演变

时期	选官制度	标准	公式	备注
原始社会	禅让制	贤能	民主选举	公天下
夏商西周春秋	世官制	血缘	世袭	贵族政治
战国、秦	军功爵制	军功	皇商任免调任	官僚政治
汉朝	察举制	孝廉	自上而下举荐	
	征辟制	才能	自上而下选拔	
魏晋南北	九品中正制	门第	自上而下评定推荐人才	
隋唐宋元	科举制	才能	分科考试	

（二）科举制的创立和初步发展

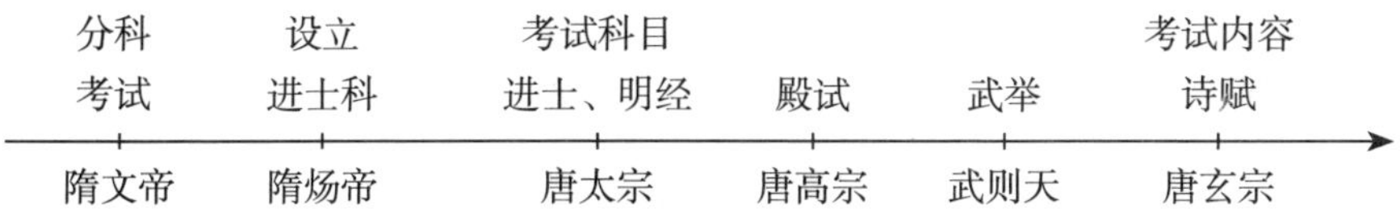

分科考试	设立进士科	考试科目进士、明经	殿试	武举	考试内容诗赋
隋文帝	隋炀帝	唐太宗	唐高宗	武则天	唐玄宗

图3 科举制发展历程图

唐朝的进士科，是做高官的阶梯，受到人们的极大重视。但进士及第，只是取得了做官的资格，并不能直接做官，还得通过吏部选官考试。吏部选官标准有四条：一曰身，体貌丰伟；二曰言，言辞辩正；三曰书，楷法道美；四曰判，文理优长。

——历史纵横（必修一P$_{15}$）

三、多角度探究，突破历史解释

前面两个铺垫的设计，只是在回顾旧知识的同时，加深学生对三省六部制和科举制的印象和理解，而围绕"制度的成熟"，笔者的落脚点选择在多角度探究。多角度地去发现三省六部制"成熟"的表现在哪里，多角度地探究科举制给选官方式及整个社会带来的影响。

（一）三省六部制的"成熟"之处

材料2：由于三省分工不同，见解、观点也难免人各有异，相互间"日有争论，纷纭不绝"，各项政令不能及时下达，以致贻误时机。为此，乃创设政事堂宰相集议制度，以救其弊。

——魏向东《也谈唐政事堂的创设时间》

材料3：贞观初年，太宗签署了中书省起草的关于征点十八岁以下男丁为兵的敕文，下发到门下省。当时担任给事中的魏征，坚持不肯署敕，这个命令最终无效。

——黄宗国《中国古代官僚政治制度研究》

【辅助题目】：唐中宗不经中书省和门下省直接封拜官职，因心怯，装置敕的封袋不敢照常式封发，而改用斜封，所书"敕"字也不敢用朱笔而改用墨笔，当时称为"斜封墨敕"，这表明唐朝的三省六部制（　　）

A. 分散相权加强了君权　　　　B. 对皇权形成一定制约

C. 促使行政决策民主化　　　　D. 提高了政府办事效率

材料4：

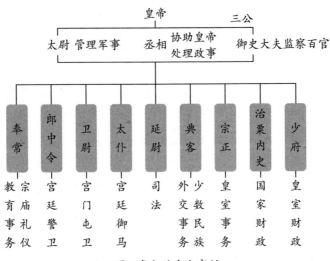

图4　秦朝的中央官制

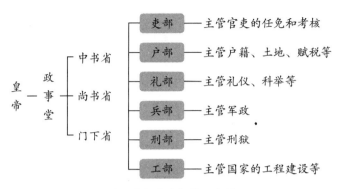

图5 唐朝政府机构示意图

材料2—4分别从相权、皇权、国家行政机构三个角度去分析"三省六部制"。从相权的角度看，分工之下带来的集体宰相制度，分割了相权，实现权力的均衡监督；从皇权的角度看，皇帝实际上成为政府的最高负责人，三省机关与皇帝"共商国是"参与最高决策的程序已经制度化，三省制将皇帝的最后决策权纳入政务运行的程序之中，从而避免朝令夕改，使得决策更科学化，这就是政治制度的不断完善和进步，也是官僚制度发展成熟的表现；从国家行政机构看"家""国"分离，将皇帝的私事、家事与国家政事分开，政务全归六部，皇家事务全归寺监。中央政府部门职能得到强化，能够更好对应地管理地方的相应事务，使得行政执行更高效化。这是中央集权制度发展中的进步。

运用材料引导学生思考讨论一步一步得出结论，从而理解与体会到封建政治制度的"成熟"。在学生能基本理解了"三省六部制"后，如何对其进一步做出历史解释，笔者再次设问：三省六部制等于民主？三省六部制等于美国的三权分立？并给出材料辅助分析。

材料5："三省六部制"简单地说，就是朝廷下面设立三个省，分别是尚书省、中书省和门下省。……这套制度在唐朝的政治运作中最大的特色归结为一句话，追求体制内最大限度的民主，让决策、审议和行政权各自独立，政令与施政相分离，使得权力分配均衡合理且在有效监督下运行，做到理性决策，而且切实可行。以德治国的国家中枢权力机构最重要的是决策民主，在决策层面不是由哪一个部门单独负责，而是由三个省共同进行，三省长官共同组成朝廷决策班子。

——复旦大学历史系教授韩昇

不同的观点带来思维的碰撞，更能让学生全方位地辩证看待历史。三省六部制是在保证皇权独尊的前提下，通过运行机制的创新，实现体制内的民主，通过分权制衡，提高了行政效率，减少了决策的失误。但从宏观上看，仍然是一家一姓的君主专制制度。而非现代意义上的"民主"。而本课所说的"封建政治制度成熟"，是分析了这套制度运行起来如何最终实现"理性决策"这个结果，以达到减少失误，更好地实现统治。

（二）科举制的影响

材料6：科举之善，在能破朋党之私。……前此选举，皆权在举之人，士有应举之才，而举不之及，夫固无如之何。既可（科举）……不能应试者，有司虽欲徇私举之而不得；苟能应试，终必有若干人可以获举也。此实选举之官徇私舞弊之限制。

———吕思勉《中国制度史》

材料7：贫苦子弟，类皆廉谨自勉，埋首窗下……即纨绔子弟，亦知苦读，以获科第，否则虽富不荣……因此之故，前清时代，无分冬夏，几于书声遍野，夜静三更，钻研制义。是皆科举鼓励之功有甚于今日十万督学之力也。

———邓嗣禹《中国考试制度史》

材料8：科举的创新之处就在不仅为社会底层的知识分子提供了持续流动的可能，而且将其制度化。……科举制度的最大合理性在于它那"朝为田舍郎，暮登天子堂"式的"机会均等"……的机制，对知识分子的社会心理是一种塑造，客观上激励了个人的奋斗精神。

———薛明扬《中国传统文化概论》

因为是复习课，学生对科举制并不陌生，此处给予学生大胆的讨论发言权，结论不难得出：（1）选官权收归中央，打破世家大族对仕途的垄断，加强中央集权；（2）促进社会重学风气的形成，提高官员文化素质，也有利于文化的普及；（3）扩大统治的社会基础，促进社会稳定。在学生得出结论后需要提炼的科举制相对以往选官制度最大的不同是：公开竞选，"把进仕之门扩大打开，经由各人各自到地方政府报名，参加中央考试"。[5]提供了"机会均等"的机会，实现更公正平等的"选贤与能"。这相对于秦汉以来的察举制、九品中正制无疑是一种巨大的进步。

四、课堂留疑，丰富历史解释

历史解释要注意循序时间和空间逻辑，所体现的思维品质不是单一的，在不同的时间和空间的维度里历史解释是可以变化的。对于一个国家制度的建立不是一蹴而就，建立的制度也不是万古不变，三省六部制和科举制是秦汉以来封建制度不断发展的产物，放在隋唐的时代背景之下，有其必然的进步性。然而制度的建设不能停下脚步，为适应不同的时代要求，制度仍然需要不断地完善和发展，才能推动社会的不断发展。三省六部制和科举制之后随着时代变迁又出现了什么变化，是否一直都起到推动社会的不断发展？封建制度的"成熟"又经历了怎么样演变后"衰落"。所以，本课的最后设计是留疑，学历史应该从不同时间和空间的维度里去发现不同的"历史解释"，这样的历史学习才是丰富多彩的。

参考文献

［1］中国人民共和国教育部.普通高中历史课程标准（2017年版）［S］.
北京：人民教育出版社，2018.

［2］中国人民共和国教育部.普通高中历史课程标准（2017年版）解读［Z］.
北京：高等教育出版社，2018.

［3］肖川."构建知识"之意含［J］.教师博览，2003（8）.

［4］钱穆.中国历代政治得失［M］.北京：九州出版社，2013.

［5］钱穆.中国历代政治得失［M］.北京：九州出版社，2013.

💬 **作者简介**

龙剑霞，中共党员，中学历史一级教师，任职于东莞市第一中学，被评为广东省高中历史骨干教师及东莞市高中历史骨干教师，东莞市"名师工作室"跟岗学员指导老师，主持、参与多个省市级学科课题，科研能力较强，致力于历史学科发展及学生发展指导工作。

"图示"复习，轻松复"史"

——高三总复习教学有感

龙剑霞

历史复习课，不等同于上新课，它是在学生已经掌握了最基本的基础知识，对历史概念、现象和规律有了最初的感性认识和理性认识的基础上而进行的教学和学习的过程。在这个阶段，学生对知识的新奇度已经大大减弱和降低，如果在复习中，只是对原有的知识简单地重复和机械地整理，不仅不能达到理想的复习效果，而且还很有可能挫伤学生的学习积极性，不利于历史学科的教学和复习。

一直在思索，更不断在摸索……

在今年的高三教学中，我高频率地引用"结构图示法"来综合复习。

"结构图示法"拥有高度的浓缩性、完整的系统性、简明的直观性、较强的思维开放性和可行的实践性等特点，而这些特点正和历史总复习要求相一致。

实践证明，效果不错，学生反响热烈！

历史教材中涉及的现象、概念和规律复杂多样。在新课的教学中，学生对基本历史知识有了大致的了解，对基本概念和规律也有了初步的认识和理解，但他们对前后知识之间的内在联系，对历史事物的变化规律和发展运动轨迹却还缺乏更为明确和深刻的认识。因此，在上复习课时，就是把知识与知识之间的内在联系归纳总结出来，帮助学生构建整体知识网络结构，立体地去把握历史发展规律。

在"结构图示法"的实践运用中，我按照课程、课时的安排和教学内容需要分为三类，分别是："曲线法"、"单向法"、"双向法"。

请先跟随我的步伐一起走进我的"曲线"法之旅，感受"曲线"的魅力……

课堂示例一

在"中国古代史专题复习"一课中，讲述"中央集权制度"的发展线索时，跨越了秦、汉、魏晋、宋、元、明、清的历史，直观的描述，让学生顷刻间了然于胸，加上了解曲线显示的中央集权制度的发展阶段，横坐标下的各朝代的相关政治制度作为重要的知识点，帮助引导学生把复杂的政治制度和朝代及集权制度清晰地配对，保证学生对该部分内容的记忆深度和长度。

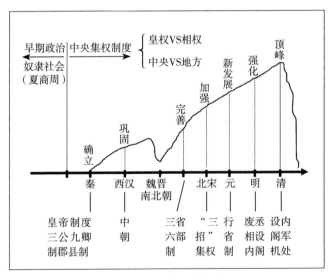

图1 中国古代政治制度梳理

课堂示例二

在"中国古代史专题复习"一课中，讲述"儒学发展历程"，曲线的起伏让学生深刻地体会到儒学的发展跌宕起伏，感受文化的顽强和进化，横坐标下的知识点作为儒学发展历程的考纲内容，帮助学生课堂直观了解和课后横向深化。

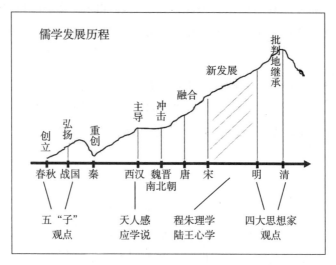

图2 儒学发展历程

课堂示例三

历史教学中难点，往往是学生不容易弄懂的概念和它们之间的联系。知识结构图示尤其"曲线法"可以帮助教师在教学中将内容化难为易，图3就是极好的例子，在"中国近现代史专题复习"一课中，用一图就浓缩了中国近代民族资本主义发展的艰辛历程：产生、初步发展、打击、困境直至接受改造，把抽象化为具体，一目了然，方便教师进行深化讲解。

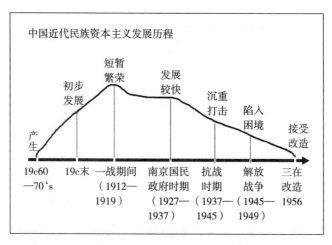

图3 中国近代民族资本主义发展历程

比起"曲线法", "单向法"则是更加直接地表达相关知识点的关系。所谓"单向法",意为在时间坐标横轴上,通过"解剖"某历史知识点的相关细节,以达到有效利用学生已掌握的基础知识和已有的思维能力,对历史现象进行横向的整合、归纳和分类。

让我们跳出跌宕起伏的曲线,跟着平坦而不屈向前的箭头走入"单向法"……

课堂示例四

教师的视线要扫描到教材的每一个角落,不留任何死角,给每一个知识点以应有的重视和位置。

在"世界古代、近现代史专题复习"一课中,讲述"古罗马政体演变过程"时,大部分学生容易把古罗马的贵族共和制与古希腊的民主政体的构成部分以及功能相混淆,其次对古罗马政体形式的演变也没有时间的概念,图4就可以把以上提及的学生的困惑解决得干净利落。

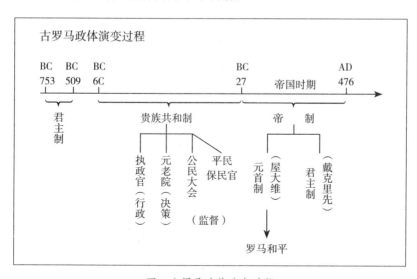

图4 古罗马政体演变过程

课堂示例五

近年来,高考试题对能力的要求大大提高,但依然不可忽视基础知识,因为《考试说明》中所确定的任何一项能力都不是空的,而是建立在基础知识之上的。能力就是对基础知识的运用。任何高层次的理论说明都是以基础知识为依托的,否则就都是没有说服力的,尤其是在处理"世界古代、近现代史专题复习"一课中,讲述"世界近现代文学与艺术"时,艺术流派占据主流的地位和流派的种类是学生们理解的难点和记忆的盲点,这些基础知识不掌握,就没办法理解诗歌、小说和戏剧出现的背景和承载的社会功能,更无法体会课本提及的"人民对理性主义的失望""对现实的不满"。图5帮助学生梳理清楚繁杂的文学和艺术流派的演进,建构宏观的知识网络。

比起"单向法","双向法"则是横向和纵向了解和理解历史的综合法,更具体、更全面。

任何一个历史时期的任何历史现象,都不是孤立存在的,都是由各种因素相互作用而成的,同样,这种历史现象一旦出现,也必定会对当时社会各方面产生影响。因此,注重同一个时期历史现象之间的横向联系,有利于形成整体的知识结构。对每一个历史阶段我们都可以从政治、经济、思想(科技、文化、教育)等方面去认识,注重知识的纵向联系。

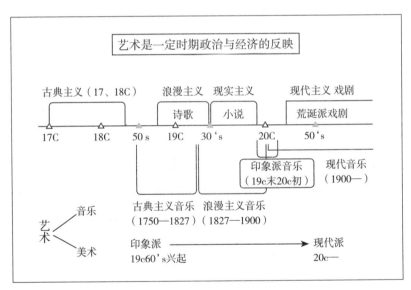

图5 文学各学派在文学主流的时间分布

课堂示例六

在"中国近现代史"一课中,讲述"列强侵华史和中华民族反侵略史"时,横向列举了两条线索的19—20世纪之间的战争演进和反抗的进程;纵向对照每一次的列强侵略中国之时,中华民族的每一次反侵略的爱国斗争,跨越一个多世纪的历史就如此简洁明了地呈现眼前。

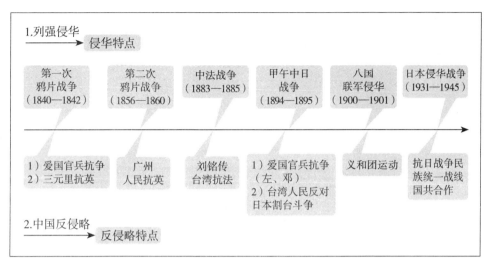

图6 列强侵华史和中华民族反侵略史示例

课堂示例七

把分散在学生头脑中的知识点组合成一个个知识群，连缀成一条条有头有尾的知识链，进而编织成一张疏而不漏的知识网。在这里，历史专题的划分宜粗线条、粗框架，而不宜细碎、零散，所以在讲述"新中国的发展时期"时，把中国的新时期划分为五个阶段，每个阶段的特征体现在阶段名称上，每个阶段的内容粗框架地列举出相关的考纲知识点，在上课时一边组织该图例，一边引导学生把脑海里的已有的零散知识点串联起来，深化理解，在不知不觉中漂亮地完成复习。

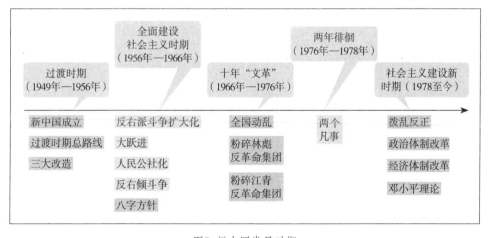

图7 新中国发展时期

课堂示例八

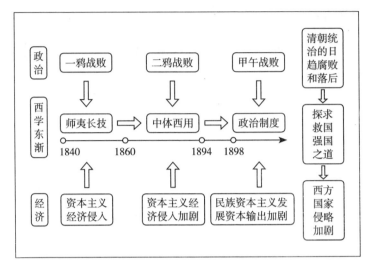

图8 "西学东渐"的发展过程

在进行"西学东渐"的复习时，横向演示西学在中国东渐的过程中中国人学习西方的方面：从学习军事技术、工商经济到政体的尝试；纵向结合各时期的政治、经济因素的逐一递进，来体现清政府的落后、腐败和伴随西方列强政治入侵而来的经济侵略。深刻地分析，让学生全面地感受中国人为救国强国而进行的艰难探索和奋发图强。

在我的新课程教学，尤其高三的课堂上，体现这三种方法的课例还有很多。

"结构图示法"把历史知识以历史概念为环节构成知识网络，把分散的知识进行系统的整理。使学生用整体眼光看到完整的知识骨架。这样就把繁多、抽象的知识通过知识网络结构图示加以简化，从而获得系统、完整的又是提纲挈领的知识。把书本详细资料通过组织、概念、综合、简化等方式进行具体形象的加工、浓缩来表达，使知识保存在自己头脑中，把厚书变为薄书，这就有助于学生记忆和巩固已学的历史知识。

但是，这种方法的不足之处在我的教学实践过程中也日渐凸显：将知识结构全部交给学生，不利于启发思维活动，容易造成思维的定式，依赖性增强。这也是我需要在摸索新课程教学和复习课过程中应该重视和解决的方向。

参考文献

［1］曹大为，刘北成.历史必修Ⅰ政治文明历程［M］.长沙：岳麓书社，2004.

［2］任世江.高中历史必修课程专题解析［M］.北京：光明日报出版社，2013.

［3］钱穆.中国历代政治得失［M］.北京：九州出版社，2013.

💬 作者简介

　　刘丽琼，广西贺州市昭平中学历史教师，高二备课组长，中学一级教师，广西师大教育硕士。2010年优质课《拉丁美洲独立运动》荣获贺州市优质课比赛一等奖；2015年《伟大的抗日战争》荣获广西教学设计大赛一等奖，同年荣获全国二等奖；2018年教学设计《世界经济全球化》荣获广西资源库教学设计比赛一等奖；2020年课堂实录《古代中国的经济政策》荣获贺州市"停课不停学"录像课一等奖。多次评为校先进教师、校先进班主任，2016年被评为贺州市中心组成员，荣获2016年6月广西高考历史学科优秀评卷员，2019年被评为县先进教师。目前公开发表6篇论文，多篇论文荣获市、区一等奖。主持和参与了市区课题5项。

上好历史课，传递真善美

刘丽琼

　　要理解历史学科的作用和功能，首先得明白世界和历史。什么是世界呢？世界等于现实加上历史。历史是画上句号的过去。只有通过历史学才能真正了解历史，历史学是历史的通道。一个人如果不了解历史，就等于不了解世界的另外一半，无疑是不完整的。

　　我们知道历史这个词的英文单词是history，从构词法来讲，历史就是由一个个的故事组成的。对于热爱历史的人，理解历史的人，历史不仅仅是story，更是高级的story，即是HighStory，便是Hi-story即History了。古往今来历史有许多精彩绝伦的故事，也有很多惊人相似和拍案叫绝的历史史实。历史使人明智，史书的撰写会受到史学家本身的影响，所以古今中外史学家对历史的定义也见仁见智。英国历史学家爱德华·卡尔在其经典之作《历史是什么？》导言就大胆地宣称："客观的历史不存在。"历史其实就是与现实不断的对话。唐太宗说："以铜为鉴，可正衣冠；以人为鉴，可明得失；以史为鉴，可知兴替。"司马光编写《资治通鉴》历时19年，共294卷，其编写的目的就是："叙国家之盛衰，著生民之休戚。"即帮助皇帝了解历朝历代兴衰历史，借鉴经验，吸取教训来加强自己的统治。梁启超说："史者何？记述人类社会赓续活动之体相，校其总成绩，求得其因果关系，以为现代一般人活动之资鉴者也。"以史为鉴，吸取经验教训，开创未来。所以毛泽东曾经说："历史的经验值得注意，苏联犯的错误你还要犯？苏联走过的弯路你还要走？"当代史学家章开沅说："历史是划上句号的过去，历史学则是永无止境的远航。"历史的记载会受到记录者学识、所处的生活环境、阶级属性、生活的时代、经济、政治大环境等多种因素的影响，所以不同的历史学家撰写历史或多或少带有阶级属性和个人感情色彩，这就需要我们帮助学生去正确理解历史史实，挖掘历史事件背后的前因后果，辨别它的真伪。

2017年版普通高中历史课程标准明确规定普通高中历史教学的基本理念："（1）以立德树人为历史课程根本任务，坚持育人为本、德育为先，使历史教育成为形成和发展社会主义核心价值观的重要途径；（2）要坚持以唯物史观为指导的正确思想导向和价值判断，形成实事求是的科学态度以及正确的世界观、人生观、价值观和历史观；（3）以培养和提高学生的历史学科核心素养为目标，使学生通过历史课程的学习形成具有历史学科特征的正确价值观念、必备品格与关键能力。"[1]所以历史学科除了它本身拥有如此丰富的内涵和作用以外，拥有真实、广泛、强大、丰富的教育功能和育人使命，来不得半点虚假，它是真、善、美的统一。那么历史学科又是如何表现它的真、善、美的呢？我们作为历史教师应该如何引导学生发现历史的真、善、美呢？

一、历史是求真的学问

对于这一点，古今中外的历史学家是没有异议的。中国史学的始祖孔子有许多无征不信、阙以存疑的话。如《论语·为政篇第二》里写道"多闻阙疑，慎言其余，则寡尤；多见阙殆，慎行其余，则寡悔"[2]。它的含义就是要人多听，不要说没有把握的话，即使有把握，说话也要谨慎，就能减少错误，要求多看，不要做没有把握的事，即使有把握，行动也要谨慎，那么就能减少后悔的事了。司马迁著《史记》，"整齐百家杂语"，对史料进行考辨，"择其言尤雅者"而入史。近代史学家继承古代史学的优秀传统，同样非常强调这一点，如李大钊说："凡学都所以求真，而历史为尤然。"何炳松说："学术上最可贵的美德就是'忠实'两个字。"章学诚所说的"传人适如其人，述事适如其事"就是这个意思。古罗马时期的希腊史学家波里比阿对真实与史学的关系说得非常形象："'真实'之于历史，犹如双目之于人身，如果挖去某人的双眼，这个人就终身残废了；同样，如果从历史中挖去了'真实'，所剩下来的岂不是无稽之谈？"

因此"真实"是史学的永远的执着追求，撰写真实可靠的历史，是中外史学家的共同追求目标，更是我们作为历史教师应该引导学生去探究，去大胆质疑的。

人本身就有探知历史之天性和欲望。很多小孩子有时问自己的父母，自己是怎么来到这个世界上的，而且是歪着脑袋天真无邪地问。老人们常常回忆自己的生活经历，向家人讲述自己的幸福和苦难，经验和教训，以及自己的家族史。一个有影响的扑朔迷离的事件即使过去了很多年，仍然有很多人想探讨它的究竟。比如埃及金字塔是如何建成的，中国的万里长城的墙砖是如何搬运上去的，还有埃及的木乃伊为何保存到今天还保存得如此的完好。《泰坦尼克号》为什么首航就撞了冰山沉入大海当中，还给后人通过人物塑造出了杰克和露丝一段凄美的爱情故事，此外还有斯大林不为人知的另一面，你不知道的希特勒，建文帝之死之谜，曾国藩的治学、交友与忍辱之道，袁世凯真的做了皇帝吗……都值得我们去研究。

20世纪60年代美国有一部作品《根》，这篇文章我在高中的英语书上学到过，它讲的是一个黑人根据大量的口头资料、档案资料寻找祖先的真实故事，涉及黑人贩运史、黑人奴隶生活史，在美国乃至世界产生了轰动。这个故事之所以影响这么广，一个重要的因素是它与人追溯历史的天性产生了共鸣。

因此人们想知道的是真实的过去，编造出来的故事一旦被戳穿，它就会黯然失色，没有任何吸引力。就拿日本篡改历史教科书来讲，我们有物证、人证、新闻报道、南京大屠杀档案馆、幸存者、万人坑，还有日本军人自己的日记，这些都是铁一般的事实，他们再怎么为自己辩护，在真实的历史面前都显得苍白无力。历史的真实性是客观存在的，任何人和事都无法改变历史。

历史的求真属性，使它最能满足了人了解过去、认识过去的需求。反映三国时期历史的书，影响最大的有两种：一是陈寿的《三国志》（包括裴松之注），二是罗贯中的《三国演义》。前者是严整的历史著作，后者则是根据历史题材而创作的文学著作。而要想知道三国时期的历史真相，《三国志》无疑比《三国演义》的价值要大得多。《三国演义》之所以有吸引力，除了它的生动的情节，如官渡之战、赤壁之战的激烈场面，诸葛亮的舌战群儒，草船借箭，隆中对，空城计，还有曹操的煮酒论英雄，周瑜的悲叹"既生瑜，何生亮"人物描写得栩栩如生；还因为它毕竟是根据历史资料写出来的，部分符合历史实际，一定程度上能够满足大众历史知识需求。而对于想知道真实的三国史的人来说，在《三国志》和《三国演义》之间，《三国志》显然更具魅力。正所谓一千个人看莎士比亚的《哈姆雷特》就会有一千个不同性格的哈姆雷特。此外还有像张铁林、张国立、王刚铁三角所拍摄的《铁齿铜牙纪晓岚》，里面很搞笑，每次和珅都被纪晓岚耍得团团转。可真实的历史是不是这样的呢？根据中华书局出版的《正说清朝十二帝》和《正说清朝十二臣》记载，和珅长相俊美，是当时全国有名的美男子，不像王刚所塑造出来的和珅形象，当然在此我也不否定王刚所具有的个人魅力。纪晓岚其实并不是风流倜傥、玉树临风，在官场也不怎么得志。而和珅因为他是美男子，符合乾隆的用人外貌标准，正所谓爱美之心人皆有之；此外和珅有才，诗词书画是略知一二，就可以和乾隆过过招；和珅精通满汉藏蒙文，在撰写圣旨和处理外交方面都很自如。所以无论从外表、官职还是皇上的宠爱方面，纪晓岚都无法与和珅相比。我们只有在史书而且是历史书上才能了解并且还原真实的历史。

但是有些历史史实的记载会受到时代大背景的影响而有所改变。例如人教版高中历史《必修Ⅱ》第50页写道："新中国成立之初，我国是一个落后的农业国。在国内既不能制造汽车、飞机，也没有冶金设备、矿山设备和大型发电设备等制造业。"人民版高中历史《必修Ⅱ》第46页引用毛泽东说的话："现在我们能造什么？能造桌子、椅子，能造茶碗、茶壶，能种各种粮食，还能磨成面粉，还能造纸，但是，一辆汽车、一架飞机、一辆坦克、一辆拖拉机都不能造。"那真实情况是这样吗？其实早在洋务运动时期，飞机、大炮中国都能造了，在甲午战争前后，江南制造局就成功量产了120mm、150mm口径舰炮，福建船政局也造出了全钢甲战舰"平远"号。1872年成立的福州船政局制造了中国第一艘巡洋舰，它是当年远东最大的巡洋舰"扬武号"；也是当时世界上最先进的巡洋舰之一。为什么会有这样的出入呢？从毛泽东说的话可以略知一二，毛泽东在《论十大关系》阐述道："我曾经说过，我们一为'穷'，二为'白'。'穷'就是没有多少工业，农业也不发达。'白'就是一张白纸，文化水平、科学水平都不高。从发展的观点看，这并不坏。穷就要革命，富的革命就困难。科学技术水平高的国家，就骄傲得很。我们是一张白纸，正好写字。"毛泽东在资本主义工商业社会主义改造问题座谈会上的讲话，《毛泽东文集》第六卷中论述："现在，我国又不富，也不强，还是一个很穷的国家。我国是个大国，但不是富国，也不是强国。飞机也不能造，大炮也不能造，坦克也不能造，汽车也不能造，精密机器也不能造，许多东西我们都不能造，现在才开始学习制造。"工业成就由政治需要决定，我们当时确实困难，新中国刚刚建立不久，百废待兴，重工业基础薄弱，需要恢复经济。一方面我们国内要进行工业化建设，恢复和大力发展经济；另一方面对外还得要警惕西方国家的孤立和封锁。所以当时国家领导人对整个中国定位为"一穷二白"，这有利于中国人民在全党的带领下，齐心协力搞工业化建设，认清现实，加快建设的步伐，顺利度过艰难时期，这样引导学生来解释历史或许就没那么难理解毛主席的良苦用心了。

著名史学家钱穆在《国史大纲》中定义宋代为"积贫积弱"，我们历史课本《选修Ⅰ》也有这样的论述。但是真实的历史并非如此，特别是改革开放以来，随着发展经济成为中国社会的主流意识，宫崎市定、李约瑟等人的观点渐渐被人们接受，人们惊喜地发现，宋代是一个经济发达、文化灿烂、科技进步、思想开放的时代，并不是钱穆先生笔下和我们教科书中定义的积贫积弱。为什么呢？宋代政治建设，比如二府三司制，有力地加强了中央集权，宋太祖赵匡胤"杯酒释兵权"也是一段历史佳话；最早的纸币"交子"出现在宋代四川地区，宋代也打破了市和坊的限制，北宋画家张择端《清明上河图》充分展现了宋代汴京的繁华，体现宋代经济的繁荣；中国四大发明中，宋代也是集大成者，指南针在北宋常应用于军事和航海，火药在宋代广泛用于战争，宋代毕昇的活字印刷是印刷史上的一大革命，用高效、经济、方便的形式推进了文化的传播。那如何指导学生理解钱穆先生对宋代积贫积弱的定义呢？这个就要追踪到钱穆先生写《国史大纲》所处的时代和写作用意，《国史大纲》是钱穆先生于1939年6月正式完成，1940年6月由商务印书馆出版的，1939年二战爆发，1939年的中国处于日本侵华的大背景下，我们经历了九一八事变、华北事变、南京大屠杀，所以有些历史学家将对国家的感情投射到历史上，宋朝就成了他们抒发抗战决心与悲愤心情的一种精神寄托。比如研究宋史的代表人物邓广铭，他在抗战时期对宋的研究专注于宋代的抗金英雄辛弃疾、韩世忠、岳飞等。如果懂得这样的背景，我们也就理解钱穆先生的用意和情怀了。我们一线教师这样引导学生去学习历史，更能培养学生正确的价值观和家国情怀，既让他们深刻了解中华文明，又让他们对史学家忧国忧民的情怀投以深深的敬佩之情。

二、历史是引导世人向善的学问

也就是说，史学著作不仅要记载历史事实，还要体现"史义"，发挥惩恶扬善的作用。人不同于动物，人是爱名的，能传名于世是每个人的心愿。古代赞扬的很多品德，今天我们仍然要发扬光大。如勤劳、孝顺、忠诚、诚信等中华民族的优良传统要继承并且发扬光大。此外史书中的英雄人物和事迹，对我们今天仍有教育意义，比如说岳飞的"精忠报国"可歌可泣，林则徐的"虎门硝烟"形象威武高大，文天祥的"人生自古谁无死，留取丹心照汗青"视死如归的高风亮节；相反史书写的坏官吏，今天仍然会受到人们的谴责，如秦桧以"莫须有"的罪名杀害岳飞可憎可恨，柏贵的卖国求荣，使广州成为近代中国的第一个傀儡政权令人发指。

历史是公正的，它主张正义和善良，一切的恶言丑行，都要受到它的谴责。挑起两次世界大战的德国在二战当中杀害了大量的犹太人，受到历史的谴责，《人民日报》报道：1970年12月7日大雪过后东欧最寒冷的一天，刚刚对捷克、波兰进行国事访问的德国联邦总理勃兰特冒着寒风来到华沙犹太人死难者纪念碑下。他向纪念碑献上花圈后，肃穆垂首，突然扑通一声，在众目睽睽之下下跪，并且发出祈祷："上帝饶恕我们的罪孽吧，愿苦难的灵魂得到安宁。"勃兰特此举是向二战中无辜被纳粹党杀害的犹太人表示沉痛哀悼，并且虔诚地为纳粹时代的德国认罪、赎罪。善良的犹太人民和世界爱好和平的人民从此原谅了德国，并对勃兰特这一行为投来了赞许的目光，他本人也于1971年获得了诺贝尔和平奖。

相反，日本前任首相小泉纯一郎，梳着中分的长发，大摇大摆、有恃无恐，唯恐天下不乱，冒天下之大不韪，多次参拜靖国神社，对二战的甲级战犯进行招魂，这受到亚洲特别是中、朝、韩和东南亚的强烈谴责，那么我们可以说当时跪着的德国总理比日本首相小泉要高大得多，属于经济大国的日本还在追求政治大国，多次向联合国申请加入五个常任理事国，都被否决，这与日本不承认历史、不反省自己的行为有直接关系，所以我们和学生一起学习历史时要追求善行、褒奖善举，鄙视恶行，展现出历史学向善的魅力。

三、历史是求美的学问

也就是说，历史著作的写作也有美的追求。孔子说："言之无文，行而不远。"即文章没有文采，就不能流传很远。而孔子的语言就有很多经典之处了，如"三人行，必有我师""温故而知新，可以为师矣""有朋自远方来，不亦乐乎？"等等流传于世。司马迁的《史记》，被鲁迅誉为"史家之绝唱，无韵之《离骚》"。给予《史记》很高的评价，它的意思就是《史记》不仅是优秀的历史作品而且是一部优秀的文学作品。里面的人物形象栩栩如生，战争场面也是让人有身临其境之感。如《项羽本纪》当中刻画西楚霸王项羽这个悲剧人物的形象，四面楚歌、霸王别姬，项羽自刎乌江的生动场面，让人感慨万千。这也为陈凯歌导演，巩俐、张国荣主演的《霸王别姬》提供了素材，这部片子也受到了国际、国内很高的评价，而《霸王别姬》这一幕在我国国粹京剧当中也上演了无数次。正是这样深厚的史学功底才能给世人留下这么一段优美凄楚的历史长歌。

在史学语言上，中国史学崇尚"简洁"。要求"言简意赅""文约而事丰，此述作之尤美者也"。就是用最简洁的话表达出最丰富的内容。尚"简"，并不是说越简越好，是说在简洁的同时，历史语言要明白准确，这与我们语文的诗歌有异曲同工之妙。所以有人将历史比喻成为冷艳的美女，学历史的人心态应该更加平和些，说这位美女冷艳，就是说不容易靠近，你必须花大量的时间才能真正地靠近她，既然她是一位美女，那么一旦你真正地靠近她，她将散发出无穷的魅力。所以我们平时也要教导学生在历史学习中吸取经验教训，在平时答题中力求简洁，直中要害，利用历史专业术语答题，做到简、准、快。

综上所述，史学体现了真、善、美，而真、善、美又辩证地统一于史学当中，所以读史使人明智，教历史也使我感到快乐。在历史教学过程中注重核心素养的培养，帮助学生树立正确的价值观、人生观、世界观和大历史观，这是我们一线教师的重大任务，任重道远。

参考文献

［1］中华人民共和国教育部.普通高中历史课程标准（2017年版）［S］.北京：人民教育出版社，2019.

［2］宋建华主编.四书五经［M］.北京：中国戏剧出版社，2008.

［3］钱穆.国史大纲［M］.北京：商务印书馆，2010.

［4］陈旭麓.近代中国社会的新陈代谢［M］.北京：中国人民大学出版社，2014.

［5］黄仁宇.中国大历史［M］.北京：生活·读书·新知三联书店，2016.

🗨 **作者简介**

　　和静，男，北京市顺义区牛栏山第一中学历史教师。2013年毕业于陕西师范大学学科教学（历史）专业，硕士学位，同年进入牛栏山一中工作。毕业至今，一直担任班主任与高中历史教育教学管理工作，致力于追求"生动""深刻"的中学历史课堂教学。

深入历史探光启　立足时代识群英

——《晚明科技群英》教学设计

和　静

一、突破传统，另辟教学新路径

　　《晚明科技群英》是岳麓版选修Ⅳ《中外历史人物评说》第五单元《杰出的科学家》中的第1课。该课对于学生了解近代以来东、西方历史上杰出的科学家，追寻科学精神、培育核心素养、涵养家国情怀具有重要意义。在以往的授课中，对于该课的内容，我未做过多思考，多是照本宣科，程式化地讲解背景、内容、影响，机械化地要求学生识记考点，教学多流于表面，实际效果不佳，必备知识的落实大打折扣，更不用说提升学生关键能力、涵养学生必备品格了。如何提升本课的教学效果成为困扰我的一个难题。一个偶然的机会，我读到陈卫平、李春勇著《徐光启评传》一书。在深入的史学阅读中，我逐渐形成了关于《晚明科技群英》一课的新想法：以徐光启与《农政全书》为例，探讨晚明时期科技群英的历史贡献与局限，涵养学生的家国情怀。由于我授课的对象是本校高二年级A班学生，他们基础扎实、思维活跃，具备一定的历史学科思维方法，但是欠缺客观、多角度寻找历史事件内在逻辑关系，多元评判历史事件及历史人物的能力，在价值观方面或多或少存在一些狭隘情绪，亟须教师进行恰当的引导。基于课程标准以及具体的学情，我确定了本节课的教学目标：以唯物史观为指导，了解徐光启生活的时代背景及个人经历，理解徐光启投身农业研究的时代环境；通过解读《农政全书》的主要内容及特点，培养学生史料实证意识；认识以徐光启为代表的晚明科技群英对于历史发展的贡献，理解他们投身科学研究的热情与勇气。思考晚明科技群英为何没改变中国历史的发展，探讨人物与时代的互动关系。

二、依托光启，深入历史识群英

导入：关于徐光启与《农政全书》你了解哪些内容？通过本节课的学习，你希望获取到哪些信息？

师：通过前期调研发现，关于徐光启，多数同学只知道《必修Ⅲ》相关的结论性论述。少数学生大概能说出来徐光启的个别经历，徐光启与早期西学东渐。

设计意图：呈现调查问卷结果，展示共性问题、代表性问题。基于学生问卷、课程标准、教材内容确定本节课教学内容、环节。

（一）高中进士的徐光启为何投身农业研究

材料1：

表1　徐光启生平大事年表

时间	重要事件
1562年	出生于松江府上海县的农民家庭。
1581年—1604年	中秀才、举人、进士。
1607年	父亲去世，丁忧在家，守制三年。与传教士利玛窦合作，翻译《几何原本》前6卷。
1612年	与传教士熊三拔合作，编译《泰西水法》，后收入《农政全书》。
1613年	与权阉魏忠贤同党魏广微同为礼部会试考官，意见不合，后告假，天津屯田。
1616年	南京教案发生，为传教士辩护。

续表

时间	重要事件
1617年	因南京教案、风寒致病等因素，再次告假，天津屯田。探索北方农业发展之路。
1621年	负责练兵事务，有职无权，加之同僚诘难、攻讦，以病辞职。
1629年	与传教士汤若望等人开始编译《崇祯历书》。
1633年	退出人生的生命舞台。

——根据王重民《徐光启》、陈卫平，李春勇《徐光启评传》整理

问题： 阅读徐光启生平大事年表，思考徐光启投身农业研究的原因。

师： 徐光启生于1562年，卒于1633年，这段时间在历史上恰好是晚明时期。晚明时期阶段性历史特征是什么？

生： 政治上，封建专制统治腐朽，社会矛盾尖锐；经济上，商品经济发展，资本主义萌芽出现，市民阶层队伍壮大；思想文化上，重商主义风气盛行，传统的道德观念受到猛烈冲击。八股取士使思想界因循守旧，理学家鼓吹的理论具有虚伪性，导致知识分子思想的叛逆。

师： 但这只是一个时代大背景，并不是高中进士的徐光启从事农业研究的主要条件，那必要性是什么呢？

设计意图： 回忆相关知识，了解徐光启生活的时代背景，理解个人与时代的互动关系，渗透核心素养中的唯物史观理念，同时为徐光启"后退"从事农业研究创造做好相关铺垫。

材料2： 光启雅负经济才，有志用世。及柄用，年已老，值周延儒、温体仁专政，不能有所建白。

——《明史·徐光启传》

师： 神宗怠政，徐光启有关国计民生的奏疏自然得不到重视，不过这也给徐光启接触西学和研究科学以难得的机会。思宗勤政，此时的徐光启出相入阁，但皇帝的变化无常也使他一筹莫展，感慨万千。当时的官场整体环境如何？

材料3： 时廷臣酷水火，光启中立，不逢党。

——查继佐《徐光启传》

师： 晚明时期党同伐异现象严重，就连以天下为己任的东林党也陷入党争。在这样的朝局之中，徐光启选择独善其身，能独善其身吗？如若不能，他

又将何去何从？

材料4：徐光启从事农业研究，是由父亲，家族课农学学圃之耳濡目染发生出来的。……我辈爬了一生的烂路，甚可笑也。

——徐光启《家书》

材料5：往公以大宗伯掌詹，子龙谒之都下，问以当世之务。时秦盗初起。公曰，自今以往，国所患者贫，而盗未易平也。中原之民不耕久矣。不耕之民，易与为非，难于为善。因言所辑农书，若已不能行其言，当俟之知者。

——陈子龙《农政全书·凡例》

师：在党争大背景下，徐光启的想法是不涉党政，却未能如愿，朝堂上无法施展抱负的他将奋斗目标投向了农业。

设计意图：以小见大，通过徐光启的生卒年月，结合所学，在了解到他生活在天崩地坼，推陈出新的晚明时期的大背景的基础上，再综合徐光启个人经历，使得学生理解到他投身农业研究的条件性，感悟徐光启的责任意识，为国为民的家国担当情怀。

（二）《农政全书》的主要内容

师：《农政全书》60卷，50余万字，其中农本3卷、田制2卷、农事6卷、水利9卷、农器4卷、树艺6卷、蚕桑4卷、蚕桑广类2卷、种植4卷、牧养1卷、制造1卷、荒政18卷。

材料6：《农政全书》问世前，历代农书都只注重农业技术研究。《氾胜之书》散见于其他书籍，研究的是种植业，即小农业。《齐民要术》是大农业。元代三大农书，又都是讲技术为主，开始谈及重农，备荒，分量极小。《农政全书》探讨与农业生产和农民生活相关农业政策问题。

——摘自陈卫平，李春勇《徐光启评传》

问题：《农政全书》相较于中国古代的其他农书有何特色？

生：由材料可知，《农政全书》不仅谈技术，还谈农业政策，对于救荒备荒尤为重视。

师：是的，《农政全书》的特色在于"重农不轻商""荒政""技术思想"。接下来，我们按照这三个特色，分为三个小组来进一步认识徐光启及《农政全书》。

设计意图：通过介绍，学生进而了解《农政全书》的主要特色，利用小组合作、同伴互助方式，通过充分研读材料，进一步认识徐光启及《农政全书》的地位。

组一："重农不轻商"小组。

司农之官，教农之法，劝农之政，忧农之心。

——《农政全书校注》

徐光启认为货币不是财富，货币的职能是衡量财富的多少，财富的内容是粟帛多少，农业看作生产财富的基本行业，把务农作为富国富民的根本措施。发展农业生产一个重要的方面是从思想上认识农业的重要性。徐光启非常重视先进生产工具和生产技术对提高人力和地利、对发展农业生产的作用。更为重要的是，徐光启将重视生产工具和生产技术提到了"政"的层面，就是对如何从政策上鼓励和促进这些生产工具和生产技术的运用，推广做了思考。

——陈卫平，李春勇《徐光启评传》

禁濒海民不得私出海……禁民间用番下香、番货……人民无得擅出海与外国互市。

——《明太祖实录》

有无相易，邦国之常。……官市不开，私市不止，自然之势也。又从而严禁之，则商转而为盗，盗而后得为商矣。……惟市而后可以靖倭，惟市而后可以知倭，惟市而后可以制倭，惟市而后可以谋倭。……入寇与通市两事也，来市则予之，来寇则歼之。除盗而不除商，禁私贩而通官市。

——王重民《徐光启集》

问题：与同时期的其他人相比，徐光启的农商思想有何不同？

师：徐光启的农商思想相较于其他人主要体现在重农不轻商，从"政"的层面认识到农业地位的根本，并且做了具体推广。从经济商贸往来层面，深刻分析了倭寇问题产生的根源，认为当正确处理"入寇"与"通市"，不应该一刀切。

设计意图：学生通过材料，了解到徐光启生活的具体时代经济背景是什么，与同时期的其他人物相比，更能体现他的思想敏锐性。

组二："荒政思想"小组。

明代共历二百七十六年，灾害之多，竟达一千零一十一次。这是前所未有的记录。计当时灾害最多的是水灾，共一百九十六次；次为旱灾……

——邓云特《中国救荒史》

（流民）就是脱离社会整合，丧失其原有职业社会角色，游离于法定的户籍管理之外的人口。

——王家番《中国古代的流民问题》

备荒弭盗，皆今急务，而备荒为尤急。总之，修先王储偫之政，上也；综中世敛散之规，次也；在所蓄积，均布流通，移粟移民，衰赢益缩，下也。

——徐光启，石声汉校注《农政全书校注》

以愚之计，预弭为上，有备为中，赈济为下。预弭者，竣沙筑堤，宽民力，祛民害也；有备者，尚蓄积，禁奢侈，设常平，通商贾也。赈济者，给米煮糜，计户而救之。

——陈子龙《农政全书·凡例》

（蝗虫）最盛于夏、秋之间……大泽之涯……详其所自生，与其所自灭，可得殄绝之法矣。

——徐光启，石声汉校注《农政全书校注》

所谓"有备者，尚蓄积、禁奢侈、设常平、通商贾也"。从中国传统的备荒思想和手段来看，主要包括重农贵粟、省上厚下、勤俭节约、抑富佑贫、仓储备荒等内容，其实质是培植国家及其民众抗御自然灾害的能力，所谓"天下非有水旱之可忧，而无水旱之备者为可惧"，是儒家"仁政""民本"思想的具体体现。所谓"赈济者，给米煮糜、计户而救之"。在古代，由于生产力水平低下，人们抵御自然灾害的能力是极其有限的，而一旦发生自然灾害，饥荒乃是最直接的恶果。徐光启认为，在这种情况下，政府应给予及时救助。从实践的角度看，"给米煮糜、计户而救之"是封建时期政府最简便易行的措施了。但是徐光启明确指出这是无可奈何、不得已而为之所采取的补救措施，当然属下策。

——郑二红《试析徐光启的荒政思想及其现实意义》

问题：荒政思想在《农政全书》中所占比重如何？徐光启的荒政思想有何进步之处？

生：《农政全书》60卷，荒政18卷，从篇幅占比看，荒政思想占据重要地位。这和当时的国计民生有密不可分的关系。明代灾荒现象严重，流民四起，深受传统儒家教育熏陶的徐光启扼腕叹息，著书立说，编撰农书拯救于水火。总结传统的减灾救灾措施，同时分析了各项举措的利弊，认为预弭为上，有备为中，赈济为下。

设计意图：数据角度分析明代灾荒现象的严重之处，进一步理解，认可徐光启投身于农业研究的合理性。通过教师讲解徐光启消灭蝗虫一事，感受他身上体现的难能可贵的科学实践探索精神。阅读《农政全书校注》《试析徐光启的荒政思想及其现实意义》等文章，了解徐光启救荒理念和传统理念的异同，感悟他追求进步的精神。

组三："农业技术，农学思想"小组。

徐光启第一次将我国南方种植棉花和番薯的技术系统地总结起来，不仅促进了棉花、番薯在南方的发展，同时也大大丰富了我国的棉花栽培学和番薯栽培学，对发展我国的农学也做出了重要的贡献。

——陈卫平，李春勇《徐光启评传》

问题：《农政全书》中农业技术进步体现及其价值？

生：《农政全书》中农业技术相较于以往，主要体现在以下三个方面：（1）耕作思想：轮作换茬和间作套种技术，麦田和棉田的土壤耕作技术。（2）肥料技术思想：广辟肥源、粪壤，棉花、大小麦的施肥技术。（3）番薯、棉花等重要作物的栽培技术思想。

问题：《农政全书》农学思想有何进步之处？

今北方种薯，未若闽广者，掘土丈余，未受水湿，但入地窖，即免冰冻，仍得发生。

——徐光启《农政全书》

（蝗虫）最盛于夏、秋之间……大泽之涯……详其所自生，与其所自灭，可得殄绝之法矣。

——徐光启，石声汉校注《农政全书校注》

徐光启在论说农事的时候，没有采用阴阳五行等传统哲学范畴，而是从总结具体作物引种、栽培经验出发，以经验事实为验证理论的依据，对唯风土论进行了批判，发展了"时宜""土宜""物宜"思想。

——卞粤《徐光启农业思想研究》

欲求超胜，必须会通；会通之前，必须翻译。

——徐光启《历书总目表》

从事西教，思窥其象数之学，以救汉宋以来空言论学之失。

——王重民《徐光启集》

象数之学，大者为历法、律吕；至其他有形有质之物，有度有数之事，无不赖以为用，用之无不尽巧极秒者。

——徐光启《〈泰西水法〉序》

生：徐光启的农学思想视野，方法与以往不同，他以"会通中西"的科学视野和由数达理，旁通十事的研究方法，力求将经受实践检验的经验事实和逻辑推演的数学方法结合起来，并较为娴熟地加以利用，从而使他的思想在明清时期的农学界独树一帜。

设计意图：通过材料阅读、分析、对比研究的方式，引导学生得出徐光启农学思想的独特之处。

（三）如何认识《农政全书》的历史地位?

问题：阅读以下材料，谈谈我们应该如何认识徐光启及《农政全书》的历史地位。

徐光启将重视生产工具和生产技术提到了"政"的层面，就是对如何从政策上鼓励和促进这些生产工具和生产技术的运用、推广做了思考。

——陈卫平、李春勇《徐光启评传》

他不遗余力翻译了《泰西水法》……提出了立意高远，层次分明的"预弥为上，有备为中，赈济为下"的荒政思想，形成了一个防灾、减灾、救荒思想的有机整体，并给出了一套利用科学技术解决实际问题的具体方案，从而把我国传统的救荒思想提升到了一个新的高度。

——郑二红《试析徐光启的荒政思想及其现实意义》

徐光启第一次将我国南方种植棉花和番薯的技术系统地总结起来，不仅促进了棉花、番薯在南方的发展，同时也大大丰富了我国的棉花栽培学和番薯栽培学，对发展我国的农学也做出了重要的贡献。

——陈卫平、李春勇《徐光启评传》

徐光启在论说农事的时候，没有采用阴阳五行等传统哲学范畴，而是从总结具体作物引种、栽培经验出发，以经验事实为验证理论的依据，对唯风土论进行了批判，发展了"时宜""土宜""物宜"思想。

——卞粤《徐光启农业思想研究》

生：《农政全书》是传统农学著作代表性作品，推动了中国农业经济、技术、哲学思想的发展。徐光启将农业政策、技术和思想三者结合，改变了传统农业技术和思想的阐发。徐光启提出"重农不轻商"的新的经济思想，适应了商品经济发达和商人阶层崛起的历史趋势。他的农业技术思想还影响到其他国家和地区，如日本宫崎安贞《农政全书》中耕作、施肥技术就源自于徐光启《农政全书》。徐光启的近代科学精神探索影响后世。

设计意图：通过不同学者研究材料解读、分析、引导学生多角度、全面认识徐光启及《农政全书》的历史地位。

（四）以徐光启与《农政全书》为例，试谈晚明为何科技群英璀璨

教师总结：

（1）从宏观的时代背景看：政治上，封建专制统治腐朽，社会矛盾尖锐；经济上，商品经济发展，资本主义萌芽出现，市民阶层队伍壮大；思想文化上，重商主义风气盛行，传统的道德观念受到猛烈冲击。科举制度使思想界因循守旧，理学家鼓吹的理论具有虚伪性，导致知识分子反叛。

（2）从个人角度看：离不开个人的主观努力。他们大多接受了儒家传统教育，阅读了大量专业书籍，又接触了西方传入的科学技术，经历与当时一般的读书人有所不同，唯实唯真，会通中西，纵横各学科领域。

课后作业：通过阅读推荐书目，思考晚明科技群英为何没有改变明清之际中国的走向？推荐书目：丛日云《西方文明讲演录》；陈卫平、李春勇《徐光启评传》；王重民《徐光启集》；朱维铮、李天纲《徐光启全集》。

设计意图：提供阅读书目，引导学生通过阅读学术研究成果，进一步打开学生视野，在有限的教学时间里引导学生探讨无限的人生。

三、立足现实，开辟认知新天地

"晚明科技群英——以徐光启与《农政全书》为例"一课是我在2019年牛栏山一中第一届学术年会的展示课，关于本课我认为有值得肯定的地方，但也有不少缺陷。

首先，重视学情分析，有的放矢设计课程。基于学生实际情况的教学才是有价值的，关于学情调研，我主要是通过问卷调查、谈话的方式，了解到学生关于徐光启与《农政全书》已经知道的和通过课堂学习希望知道的内容，如徐光启研究农业的原因，如何从中外角度看待徐光启与《农政全书》。同时在教学过程中，不断引导学生通过阅读的方式获得相关信息。

其次，关注历史的人，涵养现实中人的家国情怀。在之前的教学中，我主要是强调基础知识和知识识记，填鸭灌输；或者一味地空谈科技成就，以期达到爱国教育的目的，但实际收效甚微。张汉林教授说："没有'人'的历史教学，往浅里说，干瘪空洞，无法激起学生学习的兴趣；往深处说，失魂落魄，有悖于历史教学的真谛。在历史教学中，发现本应存在的'人'，是正本清源之举。"缺乏人物活动和历史细节的历史课，情感教育职能沦为填鸭灌输，只能靠教师空洞的说教，学生一定不会感兴趣，甚至会产生反感情绪，无法达成教学目标。以家国情怀为核心的情感滋养，需要由人而生，润人而成，人永远是家国情怀的承担者和指向者，是其最不可或缺的要素。在本次的教学中，我围绕徐光启及《农政全书》，营造历史情境，引导学生立足时空分析、了解、评判历史人物；感悟时代群英身上体现的可贵的精神品质，以古人育今人，涵养家国情怀。

再次，注重历史逻辑讲解，培养学生历史思维。盘活课堂的有效方式就是把知识之间内在逻辑关系讲解清楚，只有学生理解了、明白了，才利于提高课堂效率，培养学生缜密的历史思维能力。关于本课，我设置了一系列递进问题，如思考高中进士的徐光启为何投身于农业研究——《农政全书》相较于中国古代的其他农书有何特色？——如何认识徐光启及《农政全书》的历史地位——试谈晚明为何科技群英璀璨——思考晚明科技群英为何没有改变近代中国的走向？

这节课也存在一些问题，如材料选取过多，多少有些陷入了"泛材料化"；徐光启及《农政全书》因为材料搜集不到位，导致讲解有些生硬；晚明为何科技群英璀璨的讲解落入俗套等。

教学工作是一项技术，更是一项艺术，在今后的从教道路上，我会不断改进自己的教学，努力追求"生动""深刻"的中学历史课堂教学。

作者简介

卢天志，2009年至今任教于韶关市南雄中学，中学一级教师，有多篇教研论文在《师道·教研》《党史文苑》《红广角》《中学历史教学参考》（下半月）《中小学教育》等刊物上发表，多篇论文获得韶关市级奖项。2011年获得广东省历史优秀课例展示交流高中组优秀，2015年评为"南雄市优秀教师"，2018年被南雄教育工委评为"优秀党员"，2019年被评为南雄市中小学首批名师。积极参加地省级、市级、县市级公开课、命题、讲座等活动，均获得好评。

试题讲评课中探历史核心素养的培养

——从模拟题的起疑、答疑中探历史核心素养的"落地"

卢天志

一年一度的选拔人才的考试——高考，总是引人关注，奋战在高三一线的教师更是乐此不疲，高考试题的指挥棒作用愈来愈凸显，考前的模拟备考试题既是对考生的知识与能力的检查，也是尽快适应高考的热身。在高三艰辛的备考过程中，每地市都会有两到三次的模拟考试。这些模考，都能集聚全市教研骨干之力，结合本地市实际，研讨如何打造有效模拟、规格较高地考查学生核心素养的高考试题。在各地的模考当中，不乏有质量上乘、性价比好的试题，这些试题为各地模拟考后进行学生成绩数据分析、寻找存在的薄弱环节和努力方向都有可期的信度和效度。一线老师们对这些题目的考查方向进行仔细的分析、领悟，抑或是对试题提出一些质疑与反思，有助于教师和学生对高考要求和核心素养的把握理解，同时对提高一线教师编选、使用习题或保证试题的水平也有很好的帮助作用。

一、问题的由来

2019年某地市第一次调研考试文综历史选择题第33题，出了一道这样的题目：

33. 下表为1851—1900年西方主要国家的重大科技发明和革新的数量，经过比较可以推知（　　）。

A. 民主政治推动科技进步　　　　B. 美德综合国力超越英法

C. 思想观念影响科技发展　　　　D. 经济模式阻碍教育发展

国家	数量（项）
英国	105
法国	75
美国	67.5万
德国	202

可以说这是一道相当不错的题目，角度新颖，不回避热点，对现在中国的科技发展具有很强的借鉴意义。本题主要考查考生理解材料、获取和解读信息的能力，在对材料有效信息进行完整、准确、合理的解读分析的基础上，考查考生的唯物史观、历史理解、历史解释与最大限度地获取有效信息的相关能力。就考后，考生成绩反馈的情况来看非常不理想，全市共7400位考生，其中没有正常参加考试的考生为33位，所有参加考试的同学中：选A的同学比较多，达到了3152人，占全部考生的42.59%；选B的同学1509人，占20.39%；选D的同学比较少共330人，占4.46%；选正确答案C的同学是2376人，占32.11%。

以上数据可以表明：对本届考生来讲，本题难度较大。其中，选择A选项的考生较多。在试题讲解时，较多同学仍然坚持该观点。但是，他们忽略了此时，英、法、美、德都确立了资本主义民主制度，英国确立君主立宪制是在1689年，1832年英国还进行了议会改革，相对来讲民主制度更为完善；而此时的德国，1871年1月，德意志帝国才在凡尔赛宫宣告成立。4月，新成立的德国才颁布了《德意志帝国宪法》，规定帝国实行联邦制和君主立宪制。其实，德意志帝国"实际上是一个半专制的君主立宪国家",因为"普鲁士的专制主义和军国主义传统在帝国得以延续"。[1]英国的君主立宪制比此时德国的君主立宪制要民主得多,但为何1851年至1900年,德国的重大科技发明和革新的数量,几乎是同时期英国的两倍,所以A选项并不能对表格出现的情况进行合理的解释;选B的同学没有对材料形成正确的分析,基本史实不清,美国的实力全面超过英国那是在第一次世界大战以后的事情,并且德国在一战前实力并没有超过英国,再则B选项是典型的以点推面,这说明选B选项的同学史学素养有待进一步提升;D选项由于与材料无关,所以不是正确答案,很容易排除。不过D选项,相对于其他选项来讲似乎显得可有可无,笔者觉得如果改成科技的进步有效地促进教育的发展,会产生更好的效果,因为本题的主题是科技的发展,这样一来显得D选项不会那么突兀,跟材料的联系也较为精密,迷惑性也会增大,并且这样一来可以通过这道题,培养考生对科技与教育之间关系的正确认识。

二、起疑与答疑

在此题的讲解过程中,笔者鼓励学生打开思路,以对此题进行合理的分析与解读,最好能对该题提出一些质疑。综合学生的疑问,主要存在以下几个方面:

(一)英法美德1851—1900年重大科技和革新的数量准不准确?

对于这则图文材料题,考生首先要理解这道试题,并最大限度获取和解读信息。这道题让学生很容易产生对这个时间段,英、法、美、德重大科技发明和革新的数量产生疑问,特别是美国的重大科技发明和革新的数量达到67.5万项,这简直令人难以置信。

笔者在试题讲评时,鼓励学生通过各种方式查阅相关资料,对此题材料进行核实。学生经过多方查询,找到的资料有唐晋主编的《大国崛起》,对此有如下描述:"从1851年到1900年,50年中,德国在基础科学与技术科学方面取得的成果达到202项,远远超过英法两国的总和,20世纪初的20年中,德国就有20人获得诺贝尔奖,无疑,德国已取代英国成为当时世界科学技术的中心。"[2]王章辉,孙娴主编的《工业社会的勃兴》中曾写到:"在1851—1900年间,德国有202项重大科技发明和革新,英国只有105项,法国75项,而美国在1860—1900年间则有67.5万项发明和革新"[3]。陈文海总主编，王棣主编的《中外经济成长历程》一书中第四章第二节，对这个数据进行了转引；姚晓宏著的《大国博弈与产业革命》第一章第二节也曾提到（德国：第二次产业革命的欧洲领袖）"从1851年到1900年在重大科技革新和发明创造方面，德国取得的成果达到202项，超过英法两国的总和，居世界第二位"。老师要求学生把这些资料进行相互印证，让学生切身感受"史料实证"的过程，得出这个数据可信度还是比较高的，最起码得到一部分专业历史学者的认可。

（二）为什么这个时候的德国、美国在重大科技发明和革新的数量会远远超过英法？

要正确解释这个历史现象，笔者顺势引导学生，最大限度获取题中有效信息，并进行完整、准确、合理的解读。材料中"1851—1900年"这个时间段，与"英、法、美、德"这个空间，是解题的关键所在。所以，在讲评课中，笔者必须引导学生从时空观念去寻找解题思路，并适当补充德美等国的科技发展简史，以便学生对四国的科技发展形成一个宏观性的把握。

相对于其他三国来讲，德国给许多学生留下的"刻板的印象"是：德国是一个较为落后的国家。其实，政治上的落后不等于科技与经济的落后。笔者乘机引导学生分析，2013年全国Ⅱ卷第34题："19世纪晚期德国的现代化进程中，经济突飞猛进与政治民主发展滞后形成巨大反差，出现这种现象的原因在于：A. 皇权与贵族结盟掌握政权；B. 国家分裂阻碍政治民主化；C. 经济发展消解政治改革诉求；D. 对外战争影响国内民主进程。"在普鲁士统一的过程中，为了适应战争的需要，普鲁士政府大量订购军事物资，鼓励军火生产，刺激了重工业的发展，德国迅速建立起雄厚的工业基础。德国有国家政权干预经济的历史传统。为了摆脱落后局面，德国各邦都充分发挥了国家政权干预经济的作用，大力推进科技革命。

国家干预对科技革命的影响，最为深远的还在于政府重视发挥智力作用，积极推进基础教育的发展，大力促进新技术的开发研究。在科技革命初期，德国一方面积极引进英国先进技术，另一方面大力发展教育。"1825年，普鲁士实行义务教育制度……到60年代，基本上实现了普及教育……各邦政府还兴办了多种中等专业技术学校和职工补习学校……在普通中学中，增设了自然科学课程……在高等学校中，贯彻教育、科研与生产相结合，基础教育和应用教育相结合的方针"这些教育政策取得巨大成功，国民科学文化水平普遍提升，培养出了一大批像西门子那样集企业家、科学家和工程师于一身的优秀人才，获得了发电机、电炉、内燃发动机、电车、合成染料等一系列重大发明。德国还非常重视对教育的改革。19世纪前期，德国进行过系统的高等教育改革，"1810年诞生的柏林大学是德国高等教育改革的成果"[5]柏林大学的领导人洪堡主张培养个性充分发展的人，也就是"全面发展的人"。洪堡的教育改革思想为整个德国教育改革奠定了政策理论基础。柏林大学所确立的教育现代化的原则和理念，对德国大学以及高等教育发展的模式产生了深远的影响。德国出现了一批以柏林大学为范本的新型大学，比如布莱斯纳大学（1811）、伯恩大学（1818）等等，这些新型大学后来拥有雄厚的学术实力和科研成果，被誉为科学家的摇篮。"德国的大学自然科学研究的卓著成就，对德国上升为经济大国具有决定性的意义"。德国政府对教育和科研的青睐有加和不吝投入，使其产业革命有了比英法两国科技革命更为坚实的根基。

美国相对于其他国家来讲，拥有得天独厚的自然条件。同时，美国没有经过封建社会，旧的行会传统和习惯势力非常微弱，因而有利于新技术的发明与推广。19世纪初，杰斐逊以低价从法国手中购买了密西西比河以西的路易斯安那地区，这使美国版图增加了一倍。19世纪40年代，美国又从墨西哥抢来120万平方英里的辽阔土地。美国的领土扩张为美国的科技发展提供了能源、原材料和广阔的市场。1861年美国爆发内战，一度给科技发展产生不良影响，但内战的胜利消灭了南方奴隶制度，恢复和巩固了联邦的统一。资产阶级独掌国家政权后，采取了一系列的有利于工业发展的政策，如实行产业保护和贸易保护、建立国民银行和统一货币、资助铁路建设、扶持农业等等。

除了这些客观条件外，美国人的许多主观因素也不容忽视。首先，美国是个移民国家，长期以来把吸纳世界各国优秀人才作为一项国家战略。"据统计，1790—1860年间，进入美国的移民达500万人……这些移民主要来自欧洲，其中不少是熟练的手工业者，他们带来了欧洲先进的生产技术，有力地推动了美国工业的技术革新。"其次，美国对科技非常重视，注重科学研究与生产相结合，重视实验和应用技术。美国政府较早地实行了专利制度，"1790年美国国会就通过了《专利法案》……1836年又制定了《专利法》，成立了专利局，使发明人的利益得到有效保障"。美国在科技革命初期，大部分机器是从英国购买来的，但是美国在引进先进技术和设备时，不是简单地照搬和模仿，而是创造性地改进，从而为迅速研制出更为先进的机器准备了条件。19世纪末20世纪初，美国在全国各地的研究所和实验室星罗棋布，科研成为其产业腾飞的重要引擎。再则，美国高度重视教育，并且善于借鉴别国成功经验。美国教育体制从1783年独立到19世纪末逐渐建立并完善，形成了从学区到州到联邦的一整套教育管理体制。鉴于德国高等教育发展的成功经验，美国建立许多学术性大学，这些学校直接造就了美国在学术领域的卓越表现，为美国在1851年—1900年重大科技发明和革新提供强有力的智力支撑。在这些因素的综合作用下，美国各项发明不断涌现，像轧棉机、造纸机、印刷机、缝纫机、收割机、电报机等发明都出自美国人之手。

对此时的英法两国，笔者在讲评课中适时补充，英国人对贵族及其生活方式的崇拜根深蒂固，第一代企业家创业后，往往想把子孙培养成贵族，结果几代人过后，创业的激情就荡然无存了。实际上，无论是一个国家还是一个人，往往在处于绝对优势地位后，多少会产生一种惰性，只是这点在英国反映得更加明显。英国存在着轻视工商业，追求宁静、安逸，贪图享受、反对变革的贵族文化传统。这种追求田园生活的绅士文化和保守性的民族特性，使得英国人发达后，就会以贵族形象来重新塑造自己。这种观念长期影响着英国人，因为"观念是人们在日复一日的生活中长期积淀集聚而成的，在外部环境变化时，观念却比较稳定，有强大的惯性。甚至在外部剧烈变化的同时，原有的观念不仅不会退出，相反会使人在对比中产生巨大的不适和冲突"。

法国的科技革命最为明显的特征是：小企业的长期和大量存在以及大企业发展迟缓。"19世纪70年代初，即法国科技革命完成时，平均每家企业雇佣工人还不到3人，1000人以上的大企业只有100多家，而雇佣一二人的小企业多达数十万家，占全国企业总数的70%以上"，在工业结构中小企业大量存在的同时，法国农业中小农经济长期占据优势，"1881年时，占地10公顷以下的小农户仍占农民总数的90%以上"，此外，高利贷资本特别活跃是法国科技革命的另一个特点，"1869年，巴黎的交易所拥有307种有价证券，总数达330亿法郎，几乎超过当时法国工业总产值的两倍"。小企业的大量存在容易造成企业经营分散，容易阻碍新机器、新技术的发明和推广。小农经济、发达的高利贷资本与煤、铁资源贫乏，能源短缺，交通发展滞后等等，导致法国科技革命的规模远不及英国，同时，在发展速度上也比不上同期的美国和德国。

（三）思想观念与科技到底是一种怎样的关系？

学生能掌握解释历史事物与形成时空观念的能力后，在唯物史观的指导下论证历史问题，就会被提上议事日程。其实，"科技本身也是（思想）文化中的重要组成部分，科学属于（思想）文化中的认知系统，技术属于文化中的行动系统"，也就是说，人的思想观念的变化同科技应该是一种辩证统一的关系。人们的思想观念必须不断更新，不断了解世界科技的发展，否则就会不知道社会发展的动力，就会流于空洞。思想观念要多一些对于科技的认知，不要认为科技是玩物丧志，要看到科技中的方法对思想观念发展的促进作用。

思想观念的不断更新、变化或者说解放，能够促进科技的产生与发展。笔者讲解中乘机引导学生复习文艺复兴、现代科学革命与印象派绘画的产生等内容。中世纪的欧洲，基督教神学一统天下，垄断了文化与教育，对宗教"异端"采取坚决的打击，导致神本主义取代了人文精神，人性受到压抑和束缚，也导致西方的科技长期停滞不前。文艺复兴运动以复兴古希腊、古罗马文化为名，以"人文主义"为旗帜，提倡人性，反对神性，主张人生的目的是追求现世的幸福，而不是教会所强调的灭人欲，以便死后升入天堂；它倡导个性解放，反对盲从盲信的愚昧思想。这场思想解放运动适应了资本主义发展的需要，"为近代自然科学和各种学术的发展清除了思想障碍"[9]。近代天文学的奠基人——哥白尼（1473—1543）正是由于接受了文艺复兴的进步思想，研究了大量古希腊哲学和天文学著作，经过长期的测算，创立了"日心"体系。这不仅改变了人类对宇宙的认识，也从根本上动摇了欧洲中世纪宗教神学的理论基础。19世纪，科学的进步愈发显示出转化为生产力的巨大威力，日益受到欧美各国上上下下的高度重视。然而，正是这个时候，物理学上出现了一系列新的发现，无法用经典物理学来解释。这预示着物理学将有新的突破，果然爱因斯坦1905年发表《论动体的电动力学》一文，完整地提出了狭义相对论。

而科技的发展又能反过来促进思想观念的变革。17世纪牛顿创立的经典力学，经后人不断补充发展，日臻完善。在此基础上，光学、热力学、电磁学、天体物理学等新兴科学取得了长足的进步，把人类对自然界的认识推进到前所未有的深度和广度。这为18世纪中叶，欧洲启蒙运动的产生和发展奠定了坚实的基础。1839年，法国的达盖尔制成了第一台实用的银版照相机，能拍摄出清晰的图像。自从照相机发明之后，人类的绘画就必须改变，它不可能再像过去那样以画人物肖像、风景、景物等为主，因为这些东西可以用照相机去拍摄。19世纪法国产生了印象派，该派画家认为色是在光的照射下产生的，在不同的时间、环境、气候等客观条件下，由于不同光的支配而产生不同的色彩，所以，他们抛弃了几百年来欧洲画家在画室作画的传统，提倡户外写生。通过户外写生，他们发现了过去未被注意的色彩现象，从而引起了绘画艺术上的重大革新。

三、结语

在试题的讲解过程中，笔者通过引导学生起疑、解疑与答疑，帮助学生形成了"思想观念影响科技的发展"这个观念，这对拓展师生的视野与提升家国情怀非常有益处。学生们都能积极地反思近代中国因何而落后，理解我国改革开放后提出的"科技是第一生产力"。近代中国，大量的洋货涌入中国市场，但是洋货刚开始并不畅销。这固然是中国自给自足的小农经济的功劳，但是与中国传统的伦理观念也有非常大的关系。中国传统的伦理观念是导致近代"西学东渐"进展缓慢的重要因素，也是造成近代中国落后的"罪魁祸首"之一；笔者乘机引导学生分析2015年课标Ⅰ卷第41题，很多学生都能对此题进行分析，并能提出较为新颖与合理的观点与分析，学生的核心素养得到较大的提升。

历史五大核心素养是学生在学习历史过程中逐步形成的具有历史学科特征的思维品质和关键能力，是历史知识、能力方法和价值观等方面的综合表现。五大核心素养是历史学科课程的核心价值，是基础教育课程改革不断深化所提出的新的课程目标。一线老师在谈及如何让五大核心素养在高中历史教学中成功"落地"，则往往一筹莫展。其实，"世上无难事，只怕有心人"。在高考备考过程中，你会碰到各种各样的资料与题目，或者在上课过程中，只要你肯做一个"有心人"，就能发现各种各样的问题。如果老师能做到就一个问题进行广投入、深挖掘，就会有不一样的收获。"只要功夫深，铁杵磨成针"，世上只有相对完善的题目和授课，没有绝对完美的事情，这就给了一线老师提升的机会，只要我们能够及时抓住，就能够发现问题。如果我们能够及时地解决这些问题，对自己和学生的核心素养都将会是一个极大的提升。

参考文献

［1］曹大为，赵世瑜.历史（必修Ⅰ）政治文明历程［M］.长沙：岳麓出版社，2004.

［2］唐晋主编.大国崛起［M］.北京：人民教育出版社，2006.

［3］王章辉，孙娴，主编.工业社会的勃兴［M］.北京：人民出版社，1995.

［4］吴于廑，齐世荣，主编.世界史［M］.北京：高等教育出版社，2011.

［5］兰伊春.论19世纪前期德国高等教育改革［J］.青海师范大学学报（哲学社会科学版），2005（5）.

［6］丁亚金.洪堡高教思想对我国创建一流大学的启示［J］.煤炭高等教育，2003（4）.

［7］胡斌.社会观念场域下近代中国的科学革命——在情景中体验近代社会思想演变［J］.历史教学（上半月刊），2018（11）.

［8］《中国大学人文启思录》编委会.中国大学人文启思录（第二卷）［M］.武汉：华中理工大学出版社，1998.

［9］曹大为，赵世瑜.历史（必修Ⅲ）政治文明历程［M］.长沙：岳麓出版社，2010.

"匠心"从教　"仁心"育人

　　毛经文，现年56岁，中学正高级教师，特级教师，广东省特支计划教学名师、广东省高中历史学科带头人、广东省名教师工作室主持人、广东省新课程高考历史学科命题人、华南师范大学硕士研究生兼职导师、东莞市最美教师。他师德高尚、教研能力突出、教学业绩显著。自2003年奉调东莞高级中学任教高中历史以来，始终不忘教育初心，主张教育情绪平和理性，认为教育只有在帮助学生成为高素养的人时才是最重要的。平和从教，爱心育人，善用鼓励与激励教育学生，从来没有发过一次脾气或大声苛责学生。在2019年东莞市最美教师颁奖大会上，以媒体播放的形式，现场分享了他许多教书育人的感人事迹，评价他"是一个充满了师者与学者风范、课堂幽默、效果显著、极受欢迎的好老师"。《中国教师》《中学历史教学》《中学历史教学参考》等杂志先后专版长文介绍他的教学追求和教育影响。《南方日报》、《南方都市报》、《广州日报》、东莞市电视台、东莞广播电台、《东莞日报》、《东莞时报》、东莞阳光网等多家媒体多次报道他的教书育人典型事迹。2018年，东莞市委编撰的《才聚莞邑》一书收录了他的优秀事迹。他是一位在全国拥有一定知名度和影响力的专家型中学历史教师，也是一位临近退休却依然不减教育热情并每天绽放精彩的老教师。他始终相信并努力践行教育是一场师生和合共生的幸福修行，"匠心"从教，"仁心"育人。

一、站在立德树人高度，践行"培养君子"的教育理念

　　毛经文老师1992年加入中国共产党，始终拥护中国共产党的领导，认真学习《党章》及党的光辉历史，自觉贯彻党的教育方针，积极参加各级各类政治学习，努力提升政治素养，认真学习与履行《教师法》和《中小学教师职业道德规范》，

忠诚热爱党的教育事业。做到了思想过硬、立场坚定。自觉恪守职业道德，提升个人师德修养，自觉遵守学校的规章制度，服从学校工作安排，对高中历史教学尽心尽力，起到了良好的引领示范作用。其良好的职业道德修养及优秀的教学业绩得到了上级领导、社会、学校、家长、学生的一致好评。毛老师在湖南老家时，是学校代理校长，主持学校日常工作，在他任职期内，把一所薄弱学校办成了一所市重点中学。2002年被湖南省破格评为特级教师，填补了湖南省衡东革命老区20多年没有特级教师的空白。奉调东莞后，静心、安心地甘做一名普通中学历史老师。荣调东莞17载，坚守了17年。

2018年9月，毛经文老师主动请缨，受命于危难之际，担任高二文科17班班主任，该班在同届的平行班中处于弱势位置，班风不正、学风不良。毛老师以"悦纳鼓励中手持戒尺、平和理性中严格要求"为治班理念。平和上课，理性育人，在教育教学工作时间内，从没有发过脾气。

"蓬生麻中，不扶自直"。他十分重视班级文化建设，遍种"黄麻"，不断营造"蓬草"生长的良好环境。既重视班级有形的文化建设，又重视班级无形的文化建设，遍种"无形麻"，修一条让学生健康成长的高速公路，为他们成长成才提供良好的氛围与环境，不断引领和助扶"蓬草"勃勃向阳生长，让有形无形之"麻"，成为学生实现理想的梦工厂和星工厂。如班级有形文化建设达到了"精致"标准，既突出了整体性，又彰显了丰富内涵；既整洁和谐，又突出了滋养价值和教育意义，具有浓郁的书院韵味。做到了班级每一面墙壁的张贴、每一处设施设备、每一件小摆设甚至是每一丝流动的空气，都散发着积极向上的气氛，17班这块茂盛的"麻地"成为了学生实现自己理想的腾飞基地。一位学生在座谈会上动情地说："一年前，我出现了抑郁情况，当时我有很多坏想法。细心的毛老师发现后，第一时间找到我，平抚我的情绪，他教我多种方法，使我从抑郁中走了出来。真的，他是我生命中难以遇到的贵人和仁师。"

韩愈说"一时劝人以口，百世劝人以书"，根据新时代的教育要求，他把韩愈这句话改为：一日滋养以口，千日育人以文（三年高中，正好千日），并在教育教学实践与班主任工作中身体力行。

一日滋养以口，重在陪伴和耐心细致地做好学生的思想工作，他坚持每天五点半起床，六点左右到校，一般都是第一个到校打开办公室的门，最后一个离班离校，用他自己对学生说的话就是："你来或者不来，我都在这里等你！我陪你们成长，你们陪我变老。让我们彼此陪伴，美美地幸福下去！"利用东莞市教育局的微课掌上通和微信17班家长群，每天直播学生在校学习与生活的各种情况，有效引起了学生家长的互动与重视，受到家长的充分肯定和普遍赞扬。在陪伴的每一天中，他用心关注学生成长的每一个细小行动，善于鼓励和肯定学生的行为。他多次在其经验介绍会上说，学生需要鼓励，如同植物需要水，好学生都是"夸"出来的，关键是我们老师怎么去"夸"？夸得不好就"垮"掉了，因为垮之"土"代表土办法、旧方法、老做法。夸得好就"跨"越人生，因为跨之"足"代表要鼓励行为、关注过程、重实践。在坚持正确方向的基础上，关注过程的脚踏实地，观察其每个环节的兢兢业业，让其享受每个环节带给的快乐、愉悦，或过程中战胜困难和改正错误，让他们内心升起回味无穷的成就感和价值感。受到鼓励的学生，感觉自己是无条件被爱，学生才会想要做得更好。据权威机构调查：中国学生最讨厌老师的虚伪式"表扬"。"因为你表扬我是有目的的，你并没有真正爱我、欣赏我"。因此，不要轻易表扬孩子的人品和人格，应该鼓励孩子做事情的过程。"你真棒""你真聪明""你是天下最好的学生"等这类不是努力得来的，虚幻表扬往往会产生两个不良后果：一是学生不认为自己有这么好，这样的表扬，会让他认为老师极其虚伪，和老师产生对抗情绪，"我哪有那么棒？"二是如果学生享受如此表扬，他会重点关注自己棒不棒，聪明不聪明，从而强化虚荣心。当他感觉行为会影响自己"棒"与"聪明"时，极有可能在面对困难时选择逃避或者心理产生非常大的压力，进一步强化不正常的"想赢怕输"的心态。一旦有了这种极强的怕输心态，便没了平常心，极有可能急功近利，甚至不择手段；或产生压力焦虑，抗压、抗挫折能力差。当发现赢不了时，就容易放弃、逃避、找各种借口与理由，形成鸵鸟心态。所以，他在17班大力提倡和追求的班风是做好人、读好书，在不断滋养"品高、德厚、人和"好品格的基础上，形成"勤奋、专注、有恒"的好习惯。勤奋学习曾国藩（课外阅读《曾国藩家书》），一勤天下无难事；善良学习袁了凡（课外阅读《了凡四训》），我命由我不由天。开展了三届评选"勤奋最美""专注最美""有恒最美"活动，并根据每名获奖学生的不同特点撰写不同的颁奖词。

千日育人以文，他着重做好了以自己的文章来教育17班的学生：每日推送一条"毛毛语录"，一共写了4个学期，3万多字，在微信和教育同行中产生了广泛的影响，成为了他做好班主任工作的一块金字招牌。连续两年春节，他都向17班学生推出了他自己撰写的近4万字的新年祝词《中产二代，我们拿什么拼这个世界——毛毛老师的猪年兔语》和《高三是部西游记——毛毛老师的鼠年兔语》（毛老师是兔年出生，故曰"兔语"），像这样写给学生的文字，两年共有将近30万字。当他极生气想骂学生时，他写了《班主任誓言：从此刻起……》，反复朗读，正如他自己所写的那样："当我确实生气想骂那些熊学生时，先不妨朗读三遍这篇班主任誓言！如果还不能压下怒火，就强迫自己放下开骂的冲动，第二天再读三遍。到目前为止，我还没有生过一次学生的气。因为，我深深懂得，情绪平和才是最好的教育。"当学生成人礼时，他写了《十八，是一辆刚刚出厂的红旗车》；当新冠肺炎疫情肆虐时，他写了《想读书，宅在家里也有课堂——就延迟开学给高三17班学子们的一封信》《伍连德东北战疫那些事》《清末版的"钟南山"：1910年中国东北鼠疫中的逆行者、最不应该被遗忘的抗疫斗士伍连德》《贤者善人"瘟疫村"，人性光辉留青史》《口罩简史》《人类历史上的十五大瘟疫》《大瘟疫蕴含大转机 大绝望孕育大希望——以中世纪欧洲黑死病为例》《武汉疫情历史题1.0版》《武汉新冠肺炎，高考高频点2.0版》；当学生毕业和高考成绩揭晓时，他写了《今日一别新征程，从此莞高变母校——毕业典礼赠言2020届高三17班》《高考放榜，请抱抱自己的孩子》《高考放榜，分数仅是新征程的序章——毛老师最想对17班学生说的20句话》；当学生准备进入大学就读时，他已不是班主任，但依然写了《未来始终做个良善人——隔空寄语毛家班的大学新生》。

2020年高考，无论是重点上线绝对人数，还是重点超指标率，17班均以较大优势获得了学校第一名，重点超指标任务百分之一百。他接手时，17班9名本地男生成绩相对落后，文化成绩最好的名次是班上第19名，通过采取"五气五多"（立志气、养正气、激兴趣、长才气、强霸气，多宽容一点、多鼓励一点、多期望一点、多理解一点、多推动一点），评选"男1—3号"等措施，高考有7名男生上了重点大学线，实现了"一年填坑，两年雄起"的班级目标，后进班也迎来了他们自己的春天，创造了东莞高级中学文科班新的高考奇迹。

二、举旗课改大潮前列，倡导"学生主体"的教学思想

教育的终极目的是为学生的成长服务，是安顿心灵、抚育精神、提升情怀、守护灵魂的事业。当课堂严重缺失生命教育这个核心时，课堂应该是培养学生认识和调适自我、感悟生命意义和价值的"树人堂"，要经常在课堂上追问生命的价值与

意义，让学生在历史学习中充分感悟人与历史、人与自然、人与社会的关系，培养学生从小树立正确而健康的生命观，彰显生命理性，体认生命意义，达成教师与学生和谐共处，把自己的历史课堂变成有丰富内涵的生命课堂，成为学生生命知己、灵魂导师、精神密友，千万不要做压死骆驼的最后一根稻草。课堂教学既是教师的生命历程，更是学生人生中一段最重要的生命经历，是教师和学生全部生命意义的重要组成部分。要经常从生命的高度来进行自己的课堂教学，知学生所想，赏学生所长，释学生所疑，容学生之过，帮学生解难，不断开发生命教育功能，让学生全身心感受到生命的涌动和成长的快乐，舒展心灵的翅膀；也只有这样，教师的劳动才会闪现出创造的光辉和生命的灵动。为此，他始终坚守五种教育思想，践行五种历史教学理念。五种教育思想是：培养君子比培养才子更重要，天生我材必有用，笨鸟也有矮树枝，三平（平凡、平常、平淡），两健康（身体健康、心理健康）也是人生的成功，为学生未来发展预留足够的发展空间。五种历史教学理念是：历史教育的主业是滋养学生、历史教材只是历史教育的文本或脚本、学生学的历史是主观的历史知识、历史解释的厚度决定了滋养学生的高度、教材上的历史只是历史知识的真实。毛老师的上述思想与理念称不上深邃，影响也谈不上有多大，但这却是一位有使命感和情怀的历史教师对教育的主张与追求，用他自己的话说：虽不能至，然心向往之。

毛老师自2003年调入东莞高级中学以来，无论是高中历史教学，还是班主任工作，抑或是名师工作室主持人，他都主张与践行，教育不是大机器统一加工与标准化生产，应该是小农经济、一田一策、因材施教、个性化定制，所有的教育教学活动以养育学生、滋养其成长为核心，学生是教育的主体。他主张并不断践行情绪平和是最好的教育，是一种润物细无声的滋养。陪伴、共情、共生是他从事教育事业的主要追求。教育需要安静，学校需要安定，教师需要安宁。当老师的情绪平和、内心宁静，对学生教育才会变得清晰，才能把老师对教育的理性思考沉淀到学生的内心里面去，骨子里会散发出一种遇学生成长之事淡定与教育从容的优雅。教育是一种慢生活，放慢才能超越，宁静方可致远，教育学生要先通情，然后才能达理。正因为如此，毛老师深受学生欢迎，学生们常说"毛老师从不生气，总是以德服人"。教育最重要的任务是培养出高素养的好人、善人，知识虽然可以培养能力，但价值观却决定方向，成长成人比成功成才更重要，教育只有在帮助学生成为高素养的人时才是最重要的。

当新一轮课程改革到来时，他努力学习，积极投身于斯，很快找到了历史教师的准确定位，如同电影拍摄中的"编剧""导演"，球赛中的"场外指导""啦啦队队长""随队医生""后勤部长"，知识"超市"中的"导购员""产品介绍人""服务员"，现代生活中的"信息平台""不息奔河"。他在自己的教学实践中，积极探索和研究《基于项目构建"双题"教学模式的实践研究》。即从整合历史知识体系的内在规律和逻辑关系出发，作用于学生成长的内在联系、互相协调和整体发展。以主题进行统领，以学生为主体，把问题的发现、探究及解决作为教学的引擎，突出教师"启导"和学生"探究"关键环节。把整个教与学的过程设计为不同的项目，分段实施、分步完成。以"主题立项"为基础，以"问题驱动"为核心，以"动态合作交流"为基本形式，在立足主题项目的基础上，不断从学生实际出发，针对各类学生的接受能力，设计不同层次的问题，使各类学生都能有所得，不断享受成功的喜悦和学习的幸福。目前，这种教学模式阶段性成果丰硕，为项目式学习背景下的历史教学改革做了一些实践性的探索。

前些年高考，东莞市文科综合成绩一共有6名同学进入全省前100名，东莞高级中学占3名，其中两人来自他所教班。他长期担任高二或高三备课组长，备课组成绩在市统考或高考中均名列前茅。在学校每学期的学生评教活动中，毛经文老师各项指标的评优率都保持在90%以上。学生普遍评价他有很强的敬业精神，有和蔼可亲的态度，有诙谐幽默的授课方式，有深入浅出的讲解，有气氛活跃的课堂，善于用凝练的语言将复杂、难于理解的历史明确表达出来。许多学生评价他的课堂注重育人，重视历史学科对学生核心素养的滋养作用，善于利用历史科目的人文优势教会学生很多做人的道理，是一位影响学生一辈子的历史老师。

三、恪守研究引领信念，润养"科研导教"的教学行为

毛老师还是一位科研型的教师，长年坚持"在研究中工作，在工作中研究"。担任东莞市教育科研指导小组成员，为东莞和东莞高级中学辉煌的教育科研工作做出了较大的贡献。

他先后主持或作为核心成员参与省、市级课题6项，均获得省、市一、二、三等奖。出版或正在出版教育教学专著6部，发表与获省、市级奖的教育教学论文72篇，其中核心期刊6篇，7篇被人大复印资料中心《中学历史、地理教与学》全文复印，9年间被复印7篇，这在全国高中历史教师中并不多见。同时，他还应邀赴全国

各地开展讲座讲学活动，传经送宝。2012年至今，他先后赴广东省各地市、贵州、安徽、湖南、广西、福建等省、市、区开设讲座几十次，在本省、本市和各学校开设讲座讲学200多场，内容集中在高中历史教育教学、历史教师培训、高考复习、教育教学科研和上示范课，在全省乃至全国范围内都产生了较大影响。如先后6次赴深圳开设讲座，深圳高中历史老师是这样评价的："等来了一场华丽的思想盛宴！""此曲只应天上有，人间哪得几回闻？"等。在参加广东省教育研究院主办"广东省中学历史课堂教学研讨会暨中学历史学科教研组建设理论与实践探索课题研讨会"上，毛老师作为压轴嘉宾，做了《管小可窥天，蠡微可量海——基于高效课堂运用历史细节的策略研究》的专题发言。与会老师如是评价这次经验介绍："幽默风趣的讲解、深入浅出的分析、深厚的学术功底、执着的追求与坚守、鲜明独特的教学风格、独具魅力的人格力量等让毛老师尽显莞派名师风范，赢得了听众的阵阵掌声和高度认可，被与会人员要求延长讲座时间，赞为'毛经文现象'。"

他曾基于当前历史课堂只有苍白的知识框架、无数乏味的概念、生硬的说教、缺失探寻历史细节的学术眼光等现象，积极研究和探索在每一堂课中积极探寻与运用能够让课堂活色生香的历史细节，主持省、市级课题"基于有效课堂运用历史细节的策略"，研究和探索如何在历史细节中见微知著、重建现场、呈现进程、层层探秘、钩沉思想和彰显多维。如何让历史细节在点拨重点、阐释难点、探究疑点、品味亮点等方面发挥其不可替代的作用，不断让学生感受历史的酸甜苦辣和成败兴衰，让课堂活色生香于历史细节，深受学生欢迎，成效显著，成果斐然。课题结题即获东莞市第十三届基础教育优秀成果一等奖、广东省教育创新成果奖，并在全国产生了较大影响。中学历史教学界仅有的三大专业刊物均发文关注，《中学历史教学参考》连续三期刊发他关于历史细节的系列论文，全国中文核心期刊《历史教学》刊发课题组另外三位成员的系列论文，《中学历史教学》也刊发课题论文给予肯定。同时，他还积极参与课堂教学改革，发挥示范引领作用。2019年5月，东莞市创建品牌学校展示活动（东莞高级中学站），他为大家呈现了一堂精彩的历史一轮复习课《量地制邑　度地居民——中国古代地方最高行政机构的流变》，100多位听课老师挤满教室及走廊。不但有东莞市的老师，也有周边几个市里的老师；不但有历史学科老师，还有语文、地理、数学、政治学科老师。听课人数占当天学校听课总人数的四分之一左右，发挥了较强的示范和辐射引领作用。

四、热情拥抱南粤大地，长期坚守"甘当人梯"的教育情怀

毛经文老师甘当人梯，积极为青年教师成长服务。从2006年起，他先后担任了省市首批历史学科带头人、东莞市毛经文名师工作室、广东省毛经文名教师工作室主持人等，积极发挥传帮带与示范引领作用，先后培养了实研学员30多人，网络学员118人。近几年来，广东省毛经文名教师工作室在三个维度上发生了较大的变化：一是从过去重辐射与灌输式引领走向激发学员内心渴望成长为名师的动力；二是从注重高中历史教学实践性探索走向理论与实践并重；三是从单一发展走向构建名优骨干体系发展，初步构建了名师工作室学员点、线、面三位一体的平台发展模式，品牌效应比较明显，在全市、全省及全国范围内拥有一定的示范性和影响力。

（1）市级以上教研活动的示范课、公开课、观摩课、专题讲座或介绍经验的活动，有五成来自毛经文名教师工作室。到目前为止，工作室的指导专家、导师和学员已在中学历史教学仅有的三大专业杂志上发表了60多篇论文，17篇被人大全文复印；省、市以上的获奖课题12项，正在研究课题16项。5人获提拔，3人被评为市名师培养对象。东莞市中学历史教育教学质量在广东省名列前茅，工作室做出了自己应有的贡献，从工作室的指导老师和学员中走出了5位特级教师、4位正高级教师、3位东莞市最美教师（两届共20位）、两位省级历史教研员、两位市级历史教研员、两位广东省名教师工作主持人、一位广东省特支计划教学名师。2019年，在广东省青年教师教学技能大赛，工作室助手杨山坡老师一路过关斩将，夺得广东省一等奖第二名。

（2）建成了辐射东莞市乃至全国的网上工作室，已进行了关于高中历史教学的专题研修7个，解惑32次。建立了两个微信群，进一步充实和完善了"广东省毛经文名教师工作室博客"和微信公众号"读史养史"，加入博客和微信公众号已有3000多人，通过名教师工作室网络空间发布生成性教育教学资源（包括课件、案例、教学方法、教学总结、学习心得、教学改革探讨等文字或图形资源）数量有321条，产生较大影响的课件与微课资源有27个，全国著名的《中学历史教学园地》网站正在积极推介，建立了"全国历史教育名师毛经文优质资源库"，在全国产生了良好的影响。2019年4月，广东省毛经文名教师工作室作为优秀名师工作室，在"东莞市骨干教师队伍建设工作会议"上做了专题经验分享，受到了与会校长和省、市名师工作主持人的高度赞扬。

（3）《中国教师》2018年第一期创设"名师工作坊"栏目，首次推出的名师工作室就是广东省毛经文名教师工作室，同期发表3篇文章予以重点推介，其微信公众号一次性推介工作室的6篇文章，在全国引起了较人反响。2018年7月，工作室5人参加"全国历史教学改革研讨会"，并应邀在会上发言《让核心素养落地的两大奠基性工程——谈谈历史学真实与历史解释》，受到与会人员的好评。2018年第12期《中学历史教学参考》杂志为工作室出专刊论文在全国推介，当期杂志刊载的15篇论文全部出自工作室主持人和学员之手。2019年10月，协办华南师范大学《中学历史教学》组织的"任务驱动与中学历史教学"学术研讨会，工作室主持人主讲《主题推送项目　问题推动教学——以14世纪欧洲"恶"历史黑死病为例》，其后《中学历史教学》杂志社随即开辟专栏，刊发了工作室主持人和5位学员的5篇论文。